AF565141

STEFFI VANDERFU

SAYA MAU LAGI

VOM LEBENSKONZEPT FERNSUCHT

VOL. 1

INHALTSVERZEICHNIS

Für Joscha, ohne den ich vielleicht niemals losgegangen wäre.

Für Martin, ohne den ich vermutlich nicht mit dem Schreiben angefangen hätte.

Für meine Eltern, ohne die vieles in meinem Leben nicht möglich gewesen wäre.

And I know that the past is gone but
Some moments shine like gold.

The Cat Empire

Intro:
Und führe uns nicht in Versuchung

Anstrengend.
Dieser ewige Nüchtern-bleiben-Dauerdruck.
Ständig war irgendwas. Das ganze Leben
hielt einen dauernd davon ab,
das zu tun, worauf man Lust hatte.
Sollte das eigentlich nicht andersherum sein?
(Jesper Brook)

„Puffreis, Cookies, Apple-Crumble, Nougat Split …"

Die Worte des Eisverkäufers schwebten wie eine sinnliche Offenbarung verheißungsvoll über die gläserne Ladentheke. Mit einer Mischung aus Neugier und unbefriedigten Gelüsten betrachtete die junge Frau die bunte Komposition tiefgefrorener Süßspeisen. Ihr dunkelblondes Haar war zu einem wilden Knäuel über dem Kopf zusammengebunden, wohinter sich das Motiv verbarg, Lässigkeit zu suggerieren. Das tief ausgeschnittene Tank Top steckte in einer hautengen Jeans, die irgendwo weit über dem Bauchnabel anfing und der Figur etwas Birnenförmiges verlieh. Selbstredend hörte die Hose dort auf, wo der Arsch noch gar nicht zu Ende war – ein Umstand, der ein Drittel des Pos für jeden enthüllte, der sich davon angesprochen fühlte. Und leider auch für *grundsätzlich jeden*, ungeachtet dessen, ob man ein Verlangen danach verspürte, mit so viel Nacktheit konfrontiert zu werden, wenn man eigentlich nur vor die Tür gegangen war, um ein Päckchen Zigaretten zu kaufen.

„...Raspberry-Wonder, Regenbogenstreusel oder Kokosraspeln. Erst wählen Sie die Eissorte, dann die Glasur und zum Schluss das Topping. Nehmen Sie sich ruhig einen Moment Zeit, bei dieser fulminanten Auswahl kann man schon leicht den Überblick verlieren", zwinkerte der Eisverkäufer die entscheidungsunfreudige Kundin ein wenig gigolomäßig an. Diese stand immer noch stumm auf der anderen Seite des Tresens und kaute auf dem Bügel ihrer Sonnenbrille herum, während ihr der überaus engagierte Mitarbeiter sämtliche Kombinationen moderner Stieleis-Kreation offerierte.

Parallel dazu gab ich die Hoffnung auf, die Eisdiele in unter fünfzehn Minuten verlassen zu können, und schaute mir den Globus an, der neben der Kasse stand. Der menschliche Versuch, die gesamte Welt in Form einer kleinen Kugel zu komprimieren, vermag zwar die verschiedenen Regionen abzubilden und Länder zu benennen, doch wird er niemals in der Lage sein, all die Erinnerungen und Assoziationen zu beherbergen, die das einzelne Individuum damit in Verbindung bringt. In diesem Bezirk hat man ein Abenteuer erlebt, das einen forderte, eine Ländergrenze weiter das leckerste Hummus gekostet und im Nachbarstaat wuchs man bei einer Wüstenexpedition über sich hinaus. Auf der anderen Seite des Pazifiks schloss man tiefe Freundschaften zu Menschen, denen man sich nach einer Dschungelwanderung auf ewig verbunden fühlte. Auf Reisen entdeckt man unfassbar viel Neues und nicht zuletzt ein Stück von sich selbst, das lange in einem geschlummert hat, bis es durch einen Impuls von außen aus dem Dornröschenschlaf gerissen wird.

Jeder von uns besitzt einen eigenen Blick auf die Erde, geprägt von Erfahrungen, die sich an bestimmten Punkten auf der Landkarte ereigneten. Das Bild setzt sich zusammen aus emotionalen Erlebnissen, fernen Sehnsüchten, regionaler Heimatliebe und Verbundenheit zu bestimmten Orten. Im Innern jedes Einzelnen individuell verknüpft und daher stets subjektiv, auf ewig in Kopf und Herz gemeißelt und für andere niemals in den nüchternen Linien eines Abbilds der Welt erkennbar. Egal ob flach oder rund, aus Plastik, Linoleum oder Papier. Wir sind alle Hüter unserer Erlebnisse und deren emotionale Färbung bleibt unser persönlicher verborgener Schatz, den kein Wort in der Lage ist, vollends auszudrücken.

Meine Augen fokussierten den asiatischen Kontinent und streiften Sumatra, Java, Bali. Sie begutachteten Thailand, Nepal und Myanmar aus der Vogelperspektive, bis sie die Konturen von Kambodscha, Laos und Vietnam musterten. Die meisten Leute haben von der Anordnung der Länder, Regionen und Städte im asiatischen Raum genauso wenig Ahnung wie von Integralrechnung oder der effizientesten Art und Weise, einen Pudel zu trimmen. Denn oftmals befasst man sich mit den geographischen Gegebenheiten erst genauer, wenn man eine Reise dorthin plant oder bereits vor Ort ist und die Gegend erkundet. Mittlerweile kenne ich mich in Asien dank längerer Reisen zwar bestens aus, Mathematik und Hundefrisurtechniken bleiben mir jedoch weiterhin ein Rätsel.

Schließlich erblickte ich ein Land, das mich auf besondere Weise berührt: Malaysia. Schon allein der Name klingt wie ein geheimnisvolles Versprechen, dem ein besonderer Zauber innewohnt. Ein südostasiatischer Staat, der sich im Westen über die malaiische Halbinsel erstreckt, auf der die Millionenmetropole Kuala Lumpur pulsiert, und der im Norden an Südthailand grenzt. Am Südchinesischen Meer liegt Ostmalaysia, wozu Teile der Insel Borneo zählen und das man vielleicht gerade noch mit

Orang-Utans und Regenwald in Verbindung bringt, bis die Grenzen der Allgemeinbildung in der Regel erschöpft sind, denn: Was weiß man schon großartig über Borneo? Einen feuchten Kehricht. Vermutlich weiß man mehr über feuchten Kehricht als über Borneo. Selbst wenn nicht wirklich offensichtlich ist, warum man von „feuchtem Kehricht" spricht, denn im Normalfall kehrt man eher Trockenes auf.

Neben seinen eigenen Wurzeln präsentiert sich Malaysia aufgrund indischer, chinesischer und auch europäischer Einflüsse kulturell wunderbar vielfältig. Um die Diversität noch zu maximieren, wartet dieses Land mit einer facettenreichen Natur auf: weitläufige Regenwälder und grüne Gebirge, an dessen Täler sich Tee- und Palmenplantagen schmiegen. Moscheen und Tempel gehören ebenso zum Landschaftsbild wie atemberaubend schöne und unberührte Strände. Inseln wie Penang mit seinem Weltkulturerbe Georgetown, das von Street-Art nur so überquillt, bieten die Kulisse für die skurrilsten Geschichten. Kulturelle Gepflogenheiten, religiöse Riten und andere Werte, Normen, Lebensweisen, Einstellungen und Weltansichten, als sie bei uns im Westen vorherrschen. Malaysia konfrontiert einen mit so vielem, das statt im Moment erst im Nachhinein verstanden wird – oder eben niemals. Kognitive Leistungen erscheinen nebensächlich, wenn Faszination und Sinne das Ruder übernehmen. Wenn man eintaucht in jahrhundertealte Kultur, Tradition und kulinarische Kostbarkeiten. Mahlzeiten werden auf einem Bananenblatt serviert und kamen auf diese Weise bereits umweltfreundlich daher, als wir in Europa noch fleißig Wegwerfgeschirr verwendeten, weil es damals en vogue war. Überall werden frisch gepresste Säfte angeboten, denn in Malaysia waren Detox-Getränke schon vor westlicher Hipstermanie an der Tagesordnung. Herumwuselnde

Männer und Frauen bereiten auf kleinstem Raum in den Straßenküchen blitzschnell wie lautstark das leckerste Essen zu, an dem man sich für einen kleinen Betrag satt essen kann. In Südostasien viel Geld auf einmal loswerden? Ein Ding der Unmöglichkeit und ebenso zeitaufwändig, wie in Papua Neuguinea einen angeleinten Hund anzutreffen oder in Köln Männer ohne Vollbart zu erblicken.

„Ich nehme die White-Chocolate-Glasur." Anscheinend war die Frau neben mir aus ihrer Entscheidungsspirale erwacht. „Und obendrauf bitte die Magic-Streusel." Natürlich. Weil heute ja alles nur mit Einhörnern, Regenbögen und Glitzerstaub rockt. Herzlich Willkommen im Wohlstandswesten, wo die einzig wichtige Sorge des Tages scheinbar darin besteht, wie man ein fancy Stieleis mit einem möglichst kitschigen Topping kombiniert. Lebenswichtiger Skill. Nicht. Von wie viel Sinnloswissen unsere Hirnkapazität belagert wird, bleibt eine Dunkelziffer. Definitiv schleichen sich Werbejingles, Nachnamen der Klassenkameraden aus Grundschulzeiten, unnütze Bauernweisheiten oder Regalnummern des IKEA-Lagers, die man kurzzeitig speichert und länger, als einem lieb ist, erinnert, ins neuronale Netzwerk und rauben Platz, den man eigentlich für weitaus Wichtigeres benötigen würde. Ob die geschmackliche Zusammensetzung diverser Eissorten ebenfalls nichts ist, was erinnert werden müsste, darüber lässt sich streiten. Die Welt ist voll streitsüchtiger Personen und das Internet ein Sammelbecken diskussionsfreudiger Vollpfosten, die offensichtlich wenig Besseres zu tun haben, als den lieben langen Tag vor ihren Endgeräten zu hocken, online Meinungen verbreiten, Kommentare rausposaunen und dabei genauso wenig Bereitschaft besitzen, von ihrer Position abzurücken, wie Schachfiguren, die den König mit gewiefter Strategie mattsetzen. Die junge Frau, die vor mir an der Reihe war, hatte in ihrem Hirn jedenfalls bislang keinen Platz für Eiskombinationen reserviert, weswegen ihre ausgedehnte Grübelei unser aller Lebenszeit raubte, bis sie schließlich ihre finale Entscheidung verkündete. Während der Mitarbeiter tat, wie ihm geheißen, betrachtete ich weiter die Erdkugel aus Plastik und starrte auf die Inselwelt der Philippinen. Sofort schossen mir zwei Gedanken durch den Kopf: *Hab ich letztes Mal leider nicht geschafft* und *Was Kasper momentan wohl so treibt?*

Als ich Kasper kennenlernte, stand er mit einem Sixpack Bier in der einen und einem Schild mit der Aufschrift *Take me anywhere* in der anderen Hand auf einem deutschen Autobahnrastplatz. Als Kasper mich kennenlernte, blickte ich ihm vollkommen übermüdet aus einem Auto voller Konfetti und abgefallenem Nummernschild entgegen. Aufgrund verzögerter Reaktionsfähigkeit wegen zu viel Feierei in den vergangenen Tagen hätte ich ihn fast zwischen Burger-King-Plakaten und Zapfsäulen über den Haufen gefahren.

Ich könnte ihn bis nach Mannheim mitnehmen, rief ich durch die geöffnete Fensterscheibe. Sogleich hüpfte Kasper mit einem jugendlichen Enthusiasmus ins Auto, den sich mein ausgelaugter Körper neidvoll herbeisehnte. Ich befand mich auf dem Heimweg vom Southside-Festival und gierte nach Schlaf, Essen und einer warmen Dusche (in umgekehrter Reihenfolge). Aber ein bisschen Unterhaltung konnte bis dahin sicherlich nicht schaden. Und mit Kasper hatte ich den passenden Mitfahrer gefunden, denn er war wirklich ein Quell an Redefreudigkeit und ein Erzähltalent der Sorte, die einen angenehm unterhält, ohne dabei in monologhafte Ödnis abzudriften. Die gesamte Fahrt

hinweg berichtete er mir von seinem Leben, das seit einigen Jahren ausschließlich aus Reisen bestand. Mit nichts mehr als einem Rucksack trampte er komplett durch Südamerika und umrundete Australien in einem Van, bevor er den asiatischen Raum durchstreifte. Nachdem er in Nepal auf dem Annapurna-Trail gewandert war, entschied er sich, immer weiter zu laufen. „Da wurde etwas in mir wachgerüttelt, das mich unaufhörlich antrieb. Eine unsichtbare Kraft, die darauf pochte, dass ich mich Schritt für Schritt, Kilometer für Kilometer fortbewege“, erzählte Kasper mit funkelnden Augen.
Also lief er los, immer weiter Richtung Westen. Von Nepal aus passierte er Indien am nördlichsten Punkt, durchquerte Pakistan, Afghanistan und den Iran, um schließlich über die Türkei nach Griechenland zu gelangen. Von dort machte er sich auf den Weg nach Albanien, wanderte durch Montenegro, Bosnien und Herzegowina und gelangte über Kroatien und Slowenien nach Österreich. Schließlich kam der Moment, an dem er das erste Mal seit fünf Jahren wieder einen Fuß auf deutschen Boden setzte. Mit einem polnischen LKW-Fahrer fuhr Kasper bis zu dem Rastplatz, an dem ich ihn beinahe umgenietet hätte. Zu diesem Zeitpunkt sah er ein bisschen aus wie ein verwirrtes Kätzchen, das am Straßenrand ausgesetzt worden war.

„Und jetzt bin ich auf einmal hier und die ganzen Jahre sind so verflucht schnell vorbeigeflogen“, schloss Kasper den verbalen Erlebnismarathon einer Backpacker-Seele, „und ich weiß noch gar nicht, ob ich für ein Ende der Reise überhaupt schon bereit bin.“ Obwohl die Worte im Flüsterton sanft über seine Lippen traten, lastete eine erdrückende Schwere auf ihnen. Bevor diese auszuarten drohte, parkten wir mein Auto, setzten uns am Neckar ins Gras und teilten uns den Sechserpack Bier. Ich kannte Kasper zwar erst seit einigen Stunden, doch hatte ihn während der Autofahrt bereits in mein Herz geschlossen. Darum wollte ich ihn nicht in einer derart traurigen Stimmung zurücklassen. Und weil vor mir ein leidenschaftlicher Backpacker saß, erzählte ich lang und breit von meiner bevorstehenden Reise nach Südostasien.

Sobald sie der Vergangenheit angehören, erfüllen Erlebnisse zwei Funktionen: Sie werden zu Erinnerungen, die man in seinem Herzen verwahrt, und sobald man über sie spricht, berühren sie andere. Treffen zwei Menschen aufeinander und berichten sich im Wechsel von ihren Reiseerfahrungen, ist das für beide Seiten gewinnbringend. Gegenseitig suchen sie in den Geschichten des Gegenübers nach etwas, mit dem sie sich identifizieren können, und sind durstig danach. Gleichzeitig ermöglicht es das Erzählen eigener Träume und Sehnsüchte, in eine wunderbare Parallelwelt einzutauchen, was den Körper mit Euphorie durchflutet. Ein besonderes Gefühl von Lebendigkeit. Ob Reisen oder ein anderer Lebensbereich, generell gilt: Je bedeutsamer und emotionsgeladener das Erlebte für den Einzelnen ist, desto größer der Redebedarf. Kasper war durch jahrelanges Länder-Hopping vollgestopft mit grandiosen Storys, über die er vermutlich monatelang am Stück hätte erzählen können, mit einer Begeisterung, wie man sie nur selten antrifft. Hörte man ihm zu, fragte man sich automatisch, was man denn selbst in den letzten Jahren erlebt hatte, das auch nur ansatzweise mit seinen Geschichten mithalten könnte. Während Kasper seine Vergangenheit preisgab, leuchteten seine Augen vor purer Glückseligkeit – und gleichzeitig mischte sich eine Komponente in seinen Blick, die ich damals nicht einordnen konnte. Aus dem lapidaren Grund, dass mir die Erfahrung des Backpackens fehlte und ich keine Ahnung hatte, was es bedeutete, in die eigene Heimat zurückzukehren, nachdem sich wesentliche Komponenten in einem selbst verändert hatten. Manches erschließt sich einem erst völlig, wenn man es selbst durchlebt hat. Dann kann man sich mit dem anderen und seiner Lage aufrichtig identifizieren und erkennt Feinheiten in dessen Mimik und Gestik, die man vorher nicht einordnen konnte: der Hauch schmerzlicher Traurigkeit im Blick der Frau mit unerfülltem Kinderwunsch, während sie das Neugeborene der besten Freundin im Arm hält. Das für das Auge des anderen unmerkliche Zusammenzucken des langjährigen Mitarbeiters einer Firma, dessen Beförderung sehnlichst aussteht, als ihm verkündet wird, die Position gehe an den frischgebackenen Uni-Absolventen. Der Gesichtsausdruck des moppeligen Kindes, dessen Gefühle wiederholt durch verächtliche Aussagen des Sportlehrers verletzt werden, das seine Verletzung aber runterschluckt, da es sich vor den Klassenkameraden nichts anmerken lassen will – und sein Gesicht Zuhause weinend in den Kissen vergräbt.

Empathie ermöglicht es uns, die emotionale Wahrheit dieser Menschen ein Stück weit zu verstehen, doch gänzlich erschließt sich uns ihre Gefühlswelt nur, sobald wir im gleichen Boot sitzen. Ansonsten wird es bei einer Betrachtung von außen bleiben, die stets nur die halbe Wahrheit bemerkt.

Kaspers emotionales Potpourri war damals für mich, als wir biertrinkend am Neckar saßen, größtenteils ein Buch mit sieben Siegeln. Ich wusste weder, was das Traveln für ihn im vollen Kern bedeutet hatte, noch, wie hundeelend es ihm ging, weil sich ein großer Teil in ihm gegen eine Rückkehr wehrte. Als wir der untergehenden Sonne des lauen Sommerabends zuprosteten, befand ich mich in einer glücklichen Beziehung, mochte meine Jobs und freute mich auf eine Zukunft, in der ich Kinder in die Welt setzen würde. Was wäre schon dagegen einzuwenden, vorher noch ein bisschen um die Welt zu ziehen? Dabei niemals so verloren wie Kasper zurückzukehren, erschien mir als todsicheres Ding, denn dafür liebte ich mein Leben daheim viel zu sehr. Nun, damals hatte ich absolut keine Vorstellung, was alles auf mich zukommen würde, als ich den Rucksack schulterte und zu meiner ersten großen Reise aufbrach. Es ist ein Phänomen, das jedem Menschen innewohnt: davon überzeugt zu sein, dass es bei einem selbst anders laufen wird. Doch kurze Zeit später gehörte ich selbst dem Kreis der Reisesüchtigen an, die nur noch mit einem Fuß in ihrem deutschen Leben stehen, da im Innern bereits alles für den nächsten Trip brennt. Solche, die zwischen zwei Welten gefangen und nicht wirklich hier sind, weil sie lieber „dort" sein wollen. Wäre ich damals nicht in den Flieger gestiegen, wenn man mich vor dem Suchtpotential des Reisens gewarnt hätte? Wenn ich gewusst hätte, welchen Einfluss dies auf mein Leben haben würde?

Das Gedankenszenario glich der Szene in *Matrix*, als die Entscheidung zwischen roter oder blauer Pille ansteht. Warum muss man sich eigentlich immer zwischen irgendetwas entscheiden? Oft scheint es nur *Schwarz oder Weiß* zu geben, auf uns lastet viel zu häufig das erdrückende Gewicht des *Dafür oder Dagegen*. Doch in manchen Bereichen sind Kompromisse undenkbar und je älter wir werden, desto öfter hat man es mit Entscheidungen vom Kaliber *gnadenlose Unumkehrbarkeit* und Rechtfertigungszwang zu tun. Offensichtlich ist nicht mal eine harmlose Eisdiele ein entscheidungsfreier Raum – wobei die Folgen ziemlich ungravierend waren und man eigentlich nur gewinnen konnte, sobald man die tiefgekühlte Gaumenfreude in den Händen hielt. Bei 36 Grad im Schatten beschwert man sich selten über Schokolade statt Nougat in der Waffel. Und wer sich doch von einer „falschen" Eissorte den Tag versauen lässt, der hat sicherlich weit tiefgreifendere Probleme. Manch einem scheinen folgenlose Entscheidungen aber doch einiges abzuverlangen, wenn man die Frau neben mir betrachtet, die unsicher auf das Endergebnis ihrer Wahl starrte und zu einem „Vielleicht sollte ich noch …" ansetzte. Seufzend wandte ich mich ab und betrachtete das Plakat, das hinter dem Eisverkäufer an der Wand hing. Angesichts seiner unschuldigen Treffsicherheit meines aktuellen Gefühlsdilemmas musste ich schmunzeln: Eine Bilderbuchfamilie saß Eis schleckend auf einer Wiese in der Sonne. Darunter stand „Und führe uns nicht in Versuchung", wobei das Wort *nicht* durchgestrichen war. *Oh, wie verrucht. Da haben sie es aber mal exorbitant krachen lassen*, dachte ich. Aber auch: *Die machen's richtig.* Versuchungen nachzugeben und Vergnügen auszuleben, wird oftmals dermaßen negativ bewertet. Als müsse man sich permanent dafür entschuldigen, etwas zu genießen. Wieso eigentlich? Der Urlaub ist erst gerechtfertigt, wenn man vorher immens viel gearbeitet hat. Die Tafel Schokolade ist erlaubt, sobald man im Fitnessstudio Gewichte gestemmt hat. Ab in den Zoo geht's erst, wenn die Klassenarbeit gut gewesen ist. Der Auffassung unserer Gesellschaft nach muss man sich alles erst verdienen, bevor man sich gönnen darf. Und dann wundert man sich, weshalb psychologische Praxen überquellen vor Patienten mit Burnout und Depression. Die große Hoffnung besteht darin, sein persönliches Glück in Achtsamkeitsseminaren, Meditation und Kuraufenthalten zu finden, um weiterhin in einer Gesellschaft klarzukommen, die ihre Mitglieder aussaugt, überfordert und ohnmächtig werden lässt. Es ist gleichermaßen ignorant wie selbstzerstörerisch, *nicht* den Irrsinn zu erkennen, der diesem Konzept innewohnt.

Einige Wochen nach unserem Gespräch am Neckar nahm Kasper den nächsten Flieger auf die Philippinen, um dort seinen Tauchschein zu machen. Das Ganze ist mittlerweile 16 Monate her und dazwischen hat sich in unser beider Leben enorm viel ereignet. Vor ein paar Tagen schickte mir Kasper ein Foto von seiner temporären Homebase: eine Bambushütte am Strand einer kleinen Insel. Ich für meinen Teil konnte es nicht erwarten, selbst bald wieder um die Welt zu ziehen, und hasste Kasper einen kurzen Moment dafür, dass er aktuell das Leben führte, nach dem sich jede Faser meines Körpers sehnte, während ich in Deutschland festhing. Die Versuchung, postwendend den Rucksack zu packen und nach Indonesien zurückzukehren, bohrte sich mir täglich durch Mark und Bein und schien sich mit nichts vertreiben zu lassen.

„Und wie kann ich dir weiterhelfen?" Die Worte des Eisverkäufers rissen mich blitzschnell aus meinen Gedanken und katapultierten mich in die Realität zurück. Eine Realität, in der ich dem arbeitenden Teil der Gesellschaft im sich schwindelerregend schnell drehenden Hamsterrad angehörte und mich beeilen musste, wenn ich meine Mittagspause nicht schon wieder überziehen wollte. In Deutschland ticken die Uhren bekanntlich strenger als in anderen Ecken der Welt. Und so hörte ich mich „Einfach nur Mangoeis mit ein bisschen Schlagsahne obendrauf" sagen, als ich realisierte, dass ich mittlerweile an der Reihe war. Ich verließ den Eisladen ohne wippenden Haarknödel oder halbnackten Arsch, aber mit einem Gedanken, der so stark war, dass alles andere daneben schlichtweg bedeutungslos erschien: Noch 123 Tage. Dann geht es endlich wieder los …

Das Leben jedes Menschen besteht aus unzähligen Abschnitten, die in der Summe ein ganzes Leben ergeben. Auf die wenigsten Ereignisse in unseren Leben können wir Einfluss nehmen, auch wenn wir das gerne anders sehen wollen. Zufälle nehmen einen weit größeren Part ein, als uns lieb ist. Unberechenbarkeit, Schicksal und Willkür in schier immenser Unvorhersehbarkeit dominieren sämtliche Existenzen über den Planeten verteilt und minimieren die tatsächliche Einflussgröße eigener Entscheidungen. In regelmäßigen Abständen blickt man auf einzelne Phasen im Leben zurück und kann nicht fassen, was sich darin alles ereignet hat. Man ist erfreut, glücklich, dankbar. Oder bereut, trauert, bedauert, um nur einige Aspekte des mannigfachen emotionalen Spektrums zu nennen. *Carpe Diem* als Maßstab der persönlichen Lebensbewertung, der ziemlich hoch angesetzt ist, denn das schnöde Alltagsleben macht es schwer, alles aus dem Diem zu carpen.

Unabhängig von der Bewertung ergeben die einzelnen Abschnitte im Dasein eines jeden von uns Geschichten, die darauf pochen, erzählt zu werden. Um dem Vergessen mit dem Heraufbeschwören von Erinnerungen entgegenzuwirken. Und, um andere Leben zu berühren.

Dies ist eine Geschichte. Es ist meine Geschichte. Ich möchte mir nicht anmaßen zu behaupten, sie wäre einzigartig oder niemand neben mir hätte Erfahrungen dieser Art gemacht. Dafür haben schon zu viele den Rucksack gepackt, Bekanntschaften am Rande der Welt geschlossen, Tränen vergossen, ferne Länder entdeckt und dabei sich selbst oder etwas anderes gefunden. Doch diese Geschichte hier wird immer die meine sein. Sie ist zustande gekommen durch eine gnadenlose Sehnsucht nach Ferne. Das Fernweh entwickelte sich zu einer mit nichts zu vergleichenden Kraft, deren Präsenz mich voll und ganz vereinnahmte, sobald es in mein Leben trat. Lasse ich mich von dieser Kraft leiten, ummantelt mich das Bewusstsein, das Universum wird besser wissen, was mit mir anzustellen ist, und ich werde im Gegenzug mit unvorhersehbaren Abenteuern, glücklichen Fügungen und wertvollen Begegnungen belohnt. Die Erfahrungen waren nicht immer ungefährlich, amüsant oder angenehm, doch eintauschen möchte ich keine einzelne von ihnen. Letzten Endes bin ich süchtig danach geworden, meine Tage mit Unvorhersehbarkeiten zu füllen, deren ärgster Feind Planung ist. Nach immerzu wechselnden Szenerien, die so anders als alles sind, was ich bislang kannte, sodass der Kopf rauscht und es tief in der Bauchgegend kitzelt. Begleitet von dem stärksten Wunsch, den ich jemals in mir trug: *Saya Mau Lagi* – der indonesische Ausdruck für *Ich will mehr davon.* Weil nicht mal ein komplettes Leben ausreicht, um jeden Ort dieses Planeten gesehen zu haben. Vertrauensvoll lehne ich mich zurück, lasse eine unbekannte höhere Macht ans Steuer und meine Lebensgeschichte vor sich hin passieren. Und nun erzähle ich einen Teil von ihr.

Zwei Herzen

(Südthailand)

Reisen – das ist, als ob mir jemand die Seele geöffnet und mit einer Taschenlampe hineingeleuchtet hätte. Und dieses Licht habe ich aufgesaugt und in mir behalten.
(Nick Martin)

„PAD THAI!!! PAD THAI!!!“, schrie eine ebenso zierliche wie kleine Frau in die anbrechende Nacht hinein, als gäb’s kein Morgen mehr. Vielleicht würde es diesen auch nicht geben, wenn nicht alle Pad-Thai-Bestände bis zum Ende des Tages aufgegessen wären. Wer weiß das schon? Menschen glauben die unterschiedlichsten Dinge.

Glauben ist etwas Wundervolles, ist es doch ein Bereich, in dem kein Richtig oder Falsch regiert, es weder absolute Wahrheit noch nachweisbare Irrtümer gibt. Letztere vielleicht schon, denn ich habe mich vor ein paar Monaten jedenfalls nicht mitten auf einer längeren Rucksackreise in Südostasien gesehen, weil mir das damals noch so gar nicht in den Sinn kam. Vielmehr schlich sich die Idee zu diesem Vorhaben morgens auf dem Weg zur Arbeit ein, als ich gerade zwischen unzähligen Menschen dem routinierten alltäglichen Trott folgte. Der Gedanke ploppte blitzartig auf, als ich durchs Bahnhofsgebäude tappte: „Wieso gehst du nicht für längere Zeit allein mit dem Rucksack einen anderen Kontinent entdecken? Backpacken hast du ja bislang in deinem Leben versäumt.“

Ich wünschte, ich könnte an dieser Stelle behaupten, es wäre ein Moment magischer Eingebung oder irgendeine aufregende

Besonderheit gewesen, die mich letzten Endes zu diesem Trip geführt hatte. Aber es handelte sich ganz rudimentär um einen stupiden Einfall. Ein klitzekleiner Gedanke, der so zufällig wie spontan aufblitzte, von der Sorte, die man auch ebenso schnell, wie sie gekommen waren, wieder verwerfen könnte – hätte, müsste, sollte? Aber dieser Gedanke setzte sich in mir fest und wuchs unaufhörlich, sodass er es, ohne mit der Wimper zu zucken, mit jeder *Inception*-Version direkt aus den Universal Studios aufnehmen konnte. Mit derselben Geschwindigkeit, wie die Idee aus dem Nichts heraus durch meine Gehirnwindungen sauste, wurde sie als entschieden besiegelt und das Flugticket gebucht.
Und so stand ich an diesem Tag im Dezember 2016 mit Martin auf einem Nachtmarkt mitten in Krabi (einer Provinz an der Westküste Südthailands) und versuchte, noch etwas von dem wohl berühmtesten thailändischen Gericht zu ergattern, das uns als Grundlage für mehrere Liter Bier der nächsten Bar dienen sollte. Pad Thai ist eines dieser Universalessen, das man sich zu jeder Tageszeit einverleiben kann, ob mit oder ohne Kater oder kräftezehrenden Magen-Darm-Problemen, denen man bei Fernreisen üblicherweise zum Opfer fällt. Man muss noch nicht mal ein großartiges Hungergefühl empfinden, um sich die gebratenen Reisnudeln reinzustopfen (hier verhält es sich so wie mit Chips oder Schokolade). Und es ist die beste Wahl, wenn man keine Ahnung hat, was man eigentlich essen möchte, denn Pad Thai geht einfach immer. Wollte man eine Analogie zwischen Nahrungsmitteln und Tieren ziehen, wäre Pad Thai ein Robbenbaby: Man kann nicht anders, als ihm zu verfallen.

Die hinter großen Gartöpfen verschwindende Thailänderin entschuldigte sich mit tiefster Betroffenheit, dass ihr das Pad Thai ausgegangen war. Danach brüllte sie unseren kulinarischen Wunsch ohne Unterlass über die in allen Farben ausstaffierten Marktstände. Zutiefst entschlossen wendete sie ihre gesamte Energie darauf, jemanden zu finden, der uns mit dem All-time-favourite-Nudelgericht versorgen konnte. Die Form reiner Herzlichkeit, die einem das Gefühl vermittelt, man wird in diesem Land immer jemanden antreffen, der erst ruht, wenn er dein Vorhaben höchst motiviert und hilfsbereit unterstützt hat. Oder die Motivation der Thailänderin rührte von der Profitgier ihrer Marktkollegen her und es herrschte eine Vermittlungspauschale auf Provisionsbasis, wobei ich dies als ziemlich unwahrscheinliche Erklärung für ihre Mühen einschätzte, da ich in Thailand bisher weder Geldgeilheit noch Abzocke erlebt habe. Die Menschen in Thailand scheinen mir eher hilfsbereit aus Überzeugung. Ihnen wohnt eine extreme Fürsorglichkeit anderen Personen gegenüber inne, gepaart mit der tief wurzelnden Haltung, generell allen Lebewesen dieses Planeten mit Respekt zu begegnen. Es ist keine Hilfsbereitschaft, die auf kapitalistischen Motiven basiert, oder die stattfindet, weil man sich einen Vorteil davon erhofft.

Martin guckte mit einer Mischung aus Müdigkeit, Hunger und Genervtheit aus der Wäsche, was wohl zum Großteil dem Umstand verschuldet war, dass er nach einer 23-stündigen Busfahrt von Chiang Mai eben erst in Krabi angekommen war. Sein Motto der Fortbewegung war hierbei „zeitintensiv, aber billig“ und die Party vom vorherigen Tag tat ihr Übriges, um diesen beschwerlichen Ritt gepaart mit Hangover Deluxe zu einem gleichermaßen unerträglichen wie auslaugenden Akt werden zu lassen. Zudem war es sein erster Nachtmarkt und so begegnete er dem wuseligen Treiben mit erwartungsvollem Staunen trotz kräftezehrender Überforderung. Letztere erwuchs aus der visuellen und auditiven Belästigung der uns umgebenden Szenerie. Sinne werden mit einem derben Kater irgendwie nochmal ganz anders beansprucht und Menschenmengen auf kleinem Raum sind ja an sich schon in der Lage, einen an den Rand des Wahnsinns zu treiben.

Nachdem gefühlt der halbe Markt „Pad Thai!“ schrie und wir uns daraufhin vor Nudelangeboten kaum retten konnten, schlenderten wir zwischen den dicht aneinandergedrängten Ständen herum und unterhielten uns über die Erlebnisse der letzten Wochen. Ich erzählte Martin von der Aufgeräumtheit Singapurs, wo ich meinen Backpacking-Trip gestartet hatte. Zwischen Roti Telur[1] und Massaman-Curry beschrieb ich ihm meine Reise in den Norden West-Malaysias im kältesten Nachtbus der Welt, weil Klimaanlagen in Asien sowohl Statussymbol als auch heilige Kuh sind, da es einer diabolischen Sünde gleichkam, würde man sie mancherorts nicht auf elf Grad runterschroten. Zur kulinarischen Abrundung bestellte ich uns Wassermelonenshakes und erzählte Martin von den Orten, die ich in Malaysia und Südthailand besucht hatte, und wo es für nur zwanzig Euro am Tag ein Leben gibt, was zu Hause niemand für möglich hält. Wo man sich selbst mehrmals täglich bei dem Gedanken ertappt, ob das hier alles Traum oder Realität ist – und man jedes Mal aufs Neue heilfroh ist, wenn man feststellt, dass die Zeit zum Aufwachen noch nicht gekommen ist. Martins Augen weiteten sich neugierig, als ich von den Wasserfällen in Malaysia sprach, die man sogar an manchen Stellen hinunterrutschen konnte. „Dort badete ich mit ein paar Leuten aus dem Hostel in den natürlichen Becken, in die das Wasser hinabfiel.

---

1 Wörtlich: *Roti* = Brot, *Telur* = Ei. Im Gesamtergebnis eine in Fett ausgebackene Mischung zwischen Naanbrot und dickem Pfannkuchen mit Ei zwischendrin.

Auf einmal winkte uns eine Gruppe Locals zu sich, die sich etwas höher auf den Felsen neben dem Wasserfall platziert hatten und Gitarre spielten. Wir kletterten zu ihnen hinauf, es folgte eine allgemeine Vorstellungsrunde, wobei die Einheimischen permanent schüchtern kicherten wie hormondurchseuchte Teenager. Gleichzeitig konfrontierten sie uns mit einer unschuldig reinen Ehrlichkeit, wie sie einem nur selten bei Erwachsenen begegnet. Die haben uns dann einfach ihr letztes Bier angeboten." Martin schlürfte den Rest seines Fruchtshakes aus. Falls er bislang dachte, Cola oder eisgekühlte Apfelsaftschorle seien der Hochgenuss, um einem ausgewachsenen Kater zu begegnen, war er dahingehend nun für alle Zeiten versaut. „Wirklich? Ihr *letztes Bier*? Ich meine, im Regenwald ist der nächste Lebensmittelladen doch megaweit entfernt und so viel Kohle hatten die Boys doch sicherlich nicht, denn hier hat ja niemand wirklich etwas", sagte Martin ungläubig. Danach biss er in einen Fladen, der optisch an eine Variation des urdeutschesten Kartoffelpuffers erinnerte, aber bisher unbekannte Geschmacksexplosionen auslöste.[2] Martins Reaktion sollte noch lange Zeit stellvertretend für die der meisten Menschen sein, wenn ich nach meiner Reise von dieser Art gastfreundlicher Selbstlosigkeit erzählte, die ich noch in so vielen Teilen der Erde erfahren durfte. Es scheint, als würden gerade die Personen, die am wenigsten haben, am ungehemmtesten damit verfahren. Dir ohne lange zu zögern etwas von dem wenigen, was sie besitzen, anbieten. Ich schluckte den letzten Bissen meines Murtabaks runter und fuhr fort: „Ja. Ihr letztes Bier. Und dann haben wir gesungen, während sie auf der Gitarre ihr gesamtes Repertoire an Hits spielten, und es war einfach nur wunderbar. Solche

---

2 *Murtabak*, besteht aus geriebenen Kartoffeln, Ei und nach Wahl Lamm, Hähnchen oder Gemüse.

kleinen Momente, die sich für immer in dein Gedächtnis fräsen und dich, während du sie erlebst, einfach nur glücklich machen, passieren hier andauernd. Ich bin permanent von *Scheiße-wie-geil*-Gefühlen und *Lass-es-bitte-niemals-aufhören*-Gedanken durchflutet. Es ist verrückt und ich kann es manchmal gar nicht glauben, was sich hier alles nonstop ereignet." Dabei grinste ich ihn an wie ein postpubertäres Honigkuchenpferd und stopfte mir zur kulinarischen Abrundung noch eine Handvoll Krabbenchips rein. Hätte man mich gebeten, einen Werbeslogan für asiatische Nachtmärkte zu entwerfen, wäre er definitiv kurz und bündig: „Schlaraffenland 2.0". Aus Ermangelung an Jobangeboten als Werbetexterin zog ich Martin am Arm und drängte: „Jetzt lass mal losmachen, dieser Jack-Typ wartet nämlich schon auf uns."

Der *Jack-Typ* hieß eigentlich Jitesh, aber unsere übermüdeten Gehirne brauchten mehrere Anläufe, um sich seinen indischen Namen nachhaltig einzuprägen, obwohl er gar nicht dermaßen kompliziert war. Aber Schlaf war die letzten Tage Mangelware gewesen, da ich gerade von einer Partyinsel kam, wo ich einige Nächte hängengeblieben war. Eigentlich war es gar nicht mein Plan gewesen, nach Koh Phi Phi zu gehen, da es sich hierbei um eine zum Ballermann verkommene Partyhochburg handelte.
War die Insel einst eine unberührte Schönheit, so wurde sie in den letzten Jahren mehr und mehr zugebaut mit Hostels, Tattoo-Studios, Convenience Stores und Bars und hatte dadurch einen großen Teil ihres einstigen Flairs einer Postkarteninsel eingebüßt, da sie zu alledem von Besuchern nur so überlaufen war. Auf Koh Phi Phi kannst du 24 Stunden durchfeiern und dich im Absturz verlieren – und das jeden Tag. Die Strände sind voll von partywütigen Menschen, die allesamt ein Alkoholproblem zu haben scheinen.

Hierbei ist es egal, ob das Motto der Beachparty nun *Full Moon*, *Half Moon* oder *Before Full Moon* ist, denn hier wird sich jede Nacht erneut ein Grund zurechtgezimmert, um sich mit Neonfarben anzumalen, hochprozentige Mixgetränke aus Eimern im großen Stil zu konsumieren, am Strand zu Sets diverser DJs zu tanzen oder bis zum Sonnenaufgang in Bars Beer Pong zu spielen. Falls das jetzt negativ rüberkommt, war das keineswegs beabsichtigt, denn manchmal braucht man einfach den total sinnlosen Vollsuff, und genau das habe ich in der Zeit gesucht und mehr als reichlich bekommen. Dementsprechend ausgelaugt von den zerfeierten Nächten, aber zutiefst bedürfnisbefriedigt landete ich wieder auf dem Festland, um mich dort mit Martin in Krabi zu treffen.
Die Hauptstadt der gleichnamigen Provinz Krabi war irgendwie ein Thema für sich. Jeder, der mir im Vorfeld etwas über diesen Ort erzählte, war total begeistert. Ich persönlich erlebte Krabi allerdings eher als alte Kiez-Nutte: rau, uncharmant und verlebt. Als urbanen Raum, dessen beste Jahre bereits der Vergangenheit angehörten. Mag sein, dass ich überhöhte Erwartungen hegte, da mir im Vorfeld alle weismachen wollten, es wäre *absolutely amazing*. Aber auch abzüglich der Erwartungshaltung verfügte die Stadt nicht wirklich über einen speziellen Charme. Krabi war einfach ein praktischer Knotenpunkt, von dem aus man bequem in alle Richtungen reisen konnte. Daher verabredeten Martin und ich, uns hier zu treffen, um gemeinsam weiterzuziehen. Ich kam etliche Stunden früher hier an als er und war daher froh, dass sich Jitesh (aka der *Jack-Typ*) im Hostel zu mir gesellte, während ich auf Martin wartete. Jitesh erzählte mir von seinem Unfall, der nun schon fünf Monate zurücklag. Er war mit dem Roller unterwegs gewesen und von einem LKW schlichtweg umgenietet worden. Unfassbarerweise flüchtete dessen Fahrer

und ließ Jitesh einfach im Straßengraben liegen. Letzten Endes wurde der ramponierte Jitesh von einem Einheimischen gefunden, im Krankenhaus wieder zusammengeflickt und durfte sich ganze zehn Wochen nicht bewegen. Also bat er seinen damaligen Travelbuddy, den Trip ohne ihn fortzusetzen, weil er ihm kein Klotz am Bein sein wollte, und blieb allein zurück.

Eines Tages wurde ein Mann mittleren Alters in das Krankenhaus eingeliefert, mit dem sich Jitesh von nun an das Zimmer teilte. Die Familie des Mannes kam jeden Tag zu Besuch. Sie waren geschockt, wie schlimm Jiteshs Verletzungen waren, und sprachlos darüber, wie jemand dazu fähig sein konnte, einen Menschen über den Haufen zu fahren und ihn seinem Schicksal zu überlassen. Kurze Zeit später boten sie an, Jitesh in ihrem Zuhause aufzunehmen. Und so konnte Jitesh das Krankenhaus verlassen und zog für sieben Wochen bei der Familie ein, die sich herzensgut um ihn kümmerten. Sie wechselten seine Verbände, kochten für ihn und versuchten alles, damit er die strapaziöse Zeit so angenehm wie möglich empfand. Nächstenliebe in Reinform, über die man nur staunen konnte. *Welch verschiedenen Leuten mit all ihren unterschiedlichen Geschichten man unterwegs so begegnet*, dachte ich gerade bei mir, als Martin um die Ecke bog und aussah wie ein verhungerter Welpe. Daher schmissen wir nur schnell seinen Rucksack ins Zimmer und zogen los, um uns in der Schlaraffenlandarena des Nachtmarkts mit köstlichstem Essen zu versorgen. Anschließend stellten wir uns zusammen mit Jitesh der Mission, eine Bar zu finden, die noch offen hatte. Dieses Unterfangen kristallisierte sich als etwas langwierig heraus, da nach zehn Uhr bereits alles dicht zu sein schien. Während wir durch die dunklen Gassen der offensichtlichen Geisterstadt schlappten, führten wir die klassischen Traveler-Gespräche, die immer dem Schema *Where have you been?*,

How long are you traveling? und *Where do you wanna go?* folgten. Am Anfang einer Reise ist das ununterbrochen aufregend und das gängige Element der Gesprächsführung, um mit anderen in Kontakt zu kommen. Aber nach ein paar Monaten kann es ganz schön nerven, weil es oftmals ziemlich oberflächlich bleibt und es einen nach der hundertsten Begegnung einen Scheiß interessiert, wo Marie schon überall war und was Chris noch für Pläne hat. Weil man am nächsten Morgen ohnehin wieder getrennte Wege geht und in den meisten Fällen einander vergisst, sofern es das Gespräch nicht über das Smalltalk-Level hinausschafft. Natürlich ist es möglich, diesen unter Travelern gängigen Smalltalk-Modus zu umgehen und direkt zu kernigeren Themen überzugehen. Jedoch läuft man dabei Gefahr, eine Prise Unhöflichkeit zu streuen, weil man gegen die inoffizielle Etikette des Zustandekommens neuer Reisebekanntschaften verstößt. Wir schafften es an diesem Abend glücklicherweise, verbaler Oberflächlichkeit keinen großen Platz in unserer Unterhaltung einzuräumen, und landeten auf der Terrasse einer Bar, die sich anscheinend dazu verpflichtet hatte, Red Hot Chili Peppers nicht aussterben zu lassen, da deren komplette Alben rauf und runter liefen. Letzteres traf auch auf das Bier zu, das wir uns pitcherweise einverleibten. An manchen Abenden kann man Alkohol ohne Unterlass in sich reinschütten und nichts erscheint sinnvoller. Ob es nun krankhaft daherkommt, dieses Verhalten an die Nacht zu legen, obwohl zwei von uns zuvor tagelang betrunken gewesen waren, sei jetzt mal dahingestellt.

Unser Trinkgelage wurde jedenfalls von guter Musik untermalt, was das Ganze nur noch vorantrieb. Ich unterstelle mancher Musik eine gewisse Kraft, den Konsum promillehaltiger Getränke zu beschleunigen. Neben Musik gibt es noch andere Komponenten, die begünstigen, sich mit Alkohol granatenschnell ins Aus schießen zu wollen, wie z. B. gute Gespräche, das Überwindenwollen charakterlicher Schwächen wie Schüchternheit oder schlichtweg die Gesellschaft der richtigen Leute. Die Red Hot Chili Peppers waren auf jeden Fall auch dahingehend ein Segen, dem sonst in Thailand kitschigen Musikgeschmack zu entfliehen, der aus 90er-Jahre-Schnulzen in Endlosschleife besteht. Zumindest ich für meinen Teil wurde in Kaufhäusern, Cafés oder anderen öffentlichen Orten damit regelrecht auditiv gequält. Meist belief es sich dabei auf Celine Dions berühmte *Titanic*-Ballade, Kuschelrockhits à la *I believe I can fly* oder längst vergessene Boyband-Evergreens wie *Nothing at all*, die jeden halbwegs normalen Menschen nach dem zehnten Repeat vor eine wahrliche Geduldsprobe der psychischen Belastbarkeit stellen.

Die nächsten Stunden geschah von außen betrachtet nicht wirklich etwas Bemerkenswertes. Die wenigen Leute, die an der Terrasse der Bar vorübergingen, erblickten drei Backpacker, die sich an kühlem Bier labten, quatschten und lachten. Aber innerhalb unserer Runde ereignete sich immens viel – zumindest in Martin und mir. Es war eine Dynamik spürbar, gespeist von einer Kraft, die definitiv Suchtpotential hatte, ausgelöst durch Jiteshs Geschichten des Unterwegsseins. Jitesh war seit 20 Monaten auf Reisen und hatte in dieser Zeit so viel erlebt, dass ihm der Gesprächsstoff selbst in den Unendlichkeiten des Nirvanas nicht ausgehen würde. In uns hatte er mehr als begeisterte Zuhörer gefunden, die die ganze Nacht über an seinen Lippen hingen. Beeindruckt lauschten wir seinen Berichten über Surfspots in Südafrika, wo es vor Haien nur so wimmelt. Er erzählte von Wanderungen durch den bolivianischen Dschungel, Partynächten in Mexiko und vom Tauchen mit Walhaien auf den Philippinen. Über seine *Work-and-Travel-*Zeit in Australien, wo er in einem Campervan lebte, und Jobs als Mangopflücker, Baustellenarbeiter oder Barkeeper annahm, um seine Reisekasse wieder aufzufüllen. Er schwärmte von der atemberaubend schönen Inselvielfalt Indonesiens und über seine Zeit in Nepal, als er mithalf, erdbebensichere Häuser in Kathmandu zu bauen.

Martin und ich konnten nicht glauben, dass es immens viele von seiner Sorte gab. Backpacker, die schon seit Jahren um den Planeten reisten, während wir unseren Alltagsleben in Deutschland nachgingen und stets dachten, um die Welt zu reisen, wäre nur mit unvorstellbar viel Erspartem zu realisieren. Doch anscheinend braucht man nur die Eier, ins Flugzeug zu steigen, und der Rest ergibt sich. Kurz vorher las ich auf der Toilettentür eines Hostels ein Zitat von Paulo Coelho: *Travel is never a matter of money but of courage.* Der bislang einzige Satz des Autors, den ich mochte. Paulo Coelhos Zeilen lösten in mir normalerweise die gleiche Art lauer Aggressionsgefühle aus wie die Beschriftungen der *YogiTea*-Beutel und haben den gleichen Effekt wie die Headlines gängiger Frauenzeitschriften: Man erfährt selten bahnbrechend neue Erkenntnisse. Neben Finanzierungsproblemen, die dank der Möglichkeit des Low-Budget-Reisens offensichtlich keine allzu große Hürde darstellten, hemmt der von der Leistungsgesellschaft produzierte Faktor *Beruflicher Werdegang* beziehungsweise *Bessere Chancen auf dem Arbeitsmarkt bei lückenloser Bildung* den Impuls, für längere Zeit ins Ausland zu gehen, um alles andere zu tun, außer eine Ausbildung anzufangen, zu studieren, Karriere zu machen oder in einem 9-to-5-Job zu landen. Doch hörte man Jitesh zu, klang es ganz und gar nicht nach einer „Lücke im Lebenslauf", vor der man sich fürchten müsste, im Gegenteil: Was er zu erzählen hatte, fühlte sich nach purer Lebens*erfüllung* an. Postwendend wollte man sich dem Grundsatz übertriebener (Vor-)Sorge à la *Heute schon an morgen denken* widersetzen, der die Abenteuerlust westlicher Gehirne lahmlegt. Während Jiteshs Berichterstattungen kam unweigerlich die Frage auf, ob es überhaupt etwas gab, das er währenddessen *nicht* getan hatte. Wir waren angefixt. Anders kann man es wohl nicht bezeichnen. Ich war bereits etwas länger unterwegs als Martin und konnte gar nicht fassen, was mir bisher alles passiert war. Und das, obwohl es sich dabei um eine vergleichsweise kurze Zeitspanne gehandelt hatte. Aber diese schien von Ereignisdichte so maximal befüllt wie eine gemischte Tüte am Kiosk deines Vertrauens und gleichzeitig verheißungsvoller als der Garten Eden. In ein paar Wochen wieder zu Hause sein und Weihnachten im kalten, grauen Deutschland feiern? Unvorstellbar! Ein Blick in Martins Gesicht sprach Bände darüber, dass zeitgleich ähnliche Erkenntnisse seine Synapsenbahnen entlangjagten. Deutschland an sich schien so verdammt weit weg, surreal und gefühlt ewig her zu sein. Ein entfernter Cousin, mit dem man Spielplätze rockte, bis das Kinderschnitzel auf Ortruds Achtzigstem serviert wurde. Den man anlässlich diverser Feiern im Familienkreis wiedersieht und zu dem einen über die Jahre hinweg immer weniger verbindet, um die Frequenz zwischen den Familientreffen ohne triftigen Grund zu erhöhen – bis man sich als Erwachsene gegenübersteht und sich trotz Blutsverwandtschaft herrlich fremd empfindet. War da nicht mal mehr an positivem Gefühl für die eigene Heimat? Wo ist das hin? Und sollte mich das eigentlich nicht etwas mehr jucken?

Als zum vermutlich zehnten Mal *Around the world* aus den Boxen tönte, kam ein Typ zu unserem Tisch getorkelt und erhob seinen

Zeigefinger. In äußerst alkoholgeschwängertem Englisch stellte er sich vor und nahm unaufgefordert Platz. Bei mir hatte er allein einen Stein im Brett, da er aus Amsterdam kam, denn ich liebe den niederländischen Akzent. Als ich mich gerade innerlich damit befasste, ob solch ein Statement als Form des positiven Rassismus zu bezeichnen ist und ob es sowas überhaupt gibt, fragte er uns: „Can any-fucking-one of you tell me what fucking day today is?“ Er blickte dabei jeden einzelnen von uns mit einem herausfordernden Grinsen auf dem sonnenverbrannten Gesicht an. Unser verblüffter Gesichtsausdruck glich Alpakas, die zu tief an einer Bong gezogen hatten – und genauso reaktionsverzögert waren wir auch. Martin war sich ziemlich sicher, dass heute Mittwoch sein musste, ich plädierte für Samstag und in Jisteshs Welt war aktuell Freitag. Mit krachendem Gelächter klärte uns der Holländer auf: „Dudes, you are all totally wrong. Today is Monday!“ Erstaunt glotzten wir uns an, denn seit wir wussten, wie man Kalender und Uhren zu lesen hatte, kam so ein krass verschobener Verlust des Zeitgefühls eigentlich nicht mehr vor. Es war ein absolut unbeschreiblicher Zustand, der noch durch die Erkenntnis aufgewertet wurde, dass es einfach scheißegal war, welcher Tag heute war. Denn wir hatten die Zeit gepachtet. Noch so viel vor uns und voll im Modus, jeden einzelnen Moment davon gnadenlos auszukosten. Und Monate später wurde dies meine favorisierte Antwort, wenn ich gefragt wurde, was das Beste an meiner Reise war: absolute Zeitlosigkeit. Und das daraus entspringende Gefühl unendlicher Freiheit.

„Sorrie, riellllie sorrie mei fräääands, batt häff tu clohs nau!“ Neben uns stand der Barkeeper, zwischen dessen Lippen permanent eine selbstgedrehte Zigarette steckte. „Batt cänn gif ju sammm shots if ju wont? Häff Wodka, häff Tequilla…“

Weiter kam er nicht, denn Jitesh unterbrach die Bestandsaufnahme des Barkeepers freudestrahlend mit einem lauten „We take six Tequilla!“ Ich stellte mir zeitgleich die Frage, wer von uns hier überhaupt noch einen davon nötig hatte, aber das ist bei Shots am Ende des Abends generell eine überflüssige Frage. Schnaps in sich reinschütten, bevor man heimgeht, entbehrt sich jedweder Sinnhaftigkeit. Aber wer braucht schon einen Sinn, wenn es um unkontrolliertes Trinken geht? Jesper Brook, einer meiner Lieblingsautoren, gab mal ein feines Statement zur Tücke von Wodka ab, das generell auf jegliche Sorte von Schnaps anwendbar ist. Brook bezeichnete Wodka als *„kreidefressenden Wolf im Hartalkoholgewand. Passte man nicht auf, saß er ratzfatz im Cockpit und übernahm das Kommando.“*[3] Aber will man manchmal einfach nicht nur gerade das? Wenn Alkohol nichts mit einem anstellen würde, würde doch keiner trinken. Da *soll* sich ja was verändern. Also zog sich jeder von uns zwei Schnäpse rein und wir liefen zurück zum Hostel. Unterwegs machten wir noch einen Stopp im *7-Eleven*, dem Paradies in Form eines Convenience Stores, um den Vollsuff entweder voranzutreiben oder stilvoll abzurunden. Durchgehend geöffnet werden kurzzeitig spaßbringende Produkte und eine Palette diverser Snacks angeboten. In Asien sind die Mitarbeiter permanent extrem höflich, egal, wie betrunken die Kundschaft vorm Kassentresen steht. Die thailändischen Angestellten vermitteln einem das Gefühl absoluter Annahme deiner Selbst und grundlegende Akzeptanz im Sinne von, dass du dich für nichts schämen oder entschuldigen musst, auch wenn du durch zu viel Promille nicht gerade die passabelste Version von dir darstellst. Wir ballerten uns etliche Sandwiches des Sortiments

---

[3] Jesper Brook *Augen auf und durch* (siehe *Literaturempfehlungen* am Ende des Buchs)

rein, die eine gewisse Zauberkraft besitzen. Mittlerweile bin ich der festen Überzeugung, dass den Sandwiches von *7-Eleven* die Magie innewohnt, einen Kater wesentlich abzumildern. Hier verhält es sich in etwa so wie mit Alpenluft und Après-Ski: Es ist erstaunlich, wieviel Alkohol man seinem Körper während eines Winterurlaubs zuführen kann und trotzdem am nächsten Morgen wieder auf dem Brett steht. Selbstredend könnte man auch fitter sein, wenn man nach der Piste saunieren und früh ins Bett gehen würde – aber manchmal muss man sich einfach verschleißen, sonst hat man rückblickend irgendwie nur halb gelebt. Und weil wir alle drei ohnehin dem *Gönn-dir*-Modus restlos verfallen waren, zogen wir noch eine Runde Bier aus dem Getränkeautomaten des Hostels und quatschten sinnloses Zeug, bis wir merkten, dass es nur noch ein paar Stunden bis zum Check out waren. Jitesh bläute uns nochmal ausdrücklich ein, unbedingt die Insel Koh Mook aufzusuchen – seine Lieblingsdestination in der Andamanensee. Da sich keiner von uns beiden sicher war, ob wir uns am nächsten Tag an diese Information erinnern würden, notierten wir den Namen der Insel noch schnell auf meinem Arm, bevor wir uns in die Bunkbeds[4] schmissen.

Vier Stunden Schlaf mit drei Promille begünstigen nicht gerade die Wahrscheinlichkeit, am nächsten Tag frisch und wie vom Morgentau geküsst zu erwachen. Dennoch bin ich der festen Überzeugung, dass der nächtliche Sandwichkonsum zwar keine Detox-Magie besaß, uns aber doch ein Stück weit innerlich aufgeräumt hatte. Wir stopften unseren Kram in die Rucksäcke und kämpften uns durch Krabis geschäftige Straßen, während uns die Sonne in gnadenloser Intensität durchgarte. In einem

---

4 Etagenbetten, die die Schlafsäle füllen

kleinen Restaurant orderten wir geeiste Mangoshakes und versanken in den gemütlichen Sitzsäcken. Mit einem Funken Restenergie bestellten wir Pad Thai (was sonst?) und überlegten, wohin wir als Nächstes aufbrechen sollten. Martin kramte seinen dicken Reiseführer aus dem Rucksack, weil vorherige Absicherung durch Informationsbeschaffung eben sein Ding ist, um Entscheidungen zu treffen. Währenddessen betrachtete ich die Landkarte und rief spontan irgendwelche Ziele aus, weil das eher meinem Naturell von „Planung" entsprach. Während Martin seine übermüdeten Augen durch die kleingedruckten Texte quälte, fiel mein Blick auf das verschmierte Gekritzel auf meinem Arm, von dem man die Wörter *Koh Mook* nur noch erahnen konnte. „Ey man, wir wollten doch nach Koh Mook! Wenn Jiteshs Erzählungen nur halb wahr sind, dann ist es einer der traumhaftesten Plätze der Erde. Und ich bin schon auf Entzug", sagte ich und zwinkerte ihm lächelnd zu. Ich hatte aufrichtig das Gefühl, es käme einer Sterilisation gleich, wenn ich nicht bald wieder Sand zwischen den Zehen spürte. Nur schnell raus aus Krabis urbanem Dreck und rein in die paradiesische Natur. Und so war unser Ziel gefunden.

Einen Plan zu haben, ist manchmal nützlich. Allerdings muss er mit den realen Gegebenheiten kompatibel sein, sonst bleibt es lediglich bei einer attraktiven Theorie, die in der Umsetzung scheitert. Leider bestand an diesem Tag nicht mehr die Möglichkeit, bis nach Koh Mook zu kommen. Die Vorstellung, eine weitere Nacht in Krabi zu verbringen, erschien wenig attraktiv, zumal in unseren Köpfen schon Gedankenkonstrukte von üppigen Palmenlandschaften, Regenwäldern und Wasserfällen die Herrschaft übernahmen, und so schleppten wir uns zur nächsten *Travel Agency*, um Angebote zur spontanen Weiterreise unterbreitet zu bekommen. Dankbarerweise ist die Infrastruktur in Thailand durch ihre Ausgereiftheit idiotensicher, sodass es jedem Menschen jederzeit und in jedem Zustand möglich ist, die nächste Fahrt nach Irgendwohin zu buchen. Ganz egal, ob er ein blutiger Reiseanfänger ist, zu viel Bier intus oder absolut keine Ahnung hat, wie die Dinge auf einem fremden Kontinent funktionieren – oder alles zusammen. Um in Thailand mal nicht von A nach B zu kommen, zeugt mit ziemlicher Sicherheit von einem extrem minderbemittelten Selbstmanagement.

„You can go to Pai, to Trang, Hua Hin, Khao Sok…", zählte die bildschöne Mitarbeiterin der Reiseagentur auf. Ihre großen dunklen Augen waren von der Sorte, in denen man sich einfach nur verlieren wollte, und die Farbe ihres Hidschabs[5] harmonierte dazu perfekt. Obwohl der Buddhismus in Thailand keine offizielle Staatsreligion ist, dominiert die Glaubensrichtung das Land. In der Provinz Krabi findet man ebenfalls zum größten Teil buddhistische Gläubige, jedoch sind ein Drittel aller Bewohner hier Muslime. Im Nachbarland Westmalaysia ist der Islam hingegen die Staatsreligion, weshalb es dort neben imposanten Tempeln unzählige Moscheen gibt. Zum Abschluss einer grandiosen Partynacht am Strand von Langkawi[6] hatte ich mit einem Italiener die glorreiche Idee, auf das Dach einer der Moscheen zu klettern, um den Sonnenaufgang zu sehen. Als wir dieses alltägliche wie faszinierende Szenario beobachteten, das nie gleich und stets anders ist, erzählten wir uns von den bisherigen Highlights unserer Reisen und er schwärmte von dem

---

5 Arabisch: Art der Verschleierung einer islamischen Frau. In diesem Fall ein Kopftuch, das das Gesicht einrahmt und zusätzlich Schultern und Hals bedeckt.

6 Malaiische Insel in der Andamanensee

Nationalpark Khao Sok. „Wenn du die Möglichkeit hast, dann geh dorthin. Das ist einfach nur der Hammer. Wasserfälle, Tropfsteinhöhlen, riesige Karststeinfelsen … Da gibt es einen See, der ist immens. Den musst du dir unbedingt anschauen! Und dir dort 'ne Hütte mieten, die haben nämlich kleine Bungalows, die auf dem Wasser schwimmen." Wundersamerweise erinnerte sich mein übermüdetes Hirn an diese Worte, als ich „*Khao Sok*" aus den wohlgeformten Lippen der Reisebüroschönheit vernahm. Da Martins Entscheidungsfreudigkeit mit wachsendem Kater gegen Null ging, legte ich für uns beide 560 Baht auf den Tisch, um die Fahrt dorthin mit umgerechnet 15 Euro zu besiegeln, und war heilfroh, den Tagesordnungspunkt *Produktivität* nun als abgehakt zu wissen.

Um Reisende aus aller Herren Länder durch die Gegend zu transportieren, gibt es in Thailand neben Tuk Tuks die Minibusse, die sich vor allem dadurch auszeichnen, dass sie erst losfahren, wenn der letzte Platz besetzt ist. Kommt es aus Gründen der Nebensaison zu freien Sitzplätzen, werden diese mit Locals aufgefüllt, die an verschiedensten Orten zu- und wieder aussteigen. Außerdem liefert der Minibus manchmal Pakete und verschiedene Gegenstände aus. Der Busfahrer hält dann bei etwa fünfzig unterschiedlichen Wohnungen auf dem Festland an, um die Postsendungen einzuladen und sie an die Adressaten auf der Insel auszuliefern. So kann eine Distanz von 60 Kilometern schon mal mehrere Stunden in Anspruch nehmen. Und um dabei nicht innerlich auszurasten, muss man alles, was einem an deutscher Organisiertheit, Regelhaftigkeit oder Zeitmanagement innewohnt, abstellen. Aber das wird einem während des Reisens durch andere Länder ohnehin ganz nebenbei ausgetrieben.

Der Minibus zum Nationalpark Khao Sok entsagte sich glücklicherweise dem Postgewerbe. Diesen Umstand hatten wir wohl im Wesentlichen unserem Fahrer zu verdanken, der entweder zu viel *Speed*-Verfilmungen gesehen hatte oder schlichtweg ein Adrenalinjunkie war. Wie von der Tarantel gestochen jagte er das Gefährt in einem Affentempo über die serpentinenartigen Gebirgspässe, dass uns an manchen Stellen das Blut in den Adern gefror. Andere Verkehrsteilnehmer wurden erst konsequent weggehupt und schließlich überholt – ungeachtet dessen, ob sich jemand auf der gegenüberliegenden Fahrbahnseite näherte oder nicht. Da einem als Fahrgast nichts anderes übrigblieb, als sein ganzes Vertrauen in die hoffentlich vorhandene Kompetenz des Busfahrers zu legen, zog ich die Kapuze meines Hoodies auf (heilige Klimaanlagen-Kuh), lehnte meinen Kopf an Martins Schulter und ignorierte jegliche Gedanken daran, ob wir uns bei der nächsten Kurve mit Tempo 120 im Straßengraben wiederfinden würden. Mit Kopfhörern im Ohr donnerten wir vorbei an Elefanten, die sich vom verkehrswütigen Fahrstil wundersamerweise nicht aus der Ruhe bringen ließen, und starrten in andächtiger Gedankenlosigkeit auf die grün bewachsenen Gebirgsketten und Täler, die an unserem Fenster vorbeiflogen.

Nach einer Stunde wurde das Landschaftsbild abrupt von einem in sämtlichen Türkis- und Blautönen schillernden See unterbrochen: Wir befanden uns nun mitten im Gebiet des Nationalparks Khao Sok. Der Bus kam an einem kleinen Pier zum Stehen, wo Longtailboote bereits auf uns warteten. Es kommt jedes Mal einem Wunder gleich, was auf ihrem begrenzten hölzernen Raum alles untergebracht wird – sowohl auf die Menge als auch die Art des Frachtguts bezogen.

Motorräder und Kühlschränke werden ebenso selbstverständlich transportiert wie Hühner, Gasflaschen und diverse Lebensmittel. Wir quetschten uns zwischen Kisten voll duftender Mango und Bananen und waren immer noch gänzlich beeindruckt vom Anblick des Cheow-Lan-Sees, der flächenmäßig doppelt so groß ist wie der Chiemsee und zahlreiche Verästelungen aufweist. Er ist gespickt mit dicht bewachsenen Kalksteinmassiven, die sich an zahlreichen Stellen aus dem Wasser erheben und über Millionen Jahre hinweg mehr als hundert Inseln gebildet haben. Daneben bedecken ganze Teppiche aus Wasserpflanzen hier und da die Oberfläche des Sees. Je näher wir den riesigen Karststeinfelsen kamen, desto deutlicher erkannten wir die vielfältige Fauna, die nahezu jeden Quadratmeter überwucherte. Hoch oben in den Baumkronen tummelten sich Horden von Affen, bunte Vögel zogen ihre Kreise am Himmel und schufen eine Geräuschkulisse aus von uns noch nie zuvor vernommenen Tönen. Unser Guide mit dem Spitznamen BigMan (den er sowohl seiner Körpergröße als auch seinem kugeligen Bauch zu verdanken hatte) wirkte wie der glücklichste Mensch, den man jemals zu Gesicht bekommen hatte. Wie sehr der Dauerkonsum von Kokablättern dafür verantwortlich und inwieweit dies vertretbar war, ging mich nichts an. Jeder zimmert sich im Laufe seines Lebens seine eigene Glücksformel zusammen, da mischt man sich nicht ein. Davon abgesehen: Wer war ich schon, um über BigMan zu urteilen? Vollkommen egal, ob ihnen der totale Rausch oder die Stocknüchternheit einer mausgrauen Bibliothekarin zugrunde lag: Die Worte, die BigMans Mund verließen, erreichten unsere Ohren lediglich häppchenweise. Zu sehr waren wir abgelenkt von all dem, was vor unseren Augen lag. Als sich ein Niederländer aus unserer Gruppe nach den verantwortlichen Verursachern der Urwaldgeräusche erkundigte, die selbst dem lauten Dieselmotor unseres Holzboots mühelos trotzten, erklärte BigMan, dass es sich hierbei um Paarungsrufe von Zikaden handelte. Auf Rhodos hatten meine Freundin Patty und ich damals das große „Glück", Heerscharen von Singzikaden zu hören. Den ganzen Tag lang, ohne Unterlass erzeugten sie bei ihren „Gesängen" (die aus Schall- bzw. Erschütterungswellen bestehen) einen Frequenzbereich an der oberen Hörgrenze eines jungen Menschen und belasteten dabei jedes menschliche Nervenkostüm. In Thailand sind die Zikaden so laut wie sonderbar, da sie bis zu 17 Jahre verborgen in der Erde leben, um dann für einen Tag herauszukommen, in Rekordzeit einen Partner zu suchen, Nachwuchs zu zeugen und sich danach erneut für die nächsten 17 Jahre im Untergrund einzunisten. „Stellt euch vor, ihr seid den Großteil eures Lebens von allem isoliert … Da ist es doch nur logisch, dass ihr – nach so langer Zeit endlich wieder am Leben teilnehmend – ein lautes Brimborium veranstaltet, um die Chance zu erhöhen, *endlichendlichendlich* mal wieder jemanden flachlegen zu können. Man kann ihnen die intensive Lautstärke also nicht verdenken". BigMans basslastiges Lachen donnerte über den See, während er seinen Beutel Kokablätter aus der Hosentasche zog und sich erneut eine Ladung in den Mund stopfte.

Unser Boot kam an einer Sandbank, die den dicht bewachsenen Regenwald an einer schmalen Stelle durchbrach, zum Stehen. Wie es sich für einen Regenwald schickt, war alles, was wir vor uns sahen, zu 99 Prozent grün. Zu dem explodierenden Spektrum diverser Grüntöne gesellten sich unzählige Blütenarten, die der Dschungelkulisse durch Farbe und Exotik ein gigantisches Upgrade verliehen. Während man in Deutschland versucht, feuchte Gärtnerträume in Form ausladender Parkanlagen wahrwerden zu lassen, braucht es im asiatischen Regenwald keinerlei herbeigekünstelte Floralgestaltung. Alles wächst und gedeiht vor sich hin und formt auf diese Weise den Inbegriff eines Paradieses, lässt man die Natur einfach ihr Ding machen. Fuck you, Landesgartenschau, die gegen diesen Garten Eden abstinkt, dessen phänomenale Schönheit auf ganz natürliche Weise und ohne jeden Cent Steuergelder zustande kam. BigMan würde das Werk europäischer Landschaftsgärtner wohl belächeln – oder mit seinem schallenden Donnerlachen so erzittern lassen, dass es jeglichen Pappeln, Eichen und Birken die Blätter von der Krone fegt.

Der Weg durch den grünen Teppich (sofern man in diesem Zusammenhang von einem „Weg“ sprechen konnte) war übervoll mit unterschiedlichen Pflanzen zugewuchert. Unbeholfen tappten wir hinter BigMan her und ich konnte meinen Blick nicht abwenden von den verschiedenen Gewächsen, deren Namen ich nicht kannte. Die gesamte Szenerie schien eher einer *Tim-Burton*-Fiktion entsprungen, als real zu sein. Verschiedene Farne und Moose, die das Urzeitflair friedvoll untermalten, säumten den Pfad, der an manchen Stellen von umgekippten Baumstämmen, Schlingpflanzen und dicken Wurzeln blockiert wurde. Lianen schlängelten sich um uralte Stämme und dicke Äste, als wäre ihr Dasein von dem Plan bestimmt, die verschiedenen Bäume und Pflanzen zu einem großflächigen Urwaldteppich zu verweben. Trotz üppigen Blattwerks der Baumkronen schafften es die Sonnenstrahlen, sich einen Weg durch das dichte Grün zu bahnen. Im einfallenden Licht flatterten unzählige Schmetterlinge in den prächtigsten Farben umher und konkurrierten mit exotischen Blumen um die obersten Ränge eines offiziell nicht stattfindenden Schönheitswettbewerbs. Im Gesamtensemble wirkte die Urwaldkulisse wie ein Feuerwerk an Farbexplosion, ein Meisterstück der Pyrotechnik, mit dem gravierenden Unterschied, dass Blätter, Blüten und Co. die umweltfreundlichere Variante dieses visuellen Spektakels bildeten. Die Zikaden kreischten ohne Unterlass eine Komposition aus schrägen Sägetönen, deren betörendes Sonett in unseren Ohren vibrierte, während wir uns immer tiefer in diese fantastische Natur hineinbegaben. Martin und ich unterhielten uns gerade mit BigMan über verschiedene Facetten deutscher Essenskultur, als dieser erneut seinen Beutel mit Kokablättern hervorzog und uns mit einem breiten Grinsen unter die Nase hielt. Wir nahmen uns jeder eine ordentliche Portion heraus, während unsere Augen vor Dankbarkeit leuchteten wie die *Halloween*-Süßigkeiten verschlingender Kinder und verleibten uns ein Blatt nach dem anderen ein. Kurz darauf fühlten wir uns fit in einer unbekannten Intensität, die den ganzen Körper kribbeln ließ. Mein Verstand war messerscharf, meine Konzentration kam an jeden Schachweltmeister heran und meine Augen schienen in der Lage zu sein, jede einzelne Pflanzenfaser aus dem grünen Wirrwarr zu erfassen. Obwohl die Mittagshitze gerade ihren Höhepunkt erreicht hatte und es immens schwül war, hatte ich das Gefühl, einen Marathon durch den Regenwald sprinten zu können, ohne dabei ein Quäntchen körperliche Anstrengung zu verspüren.

Die restliche Zeit der Wanderung zog rasch an uns vorbei und am Ende standen wir am Eingang einer riesigen Höhle. BigMan gab unserer Gruppe einige Anweisungen und erzählte was von Wasserschlangen, die sich in den letzten Jahren im Fluss angesiedelt hatten, der sich durch die Höhle zog. Diesen Fluss mussten wir an einigen Stellen schwimmend passieren, wobei wir außerdem darauf achten sollten, uns nicht an den scharfkantigen Felsen zu schneiden. Um der absoluten Dunkelheit Herr zu werden, schalteten wir unsere Stirnlampen an und marschierten in den schwarzen Schlund der Höhle. Die nächste Stunde fühlten wir uns in das Set eines *Indiana-Jones*-Films platziert. Wir robbten durch enge Tunnel und ignorierten dabei die hohe Dichte an tellergroßen Spinnen mit einer bis dahin unbekannten Gelassenheit. Ebenso konnten wir die vergangenen Berichte überschwemmter Höhlen mit darin eingesperrten Travelern erfolgreich ins Hinterstübchen unserer Köpfe verbannen, sodass wir das Schwimmen durch den Fluss als abenteuerliche Erfahrung erlebten und vor lauter Adrenalin nur geringfügig bemerkten, wenn unsere Gliedmaßen über die Felsen schrappten. An Wasserschlangen und ob sie beißen oder giftig sein könnten, verschwendete ich währenddessen herzlich wenig Gedanken. Genauso wenig gruselte ich mich vor der Dunkelheit, als Martin und ich zeitweise von der Gruppe zurückfielen, unsere Stirnlampen ausknipsten und uns einige Minuten ohne jegliche Lichtquelle in der unfassbaren Schwärze der Höhle verloren. Bis zu diesem Zeitpunkt war mir nicht bewusst, wie absolut Dunkelheit sein kann. Man denkt immer, dunkel sei dunkel und basta, doch auch Schwarz weist gewisse Nuancen auf, auch wenn dies ganz bestimmt das falsche Wort dafür ist. Niemals zuvor war ich in meinem Leben mit einer solch tiefsatten Dunkelheit konfrontiert wie in dieser Höhle. Dass ich damit vollkommen fein sein würde (ich fühlte mich pudelwohl wie Fünfjährige auf einem Kindergeburtstag mit Zuckerwatte-Flatrate), zählte ebenfalls zu den im Vorfeld unerwartbaren Faktoren. Zu welchem Prozentteil die Angstfreiheit, die ich die gesamte Zeit über verspürte, auf den Konsum der Kokablätter zurückzuführen war, gehört der Kategorie ewig unbeantworteter Fragen an.

Mitten in der Höhle gab es einen kleinen Wasserfall, in dem wir uns mit Hilfe eines Taus abseilten. Der Fluss gab die Richtung vor und führte uns zuverlässig zum Ausgang der Höhle, indem wir dem Sonnenlicht entgegenschwammen, das uns einladend in Empfang nahm. Wie frisch es die gesamte Zeit über gewesen war, fiel erst auf, als wir die Höhle verlassen hatten. Während wir zurück zum Boot liefen, wärmte uns die tropische Hitze. Nun fuhren wir zu der Unterkunft, in der wir die Nacht verbringen würden: Wasserbungalows, die sanft auf der spiegelglatten Oberfläche des Sees schaukelten. Wir genossen es, direkt von unserer Behausung ins kühle Nass springen zu können, und füllten so die Zeit bis zum Abendessen. Auf einmal hörten wir einen Schrei, der von einer Frau kam, die einige Hütten weiter im See schwamm. In Rekordzeit halfen ihr einige Männer aus dem Wasser und verarzteten ihren blutenden Fuß, in den sich ein ziemlich großer Fisch verbissen hatte. Dieses Erlebnis führte beim Rest der Gäste dazu, das Baden von nun an sein zu lassen. Martin und ich setzten stattdessen darauf, dass sich solch ein Pech bestimmt nicht zweimal am gleichen Tag ereignen würde, und schwammen, bis es dunkel wurde.

Nachts begann es, in der heftigen Intensität zu regnen, wie es nur in den Tropen möglich ist. Der Himmel ergoss sich ohne Unterlass und vom überdachten Steg aus lauschten wir dem lauten Prasseln der gefühlt Milliarden Regentropfen. Als der Regen sein Vorhaben, den See zum Überlaufen zu bringen, für unbestimmte Zeit einstellte, paddelten wir mit einem Kanu auf das rabenschwarze Wasser hinaus. Es sah schlicht und ergreifend magisch aus: Der Mond spiegelte sich auf der Oberfläche des Sees, der umrahmt wurde von dichtem Dschungel, aus dem es lautstark gluckste, quiekte, raschelte, zirpte, blubberte, knackte, surrte, pfiff und quakte. Im Innern des Regenwaldes schien es niemals Ruhe zu geben. Wir legten uns im Kanu auf den Rücken, ließen unsere Körper von der Schwärze der Nacht und unsere Gehirne vom Alkohol ummanteln und erzählten uns Geschichten, die von allem und nichts handelten, und tranken Thai Whiskey, der so stark war, als würde er direkt aus der Hölle stammen. Es war die Art von Moment, in dem man das einem innewohnende Zeitgefühl gänzlich ablegt und der Wunsch, den Moment zur Ewigkeit auszudehnen, überhandnimmt. Ich habe Martin nie gefragt, aber wenn ich in seine Augen blickte, die voll Lebensfreude und Glück glitzerten, war ich mir sicher: Wäre eine wie auch immer geartete Gottheit mit einem Kassettenrecorder zu uns ins Boot geklettert und hätte uns die Möglichkeit gegeben, die Zeit für immer anzuhalten, indem wir die Pause-Taste auf dem Gerät drückten, hätte er es, ohne mit der Wimper zu zucken, getan.

Als wir im Morgengrauen mit dem Kanu wieder an den Bungalows anlegten, zeigte sich BigMan abermals in aller Großzügigkeit, weshalb unser Frühstück aus Kaffee und Kokablättern bestand. Ein besseres Mittel, um einen drohenden Hangover auszumerzen, habe ich niemals kennengelernt. Anschließend fuhren wir mit den Longtailbooten durch den monsunartigen Regen zurück aufs Festland. Wir schlotterten, was das Zeug hielt, da unsere Körper bis auf den letzten Quadratmillimeter durchnässt waren und der Fahrtwind sein Übriges tat, um einen Zustand an Kälte zu erzeugen, der mit jeder Tiefkühltruhe mithalten konnte. Punktgenau mit Erreichen des Festlandes hatte der Regen beschlossen, seine Tätigkeit vorerst einzustellen, und wir ließen uns an der Haltestelle für den Bus nach Koh Mook von der Sonne trocknen. Da eine Uhrzeit in manchen Teilen Asiens für Transportmittel jeglicher

Art eher eine vage Richtlinie als eine verbindliche Verpflichtung darstellt, hatten wir keinen blassen Schimmer, ob der Bus zum Hafen in zwei Stunden kommen würde – oder überhaupt nicht. Wir hofften, unsere vom Alkohol zermürbten Gehirne mit ausgewählten Nährstoffen wieder in die Gänge zu kriegen. Dabei setzten wir auf die Kraft der restlichen Kokablätter, die uns BigMan beim Abschied in die Hand drückte, mehrere Fläschchen Thai-*Redbull*, Instantnudeln, Chips sowie diverse Sorten Stieleis.

Als wir unsere kulinarische Ausbeute vertilgten, erblickten wir einen ziemlich verlotterten Typ auf der anderen Straßenseite. Er sah aus wie ein hängengebliebener Surfer-Dude, der definitiv schon zu lange durch die Weltgeschichte hüpfte, weil sein Körper wie auch seine Klamotten in einer Art und Weise abgetragen waren, wie es in Europa definitiv als pennertauglich einzustufen wäre. Auf dem Banana-Pancake-Trail[7] hingegen erntete ein solches Aussehen eher anerkennende Bewunderung als skeptische Blicke, da es suggerierte, bereits viel erlebt zu haben, was dem Kerl im Backpacker-Universum einen Status auf den obersten Rängen einbrachte. Außer uns peppten lediglich ein kleiner Kiosk, zwei dreckige Straßenhunde und ein Thai, der frittierte Bananen mithilfe eines Gaskochers zubereitete, die Einöde des Landschaftsbildes auf. Daher dauerte es nicht allzu lange, bis uns der verlotterte Typ entdeckte und direkt auf uns zusteuerte. Nachdem wir geklärt hatten, wer gerade von wo kommt und

---

7 Bezeichnung für die touristischen Pfade der gängigen Reiseroute, die durch Südostasien führt. Neben Rucksackreisenden trifft man hier auf Pauschaltouristen und sog. „Aussteiger". Die Bezeichnung *Banana-Pancake-Trail* entspringt aus dem Umstand, dass man sich in sämtlichen dieser Regionen auf eins verlassen kann: Bananenpfannkuchen zum Frühstück vorzufinden, denn diese Speise erfreut sich allgemeiner Beliebtheit, da sie kulturübergreifend zu funktionieren scheint.

wohin gehen möchte, ließ er sich neben uns nieder und kramte einen dicken Joint von irgendwo aus seinen Dreadlocks hervor, die er zu einem dicken Knoten auf seinem Kopf drapiert hatte. Natürlich sind Joints nichts, was man allein konsumiert, und selbstverständlich nahmen wir dankend an, da unsere einzige Aufgabe des Tages in der Busfahrt bestand.

Wenn man auf Transportmittel in Asien wartet, braucht man einen langen Atem. Und je entspannter man an die Sache rangeht, umso erträglicher wird das Ganze. Bekanntlich vermag einen der Konsum von Marihuana mehr zu entspannen, als es der von Kokablättern und *Redbull* tut. Es ist nicht so, dass generell etwas gegen die Koka-Bull-Kombination einzuwenden wäre, aber um Situationen gechillt zu ertragen, muss man auf ein anderes Pferd setzen. Daher waren alle weiteren Joints, die auf den ersten folgten, ein mehr als willkommenes Mittel, um zu vergessen, dass man ja eigentlich auf den öffentlichen Bus wartet, der deprimierenderweise so gar nicht kommen will. Nach fünf Stunden und einer vergessenen Anzahl gerauchter Joints hatten wir allerdings genug – genug von der Warterei, genug von den Geschichten des Dreadheads und genug Informationen über die Familie, die nicht allzu weit entfernt Baumhäuser vermietete. Obwohl meine Denkfähigkeit wegen der einsetzenden Müdigkeit und des Marihuanakonsums verlangsamt war, lösten die Worte *Baumhaus im Dschungel* Abenteuerlust und Euphorie aus. Sogleich beschlossen wir, unseren übermüdeten Körpern einen weiteren Push-Versuch durch Kokablätter und Energydrinks zu ersparen und ihnen stattdessen in einem der Baumhäuser eine Auszeit zu gönnen.

Wir liefen eine dichtbewachsene Nebenstraße entlang, die sich der Regenwald in den nächsten Monaten komplett zurückerobert haben würde, wenn man ihn weiter sein Ding machen ließ.

Wie vom Dreadhead beschrieben, folgten wir einem kleinen Pfad, der tiefer in den Regenwald hineinführte. Nachdem wir uns eine Weile durchs Unterholz geschlagen hatten und kurz davor waren, die Baumhäuser als Märchenstoff abzustempeln, der lediglich der vernebelten Verwirrtheit eines bekifften Backpackers entsprungen war, stieß sich Martin das Knie an einem Holzschild, das von Farnen verdeckt war. Zu lesen, was darauf stand, war aufgrund der Thaischrift unmöglich, jedoch nicht von Nöten, da auf der Lichtung vor uns sechs Baumhäuser elegant emporragten.

Niran, ein Thaimann mittleren Alters, seine Frau Thida und ihre drei Kinder begrüßten uns herzlich. Nachdem wir unsere Rucksäcke ins Baumhaus geschmissen und eine riesige Spinne über dem Bett entfernt hatten, setzten wir uns an einen Holztisch unter das Dach des kleinen Gemeinschaftsbereichs und bekamen ein verdammt leckeres Curry vorgesetzt. Wie auch schon in Khao Sok trumpften die Urwaldgeräusche mit ordentlich Dezibel auf, denen wir in den Gesprächspausen andächtig lauschten. Wir tranken Bier, bis es dunkel wurde, und wollten noch welches mit ins Baumhaus nehmen, also liefen wir zum Küchenbereich der kleinen Anlage. Während wir mit Thida etwas Smalltalk führten, vernahmen wir plötzlich ein tiefes Knurren aus einer dunklen Ecke. Als Thida unsere verstörten Blicke bemerkte, sagte sie, wir sollten keine Angst haben, das wäre nur der Wachhund. Der lag monstergleich ein paar Meter von uns entfernt an einer Kette und fletschte die Zähne. „Keine Sorge, den lassen wir erst frei, wenn wir ins Bett gehen, damit er das Areal bewachen kann“, beruhigte uns Thida. Ich bin im Normalfall nicht stolz auf meinen Alkoholkonsum, aber in diesem Moment war ich heilfroh, dass wir durch unser Bedürfnis nach noch mehr Bier Kenntnis über die wachende

Bestie erhielten. Nicht auszumalen, was passiert wäre, hätten wir nachts aus irgendeinem Grund nochmal die Treppe nach unten genommen. So blieben wir im Baumhaus, bis wir uns am nächsten Morgen sicher sein konnten, dass der Hund wieder angeleint war. Bevor wir zur Bushaltestelle aufbrachen, beobachteten wir am kleinen Fluss, der neben dem Gemeinschaftsbereich entlangführte, einen jungen Elefanten beim morgendlichen Bad. Die Thaifamilie hatte das Waisenbaby im Regenwald gefunden und kümmerte sich nun so lange, bis sie eine wilde Herde entdecken würde, an die sie das Jungtier angliedern konnte. Obwohl die Szene keinerlei Assoziationen bereithielt, musste ich auf einmal an meine Arbeit denken. Ich konnte es nicht fassen, dass meine Kollegen gerade dem pädagogischen Alltagsgeschäft nachgingen, während ich am anderen Ende der Welt im Regenwald stand und einen wilden Elefanten beobachtete. Noch weniger glauben konnte ich, dass ich mich in einigen Wochen wieder im Kinderhaus befinden sollte, um eine Horde vernachlässigter und dementsprechend verhaltensauffälliger Kinder zu bändigen. Hier in Asien fühlte sich mein deutsches Leben eher wie das Stadium kurz vor dem Aufwachen an, wenn man wirres Zeug zusammenfantasiert, bei dem man nicht sicher ist, ob es noch zum Traum gehört oder die Realität ist, die sich langsam in den Schlaf schleicht, um das Aufwachen einzuleiten. Manchmal fragte ich mich ernsthaft, ob es dieses deutsche Leben überhaupt in echt gab, oder ob ich on the road das „eigentlich Leben“ gefunden hatte. Und, ob ich meine gesamte Vergangenheit als Halluzination verbuchen und für immer hier bleiben sollte, im süßen Paralleluniversum des Backpackens. Wem würde es als erstes auffallen, wenn ich nicht wiederkomme, und was würde daraufhin passieren? Einerseits löste dieses Gedankenexperiment grandiose Freiheits- und Glückseligkeitsgefühle in mir aus, andererseits verursachte es einen schmerzhaften Stich in der Magengegend, weil ich doch nicht einfach alle Menschen, die zu Hause auf mich warten, enttäuschen kann, indem ich untertauche. Doch enttäusche ich dabei überhaupt jemanden, wenn ich nicht nach Deutschland zurückkehren würde, und inwieweit enttäusche ich mich selbst, wenn ich in den Flieger steige, obwohl ich das eigentlich gar nicht will - und wer zählt bei dieser Rechnung mehr: ich oder "die anderen"? Ich wusste es nicht. Ich war einfach nur heilfroh, dass die Antworten darauf heute noch nicht gefunden geschweige denn erfahren werden mussten. Stattdessen machte ich ein Foto von dem Elefanten, wie er genussvoll eine Stange Zuckerrohr vertilgte, und schlenderte zu Martin, der sich gerade von Niran und Thida verabschiedete.

Das Bushaltestellenszenario vom Vortag wiederholte sich. Allerdings gesellten sich zu den verlausten Hunden und dem Bananenverkäufer nun vier thailändische Männer. Wir stellten uns auf weitere triste Stunden der Warterei mit offenem Ausgang dahingehend, dass der Bus eventuell nicht kommen könnte, ein. Um uns bei Laune zu halten, tranken wir mit den Locals irgendeinen selbstgebrannten Schnaps, den sie uns großherzig anboten. Alsbald kam es zu der Art von Konversation, die überall auf der Welt stets dem gleichen Muster folgt, sobald dein Gegenüber herausgefunden hat, dass du aus Deutschland kommst. Eine Unterhaltung läuft dann so ab, dass dir die Gesprächspartner aufgeregt Worte an den Kopf pfeffern und du aus diesem Kauderwelsch irgendwann erkennst, dass sie beispielsweise „*Bayern München*" sagen, woraufhin eine

Aufzählung unterschiedlichster Spieler und Mannschaften folgt.[8] Du bestätigst, indem du nickst oder den Namen wiederholst – und munter wird die Aufzählerei fortgesetzt, bis dein Gegenüber alles an Nationalspielern rausgehauen hat, was es von Ballack über Podolski bis Schweinsteiger kennt. Wenn der Schlagabtausch im Bereich *Fußball* ausgereizt ist, konzentriert sich die neue thematische Endlosschleife meist auf Hersteller bekannter Automarken. Spielernamen wie Fahrzeughersteller sind ein erfolgreiches Mittel, um ein Gespräch am anderen Ende der Welt zu führen, wenn beide Parteien keine gemeinsame Sprache teilen und trotzdem ins Gespräch kommen wollen. *Bridge the distance* dank Messi, BMW und Konsorten. Derartige Unterhaltungen bergen das Potential in sich, ein unendlicher Quell an Frohsinn zu sein – zumindest den Reaktionen der Einheimischen nach zu urteilen, die der ganzen Aufzählerei nicht müde werden, wenn man nach dem Dauergrinsen geht, das ihr Gesicht nach jedem Wort strahlen lässt.
Nach einer gefühlten Ewigkeit, die wir mit Schnapstrinken, Fußball und Kraftfahrzeugen füllten, zeigte sich das Universum gönnerhaft und schickte einen Bus, der uns zum Hafen brachte. Dort angekommen mussten wir feststellen, dass die Fähre nach Koh Mook bereits ohne uns abgelegt hatte. Daher entschieden wir uns spontan dazu, andere Inseln zu besuchen und uns immer weiter südlich zu schlagen, bis wir Koh Mook erreichen würden.
Wir betrieben Inselhopping der feinsten Sorte und lebten einen paradiesischen Traum zwischen Kokospalmen, wunderschönen

---

8 Es ist ein erstaunliches Phänomen, auf wie viele unterschiedliche Arten man „*Bayern München*" aussprechen kann. Fairerweise muss man dazu sagen, dass ich bei den einheimischen Mannschaftsnamen scheitern würde – und das bezieht sich nicht nur auf die Aussprache, sondern insbesondere auf die nicht vorhandene Kenntnis der Spielernamen.

Sandstränden und atemberaubenden Korallenriffen, an denen man sich nur schwer sattschnorcheln konnte. Wir aßen die leckersten Currys, probierten allerlei Köstlichkeiten auf den Nachtmärkten und verbrannten unsere Zungen an für unsere westlichen Gaumen viel zu scharfen Gerichten. Mit dem Roller fuhren wir tropische Inselstraßen ab, die einen an Mario Kart erinnerten, sofern man ein Kind der 90er war. Wir erkundeten schmale Regenwaldpfade, die uns zu Wasserfällen, Höhlenerkundungen und Flusswanderungen führten – natürlich nicht ohne Horden an Blutegeln zum Opfer zu fallen, die sich glücklicherweise leicht von der Haut pellen ließen, wenn sie gerade erst in der „Ansaugphase" waren. Abends baumelten wir in den Hängematten irgendeiner Strandbar und ließen den Tag gemütlich ausklingen oder lernten andere Reisende kennen und machten Party bis zum Morgengrauen. Wir tranken uns quer durch Cocktailangebote und amüsierten uns über thailändische Menükarten, denn es scheint im ganzen Land nicht eine ohne Rechtschreibfehler zu geben. Merkwürdigerweise befinden sie sich an den abwegigsten Stellen und verleihen dem Ganzen eine Witzigkeit, dass man sich stellenweise fragt, ob manche Fehler absichtlich fabriziert wurden, um Menschen diverser Nationalitäten zum Lachen zu bringen.[9] Wir setzten uns mitten im Regenwald auf die kühle Erde, um die akrobatischen Leistungen einer Horde Affen zu verfolgen, die über uns durch die Baumwipfel sprangen. An diversen Bilderbuchstränden sahen wir zu, wie sich die Sonne zum Untergehen bereit machte und dabei die aufgebauschten Quellwolkentürme, die über dem Horizont prangten, in unfassbare Farbtöne kleidete. Wenn es

---

9 Ich hatte beispielsweise einmal einen Tee bestellt, der auf der Karte als *Triple Clitoris Butt* geführt wurde – in einem Café fernab des Sextourismus oder der Mushroombars.

nachts gewitterte, beobachteten wir unzählige Blitze, die sich beinahe im Sekundentakt am dunklen Firmament über dem Ozean entluden. *Die Welt ist eine einzigartige Unfassbarkeit* – diese Zeile eines Romans von Thomas Glavinic schoss in diesen Tagen oft durch meinen Kopf. Gepaart mit der Frage, wann es in meinem Leben denn bitte mehr davon geben würde, sowie einem Kloß im Hals, der zeitgleich mit dem Realisieren einsetzte, dass dieses „mehr“ erstmal auf unbestimmte Zeit ins Unerreichbare rückte.

Auf der Insel Koh Mook angekommen, mieteten wir uns einen Bungalow, der komplett aus Bambus und Palmblättern bestand und dessen Bad einen Boden aus Sand aufwies. Die Bäder an Bambushütten oder Bungalows in Südostasien haben selbstredend Wände, sind aber im oberen Bereich oft offen, sodass man beim Toilettengang Geckos, Papageien und Zikaden hört und während dem Duschen verschiedene Pflanzen bewundern kann. Auf diese Weise ist man draußen, obwohl man eigentlich drinnen ist – was allerdings auch dazu führt, dass dich allerlei Getier besucht, angefangen von klitzekleinen Ameisen über Kakerlaken, riesigen Tausendfüßlern, Skorpionen und Echsen bis hin zu Schlangen und tellergroßen Spinnen. Begegnest du einem dieser Wesen schlaftrunken morgens um sechs Uhr, jagt dir pures Adrenalin durch den Körper.

Die freudige Offenheit des Gebäudes hatte neben Gratis-Wachrüttel-Effekt noch andere Vorteile: Durch zahlreiche kleine Löcher zwischen den Bambusverflechtungen fiel nachts das Mondlicht ein und zauberte tausend glitzernde Lichtpunkte in die Hütte. Da ich nicht schlafen konnte, beobachtete ich das Lichtkonfetti voller Entzücken, während mich ein Gedanke nicht losließ: Der Flug zurück nach Deutschland rückte unaufhaltsam näher. Was bedeutete, dieses unglaubliche Leben hier, das sich eher wie eine Fantasie anfühlte, als real zu sein, bald verlassen zu müssen. Das kann, sollte und durfte unter keinen Umständen passieren! Weil meine Gedanken nicht stillstehen wollten, stöpselte ich den MP3-Player an, denn Musik birgt ein mannigfaches Spektrum an Kraft. In meinem aktuellen Zustand erhoffte ich mir, sie würde meine Gedanken ausbremsen oder diese zumindest sanft untermalen, damit ich zur Ruhe kommen könnte. In meinen Ohren ertönte der Song *Magic Moments* von Perry Como, vielen unserer Generation bekannt durch eine Szene des Kinostreifens *Fear and Loathing in Las Vegas.*[10] Grob zusammengefasst treiben sich die Hauptdarsteller Johnny Depp und Benicio del Toro durch Las Vegas und erleben dabei allerlei weirdes Zeug, während sie ein Potpourri illegaler Substanzen im großen Stil konsumieren. Als das Lied *Magic Moments* eingespielt wird, kehrt Johnny Depp gerade in die Hotelsuite zurück, wo sich eine Frau kurz darauf in seinem Bein festbeißt. In diesem Zusammenhang von einem „magischen Moment" zu sprechen, erschien mir ebenso surreal und befremdlich wie die Vorstellung, in den Flieger nach Frankfurt zu steigen. Daher teilte ich Martin am nächsten Tag meinen Entschluss mit, den Rückflug verfallen zu lassen. Weil ich verdammt nochmal nicht bereit war, all dem hier einen Riegel vorzuschieben. Wir blieben noch einige Tage auf Koh Mook, bevor wir eine Fähre zur Insel Penang nahmen, die im nördlichen Teil vor Westmalaysia in der Andamanensee liegt. Es war der 24.12. und wir gingen abends in ein indisches Restaurant, das ziemlich bemüht um die Heraufbeschwörung eines weihnachtlichen Flairs war. Es verpasste seinen Kellnern Santa-Mützen und eine Dreimannband performte diverse Weihnachtslieder mit bollywoodartigem Touch. In

---

10 Psychedelisch-satirischer Film von Terry Gilliam (1998), der auf Hunter S. Thompsons gleichnamigen Roman zurückgeht

gewisser Weise eine Form der Kunst, trotzdem akustisch unverzeihbar. Während mit allen Mitteln versucht wurde, einen Funken von Weihnachtlichkeit auf uns zu übertragen, vertilgten wir ein festliches Menü indischer Köstlichkeiten und erzählten uns, wie wir die Feiertage normalerweise zu Hause in Deutschland verbrachten. *Deutschland. Zuhause.* Das alles schien zeitlich wie örtlich unvorstellbar weit weg zu sein. Auf eine Art und Weise so unwirklich, dass es kracht, aber in ungewollt naher Zukunft blutige Realität. Nach dem weihnachtlichen Bollywood-Spektakel schlürften wir Longdrinks in einer Rooftop-Bar und zählten mit anderen Barbesuchern gegen Mitternacht den Countdown für Weihnachten runter, das in diesem Teil der Welt am 25. gefeiert wird. Das Ensemble aufgekratzter Asiaten, die sich mittels Trillerpfeifen, Wunderkerzen und Tröten in ein weihnachtliches Nirvana katapultierten, erinnerte eher an ein Silvesterszenario als an ein Fest der Besinnlichkeit. Der technoauflegende DJ (natürlich ebenfalls mit Weihnachtsmütze hinter den Turntables) machte es auch nicht gerade friedvoller. Als eine angetrunkene Asiatin neben mir lautstark bewies, dass sie auch nach dem Konsum mehrerer Longdrinks noch in der Lage war, von zehn rückwärtszuzählen, versuchte ich den Countdown meines Rückflugs mit Alkohol zu verdrängen. *Merry Christmas and a happy new year*, doch wie happy würde das neue Jahr werden?

Die letzte Nacht verbrachten wir in einer luxuriösen Suite mit Jacuzzi für einen sündhaft kleinen Preis und vernichteten Unmengen an Gin mit Ice Cream Soda. Solch eine traumhafte Parallelwelt schien es nur beim Backpacken zu geben. Doch mit dem Rückflug drohte sie, wie eine Seifenblase zu zerplatzen. Und dann? Dann wirds ernst. Weil man nie wieder so in sein Zuhause zurückkehren kann, wie man es damals verlassen hat.

Reisen wohnt das Potential inne, dich zu verändern. Ich hatte das Glück, vollkommen ohne Krankheiten, Würmer oder Viren im Körper heimzukehren. Doch eine Sache trug ich in mir und die tobte sich in den kommenden Monaten zu Hause aus: eine unfassbar riesige Sucht nach Ferne. War ich nun ebenso traveladdicted wie Kaspar? Und wie hat er das eigentlich damals gemanagt? Mehr schlecht als recht, soviel ist sicher. Ich hatte gehörig Schiss, wieder nach Hause zu fliegen. Es war nicht so, dass ich mich nicht auf meinen geliebten Partner Joscha, meine Familie und Freunde gefreut hätte, denn das tat ich wirklich. Aber auf bestimmte Weise war ich innerlich zerrissen, wenn ich daran dachte, dem Backpackerleben ein Ende setzen zu müssen. In mir schlugen nun zwei Herzen: Das eine befindet sich schon seit ich denken kann in meiner Brust und ist für die Menschen reserviert, die ich über alle Maßen liebe. Dazu gesellte sich nun noch ein zweites, von wo auch immer es so plötzlich hergekommen war. Es erwuchs einer sich mit unglaublicher Intensität entwickelnden Liebe fürs Reisen. Wie konnte ich dafür sorgen, dass dieses Herz nicht verkümmerte, wenn das Backpacken vorerst auf Eis lag? Konnten beide Herzen nebeneinander in friedlicher Koexistenz in mir ihren Platz haben – oder waren sie dafür zu gegensätzlich, sodass es bereits vorprogrammiert war, dass eins davon zeitnah gebrochen werden würde? *Der Mensch kann zwar tun, was er will, aber er kann nicht wollen, was er will.*[11] Und was ich wirklich und wahrhaftig wollte, sollte in der nächsten Zeit einer harten Prüfung unterzogen werden.

---

11 Arthur Schopenhauer

Home Bittersweet Home[12]

Wir können den Wind nicht ändern,
aber die Segel anders setzen.
(Aristoteles)

Beim Zähneputzen.
Auf dem Weg zur Arbeit.
In Hamburg, Kanada oder auf Kreta.
Am See, an der Kasse des Supermarkts oder beim Zerfeiern im Club.
Beim Haareföhnen, Schnitzel anbraten, Zigarette ausdrücken oder Tür aufschließen.

Es ist so gut wie jeden Tag das Erste, das mir beim Aufwachen in den Sinn kommt, und der letzte Gedanke, bevor ich einschlafe: den Rucksack packen. Einfach alles stehen und liegen lassen, ohne Rücksicht auf Verluste in den nächsten Flieger steigen und für unbestimmte Zeit über die Erdkugel hüpfen. *Ciao, Adios, Hasta la vista* und *Welcome, World!* An manchen Tagen vereinnahmt mich dieses Gefühl in einer Intensität, das ich aus nichts anderem mehr bestehe als Fernsucht. Dazu gesellt sich tiefe Verzweiflung aufgrund von Reisestillstand und mangelnder Optionen, demnächst wieder losziehen zu können. Backpacking-Blues deluxe. Was für eine Scheiße.

Als mich Martin mit dem Roller zum Flughafen der malaiischen

---

12 Songtitel der Band *Color Morale* (aus dem Album *Desolate Divine*, Erstveröffentlichung 2016)

Insel Penang fuhr, drehte sich mir der Magen um. In mir klatschten sich sämtliche Gefühle im Wechsel ab, um kurz an die Oberfläche zu kommen, etwas in mir auszulösen und ebenso schnell wieder zu verschwinden, wie sie gekommen waren. Ich unterdrückte sie, weil ich sie nicht zulassen wollte. Nicht mit ihnen umgehen konnte, da sie mich überforderten. Ich versuchte, die negativen Emotionen zu ignorieren, und war gleichzeitig damit beschäftigt, klarzukommen, dass jetzt alles vorbei sein sollte. Aber bevor ich dies ohne Weiteres akzeptieren konnte, war es wahrscheinlicher, dass George Clooney auf Twitter postete, er würde mit Wühlmäusen schlafen, und ihn die PETA dafür zum Mitglied des Jahres kürte.

Wir stellten den Roller ab und setzten uns vor das Flughafengebäude, weil ich noch eine rauchen wollte. Rauchen, rauchen, rauchen! Manchmal macht nichts mehr Sinn, als sich eine nach der anderen anzuzünden, weil man sonst das Gefühl hat, durchzudrehen. Anstatt zu reden, beobachteten wir das allen Flughäfen charakteristische Pick-up-drop-off-Geschehen aus Bussen, Taxen und Privat-PKWs, die im Sekundentakt Menschen ausspuckten, damit sich diese aus verschiedensten Beweggründen global verstreuen konnten. Akustisch wurde das Ganze von schallendem Vogelgezwitscher begleitet, da gefühlt eine Millionen Vögel der aufkommenden Dunkelheit entgegensangen.

Martin legte mir den Arm um die Schulter und hielt einfach die Klappe. Weil er mich in der letzten Zeit so intensiv kennengelernt hatte, auf eine Art, wie sie nur auf Reisen möglich ist, wenn du 24/7 mit jemandem zusammen bist und alles teilst. Unter Travelbuddys kann sich in relativ kurzer Zeit eine ebenso spezielle wie intensive Verbindung entwickeln, die zu Hause in dieser Form nicht möglich wäre. Ein Backpacking-Trip schweißt zusammen – man erlebt gemeinsam so viel Besonderes und wird sich deshalb immer aneinander erinnern. Denn wer neben dir auf einem der unzähligen Vulkane in Indonesien sitzt, während Wolken unter euch prangen und ihr beobachtet, wie langsam die Sonne aufgeht, so jemanden vergisst du niemals. Mit Martin hab ich mich durch engste Stellen in spinnenverseuchten Höhlen gequetscht, bin Wasserfälle runtergerutscht und stundenlang an den genialsten Riffen geschnorchelt, die dermaßen schön waren, dass uns selbst die Quallen nicht störten, die durchs Wasser schwebten wie Heliumballons auf Jahrmärkten. Wir sind kokablätterkauend durch den Regenwald gestapft, haben uns gemeinsam in der High-Bar weggebrezelt (und dabei psychedelische Horrortrips vom Feinsten durchlebt), Nächte im Baumhausbungalow mitten im Dschungel verbracht, in Luxussuiten eine Flasche Gin im Jacuzzi vernichtet und Todesfahrten mit adrenalinsüchtigen Busfahrern durchgestanden. Und nun saßen wir am Flughafen und ich hatte mich noch nie so verloren und mies gefühlt.

Ich dachte über die Konsequenzen nach, die es mit sich bringen würde, das Flugzeug ein zweites Mal ohne mich abheben zu lassen. Denn als ich den Flug eine Woche zuvor verschoben hatte, feierten jegliche Freiheits- und Glücksgefühle in mir eine ausgelassene Party. Und das fühlte sich doch definitiv besser an als alles, was mich momentan an negativen Emotionen innerlich durchflutete. Auf einmal spürte ich Martins Hand auf meinem Arm und hörte ihn sagen: „Wir sollten jetzt mal dein Gepäck aufgeben, sonst wird das wieder nix mehr mit dem Nachhausekommen.“ *Nach Hause*. Nichts hört sich surrealer an, wenn du dich am anderen Ende der Welt befindest, wo gefühlt rein gar keine Überschneidung mit einer sogenannten „Heimat“ existiert. Obwohl Martins Worte heftigste Widerstände in mir auslösten und ich am liebsten davongerannt wäre, tapste ich stattdessen wie ein treudoofer Beagle hinter ihm in den Eingangsbereich des Flughafens. Wir gaben mein Backpack auf, was ungefähr zehnmal so lang dauert, wie in Asien einen Kaffee zu bekommen (ein Thema für sich), und ich dachte kurz darüber nach, ob ich meinem Verlangen, mir vor Abflug eine Flasche Sprühsahne einzuverleiben, den Vorzug geben sollte. Da dies magentechnisch letztes Mal aber nicht wirklich gut ausging und ich einen langen Ritt vor mir hatte, kam ich schnell wieder davon ab.

Nebeneinander schlenderten wir durch die weitläufige Halle des Flughafengebäudes und sprachen maximal wenig. Zum einen, weil alles schon hundert Mal gesagt worden war in den letzten Nächten, in denen Martin ein geduldiger Zuhörer von der Sorte war, wie man sie nur selten neben sich sitzen hat. Zum anderen, weil manche Situationen nicht für Worte gemacht sind – und diese war ein Paradebeispiel dafür. Zwar hatte ich zu diesem Zeitpunkt noch wenig Ahnung, was *Zurückkommen* in seinem vollen Ausmaß bedeuten würde, aber alles in mir wehrte sich dagegen. Es fühlte sich in etwa so an, als würde man auf einem schmalen Bergkamm entlanglaufen, was Adrenalinausschüttung ankurbelt und ein flaues Gefühl in der Magengegend verursacht. Parallel dazu brüllen dich jegliche Körperfunktionen aus tiefstem Innern an, schleunigst das Weite zu suchen. Anstatt diesem Instinkt Folge zu leisten, blickte ich bedröppelt zu Boden und versuchte, die aufsteigenden Tränen wegzublinzeln. Mittlerweile war mir jegliches Zeitgefühl abhanden gekommen, aber in so was war Martin ohnehin der Bessere von uns beiden. Und so war er es auch, der kurze Zeit später bemerkte, dass ich mich in die Warteschlange für die Sicherheitskontrolle begeben sollte, um das Boarding nicht zu verpassen. Wir umarmten uns schnell und ich drückte ihm einen Kuss hinters Ohr. Hätte der Abschied länger gedauert, wäre es wohl in schnulzige Flennerei abgedriftet und das brauchte nun wirklich kein Mensch. Mit ziemlich gemischten Gefühlen ging ich durch den Kontrollbereich und landete nach drei Flügen und zähen Zwischenstopps 36 Stunden später in Deutschland und schloss meinen Partner Joscha in die Arme.

In den ersten Tagen zu Hause war ich einfach nur unendlich traurig. Das heißt, natürlich habe ich mich auch sehr gefreut, alle heißgeliebten Menschen wiederzusehen, und gerade das war in der Anfangsphase legendär, da ich einen Tag nach meinem Rückflug Geburtstag hatte. Also gingen Joscha und ich direkt nach Verlassen des Flughafens für meine Party einkaufen, was sich nach zwei schlaflosen Nächten als toughere Aufgabe entpuppt, als man vermuten würde. Es war der 27. Dezember und der Supermarkt voll kopfloser Kunden, die, teils zombiehaft, teils feiertagsgestresst, durch die vollgestopften Gänge liefen, um *endlich* wieder Lebensmittel in ihre Einkaufswägen zu laden, weil ihnen das ja aufgrund von Weihnachten drei volle Tage verwehrt geblieben war. „Bodenlose Frechheit", verrieten Paare erzürnter Augen die Gedanken, und die Gesichter sprachen Bände dahingehend, dass eher Gehetztheit im geschäftigen Alltag dominierte anstatt Gemüter voll *O du fröhliche!* Gnadenbringende Weihnachtszeit. Nicht. Wir durchstreiften die Gänge der Miniwelt eines Wohlstandsparadieses, die Regale vollgestopft mit unzähligen Produkten verschiedener Hersteller. Ein Überangebot diverser Marken zwang den einzelnen Verbrauchern die Entscheidung zwischen vegan, Fairtrade, bio, gluten- oder laktosefrei sowie fettreduziert und low-carb auf. Gerade die letzten beiden Produktpaletten führen zu Unverständnis in anderen Kulturkreisen und das vollkommen zu Recht, denn Nahrungsaufnahme sollte den Zweck erfüllen, dem Körper Energie zuzuführen. Also warum etwas konsumieren, das einem nur geringfügig mit Nährstoffen versorgt? Weil wir hier in Deutschland überwiegend Jobs haben, bei denen man acht Stunden und länger pro Tag am Schreibtisch sitzt. Der Bildschirm des Rechners wird im Feierabend abgelöst durch den des Fernsehers, vor dem man sich am Ende des Tages auf der Couch mit zucker- und fetthaltigen Produkten vollstopft. Das Gewissen kann den Konsum aber rechtfertigen, wenn man mittags kohlenhydratreduzierte Nudeln mit fettarmer Sahnesauce zu sich genommen hat statt einer kräftespendenden Mahlzeit mit echten Fetten und authentischen Nährstoffen. Irrsinnigkeiten dieser Art fielen mir in den kommenden Monaten sehr häufig auf.

Dass wir in der westlichen Welt im Überfluss leben, ist eine Floskel, die in jedem Kopf eines Durchschnittsdeutschen zu finden ist. Wer mal in einem bornesischen Lebensmittelladen oder einer kubanischen Apotheke gewesen ist, kann die tatsächliche Bedeutung dieser inhaltslosen Satzhülse auf ganz andere Weise erfassen. Bewusstsein erreicht erst seine volle Intensität, sobald man etwas selbst erfahren hat, anstatt lediglich theoretisch davon zu wissen. So macht sich Verwunderung über diverse Besitztümer breit, sobald man nach einer längeren Reise den Schlüssel in die Wohnungstür steckt und eine Immobilie betritt, die einem Palast gleicht. Warmes Wasser, das nicht nur tröpfchenweise die Leitung verlässt. Ein gefüllter Kühlschrank, funktionierende Toiletten, textilüberflutete Kleiderschränke und alle möglichen Habseligkeiten über 90 Quadratmeter und mehr verteilt. Nach dem verjetlagten Einkaufserlebnis diesen schon an unverschämten Reichtum grenzenden Wohnraum zu betreten, war ein irrsinniges Gefühl, das mir Glück und Dankbarkeit durch den Körper jagte. Gepaart mit einem Hammerschlag, der mir einen Anflug von Surrealität in die Fresse prügelte, da das mit dem *Wieder-zu-Hause-Sein* viel zu schnell ging. Wir setzten uns erstmal auf die Couch und ich versuchte, Joscha alles zu erzählen, was ich auf der Reise erlebt hatte. Dabei schüttete ich maximal viel Kaffee in mich rein, den ich aufgrund der Aufgekratztheit gar nicht gebraucht hätte, aber er schmeckte eben so derbe gut. Jeder, der schon mal in Kontakt mit vietnamesischen Milchmädchenkaffee gekommen ist oder orangebraune, vollkommen überzuckerte Brühe in Malaysia getrunken hat, weiß, wovon ich spreche. Von der Couch ging's dann ab in die Badewanne, da ich den Temperatursturz von tropischer Hitze zu europäischen Minusgraden nicht wegstecken konnte. Kaffee wurde abgelöst von Alkohol in Form einer Menge Bier und noch mehr Sekt. Wir verweilten stundenlang im heißen Wasser, redeten, tranken und rauchten. Ich genoss es wirklich sehr, wieder bei Joscha zu sein, den ich gnadenlos vermisst hatte. Falls in mir überhaupt ein Heimatgefühl vorhanden war, dann ging das zu einem sehr großen Teil auf Joschas Konto. Parallel dazu konnte ich nicht glauben, dass das Traveler-Dasein nun zu Ende war. Und ich *wollte* es auch nicht glauben. Beim Reisen bestand mein Leben aus Inselhopping, Freiwilligenarbeit auf einer Elefantenfarm, mehr schlaflosen Nächten als erholsamen, Vulkanbesteigungen, endlosen Sandstränden, Höhlen- und Regenwalderkundungen. Jeder Tag unterschied sich gravierend vom vorherigen, war voll spannender Begegnungen, neuer Bekanntschaften und die Ereignisse überschlugen sich geradezu, was meiner Erlebnissucht zugute kam. Und jetzt? Jetzt jagten die gemachten Erfahrungen in Highspeed durch meinen Kopf und dachten gar nicht daran, das Zentrum meiner Aufmerksamkeit für etwas anderes freizugeben. Als wir schlafen gingen, breitete sich in mir nach und nach ein Gefühl aus, das mir eine leise Ahnung davon vermittelte, dass sich ein wesentlicher Teil von mir gewaltig verändert hatte.

Nach einer ziemlich kurzen Nacht fing ich an, die Sachen vorzubereiten, die erforderlich sind, wenn man ein paar Stunden später die Bude voll mit Leuten hat. Als dann schließlich alle Freunde da waren, feierte ich es hart, so viele Wahnsinnsmenschen in meinem Leben zu haben, die mich lieben und für mich da sind. Es war immens schön, jeden Einzelnen von ihnen wiederzusehen, und wir tranken und quatschten bis die Sonne aufging. Das waren die guten Momente des Wiederkommens. Und davon gab es in den nächsten Wochen glücklicherweise sehr viele. Dennoch folgten nach meiner Rückkehr depressive Phasen, die einfach nicht aufhören wollten. Und es verging kein Tag, an dem ich nicht an Asien dachte.

Die tiefe Traurigkeit über das Ende des Backpacking-Trips gipfelte oftmals in Wut, entsprungen aus einem Nicht-akzeptieren-Wollen, dass Backpacken nun vorbei sein sollte. Und diese Wut verursachte Grübeleien in Endlosschleife und trieb mich zu blindem Aktionismus, erwachsen aus dem sehnlichen Wunsch, Ablenkung zu spüren, und diese doch nicht zu finden. Schlaf wurde zum Ding der Unmöglichkeit, ich trank zu viel und betrieb das absolute Gegenteil von Selbstfürsorge. Die Tage füllte ich stupide mit leidenschaftslosem Workaholismus, in dem ich keinerlei Sinn erkennen konnte, begleitet von stechender Wut im Bauch. Wut treibt einem immense Energien durch den Körper und man muss einen Weg finden, um diese zu kanalisieren – andernfalls wird es ungesund. Ein passendes

Mittel habe ich in dieser Zeit nicht gefunden. Manchmal schien es, als könnte die Wut mit nichts vertrieben werden, als hätte ich der Traurigkeit nichts entgegenzusetzen und als ob das Bedürfnis nach Reisen durch nichts anderes gestillt werden konnte als durch das Reisen selbst. Heute bin ich überzeugt davon, dass dies stimmt. Doch so weit war ich damals noch nicht. Stattdessen versuchte ich krampfhaft, mich wieder in mein deutsches Leben zu quetschen, das ich doch nur für sechs Wochen verlassen hatte. *Sechs Wochen!* Ich konnte nicht fassen, wie eine solch kurze Zeit dermaßen viel in meinem Innern verrücken konnte. Und ich demgegenüber so machtlos zu sein schien, was mich wiederum auf die Palme brachte, denn wir Menschen haben uns bekanntlich gerne im Griff.

War die Wut verpufft, ploppten Fragen auf, die in meinem Kopf unermüdlich in Endlosschleife ihre Kreise zogen: *Warum weicht die Traurigkeit über das Ende der Reise nicht? Wie lange wird es dauern, bis ich mich mit dem Alltag hier wieder arrangieren kann?* Und vor allem: *Wie lebe ich mein Leben weiter, wenn der Drang nach Backpacken einfach nicht abnimmt?* Fragen, die nichts hinterließen als Ratlosigkeit und Enttäuschung. Zweifel und Verzweiflung. Aufgelöstheit und tiefe Traurigkeit. Gedanken, die so produktiv waren wie das Vor-und-zurück-Wippen im Schaukelstuhl, denn ich fühlte mich ohnmächtig, unfähig, Antworten zu finden. Unermüdlich gesellten sich im Stechschritt neue Fragen dazu: *Soll ich die Karten nochmal völlig neu mischen, in Deutschland alles abbrechen und einfach nur im Zickzackkurs durch die Welt reisen? Von Land zu Land hüpfen, mich zwischen verschiede-nen Kontinenten bewegen und meinen Körper in alle Ozeane der Welt dippen? Und warum triggert mich das so? Bedeutet das, mein Leben hier gibt mir nicht genug, weil ich es derartig infrage stelle? Weil ich denke, nichts macht mehr Sinn, als einfach wieder den Rucksack zu packen und loszuziehen? Oder sind Langzeit-*

reisen und Heimatleben zwei gegensätzliche Komponenten, die man ohnehin nicht gegenüberstellen sollte, weil man sonst an der Unmöglichkeit verzweifelt, beide miteinander in Einklang zu bringen?

Joscha war in dieser Zeit mehr denn je mein Fels in der Brandung und hörte unermüdlich zu, wann immer ich verzweifelte, mich in Tränen ergoss und nicht wusste, wohin mit meinen emotionalen Verwirrungen. Er wollte meinem Reisebedürfnis gerecht werden, also flogen wir nach Mallorca und Sizilien. Er sagte nichts dagegen, als ich ohne ihn nach Kreta flog, und auch dann nichts, als ich mich zwei Wochen in Hamburg verlor. Joscha schaute protestlos zu, als ich den Rucksack erneut packte, um nach Kroatien zu reisen. Er ließ mich einfach mein Ding machen, ohne mir je den Hauch eines Vorwurfs entgegenzubringen. Es waren schöne Zeiten und Erfahrungen, doch sie stillten nicht mein Verlangen nach dem Mehr – mehr Langzeitreisen, mehr Länder, mehr Erlebnisse, anstatt sich der Rammdösigkeit des gewohnten Alltags zu ergeben.

Neben diesem unermüdlichen Getriebensein, Fernweh durch das Reisen selbst zu bekämpfen, setzten sich die Zukunftsfragen fort: *Mich von Joscha zu trennen, der Liebe meines Lebens, wäre doch schlicht und ergreifend dumm. Ein Fehler immensen Ausmaßes, von dem ich aufrichtig überzeugt bin, ihn später bitterböse zu bereuen.* Das mag im Kern zwar stimmen, aber genauso würde es mich zerreißen, wenn ich das Backpacken an einem Punkt aufgeben würde, an dem ich das Gefühl habe, dafür nicht bereit zu sein. Gleichzeitig wollte ich keinesfalls enden wie diese hängengebliebenen Traveler in den Vierzigern, die allesamt wirken, als würden sie etwas nacheifern, das eigentlich schon lange vorbei sein sollte. Denn das passiert zwangsläufig, wenn man zu lange unterwegs ist: Man ist von dem unbändigen

Gefühl roher Freiheit zu sehr versaut worden, als dass man wieder in das deutsche Leben zurückfinden kann. Weil sich in einem drin zu viel verändert hat. Aus Mangel an alternativen Lebenskonzepten reist man weiter. Jedoch auf die Gefahr hin, sich dabei nicht mehr frei und unabhängig zu fühlen, sondern vielmehr orientierungslos und verloren. Man ist das Risiko eingegangen, auf dem Weg zur Oase im Treibsand zu versinken, weil der Drang nach dem fruchtbaren Flecken Paradies so verlockend war – und nun gibt es kein Zurück mehr, weil man in das „Zurück" nicht mehr passt. Das Paradies als verklärter, unerreichbarer Mythos. Daneben die Heimat als nicht mehr in Frage kommende Option, weil man irgendwie verlernt hat, sich an diesem Ort zu Hause zu fühlen. Gefangen zwischen zwei Welten, mit der Gefahr, in keiner sein Glück finden zu können. Das wusste ich alles bereits. Trotzdem war ich jeden einzelnen Tag nach meiner Rückkehr von Fernweh zerrissen.

Es scheint stets einen ähnlichen Verlauf zu nehmen: Viele kommen von einer längeren Reise zurück und sind erstmal in einer negativen Art und Weise geflasht vom normalen Alltagsleben, das nach der erlebnisreichen Zeit voller Freiheit und Abenteuer so extrem unattraktiv daherkommt wie die Schwiegermutter in Birkenstock-Schlappen und Kittelschürze. Jedoch findet sich die Mehrheit nach einer gewissen Zeit damit ab, dass das Backpacker-Dasein nun vorbei ist, und nimmt seinen Platz im Hamsterrad erneut ein. Wieso? Schulterzucken begleitet von Sätzen wie *Weil man halt muss* sind in diesem Zusammenhang die häufigsten Argumente. Oder der Klassiker: *Weil das Leben auf diese Weise funktioniert.* Aha. Übernommene Glaubenssätze, unhinterfragte Floskeln und Prinzipien, von denen man nicht einmal mehr weiß, von wem und warum man diese einst über-

nommen hat, und selten erwägt, ob es nicht eigentlich schon längst an der Zeit wäre, einige davon zu revidieren.
Als wir klein waren, haben uns solch fadenscheinige Begründungen à la *Weil du das tun sollst, Weil ich es sage* oder *Weil es eben so ist* nicht wirklich befriedigt. Präsentierte ich den Kindern auf meiner Arbeit Antworten dieser Art, akzeptierten sie diese selten. Sehr viel wahrscheinlicher war, dass sie das Warum dahinter verstehen wollten. Vollkommen zurecht, bei solch sinnentleerten Erklärungen. Zudem sind die Aussagen mit einer gewissen Macht verbunden. Hinter ihnen steht ein strammes *Du musst, weil ich bestimme,* oder Gesellschaft und Kultur es vorgeben. Aber nun sind wir erwachsen – steht es uns dann nicht frei, zu tun, was wir *wollen*, und nicht, was andere von uns *erwarten*? Darin liegt doch gerade der Reiz, volljährig zu werden. Welches Kind träumt aus diesen Gründen nicht davon? Kinder wissen, wie man lebt: im Augenblick, im Hier und Jetzt. Sie hinterfragen Sinnlosigkeit ebenso, wie sie offen und neugierig auf die Welt sind, sich ihren Träumen hingeben und unbefangen durchs Leben gehen. Leider vergessen sie das scheinbar alles mit fortschreitendem Heranwachsen.

Die Erkenntnis, dass durch meine erste Rucksackreise etwas in mir angestoßen wurde, was sich nicht einfach abstellen ließ, speiste in mir mehr und mehr das Gefühl, dass ich mein Leben grundlegend ändern sollte. Immer offensichtlicher zeichnete sich ab, dass es schwierig werden würde, sich wieder vollends in Deutschland einzuleben. Und das lag wohl ganz wesentlich daran, dass ein Teil von mir das nicht wollte. Warum sollte ich das Traveler-Leben aufgeben, wenn es mir aufrichtig das Gefühl vermittelt, die Antwort auf eine nie gestellte Frage zu sein? *Weil niemand für immer unterwegs sein kann, das ist Utopie. Zu Hause hat man Pflichten, Verantwortung und Aufgaben, denen man als Erwachsener nachgehen muss* – so das Statement meines Travelbuddys Martin, stellvertretend für die breite Masse. Zu diesem Mainstream-Argument gesellen sich individuelle Komponenten: das Studium muss abgeschlossen, die Beziehung aufrechterhalten oder die Karriere vorangetrieben werden. Der Bausparvertrag will abbezahlt, der Garten gepflegt und der Hund Gassi geführt werden. Und als Frau um die Dreißig ganz klar das Thema mit der biologischen Uhr. Da hat man keine Macht mehr über sich Selbst. Vielmehr erliegt man einem Symposium aus gesellschaftlichen *Way-of-life*-Vorstellungen, Erwartungen seitens der eigenen Eltern sowie einem gewissen „Gruppenzwang", weil man gestern auf die elfte Babyparty im Freundeskreis eingeladen wurde. Und als wäre das noch nicht genug, wird das ganze von weiblichen Hormoncocktails und verschiedenen Zyklusphasen stilvoll untermalt. Nicht zu vergessen: der Klassiker *Große Ungewissheit*, da es für nichts im Leben eine Sicherheit gibt, keiner weiß, wie sich die Zukunft entwickelt, und erst Recht nicht, ob man in diesem Leben noch Kinder bekommen wird, wenn man sich jetzt dagegen entscheidet. Da sich ab einem gewissen Alter Türen schließen und nie wieder öffnen. Diese Komponenten ließen mich ebenfalls nicht unberührt, doch die Sehnsucht nach Ferne pulsierte in meinem Innern und folgte eigenen Gesetzmäßigkeiten. Durch sie fühlte ich mich getrieben von dem Gedanken, schnellstmöglich alles für einen erneuten Backpacking-Trip in die Wege zu leiten, da ich aufrichtig das Gefühl verspürte, andernfalls wahnsinnig zu werden. Der Wille zu reisen war unvergleichbar stark und glich einem Tsunami, der alles ausmerzte, was sich ihm in den Weg zu stellen wagte.

Während des Durchreitens psychischer Wellen und turbulenten

Auseinandersetzungen in kognitiven Karussellen wurden die Erinnerungen an Asien vorerst zu meiner persönlichen Büchse der Pandora. Sie verursachten in mir die unglaubliche Schizophrenie zwischen Euphorie angesichts des Erlebten und depressiven Verstimmungen, da Backpacken nun der Vergangenheit angehörte. Die Akzeptanz von Vergänglichkeit ist eine der größten Aufgaben des Lebens. Kann man Vergänglichkeit annehmen und findet sich damit ab, dass man an nichts im Leben auf ewig festhalten kann, ist man absolut frei – so der theoretische Background. Hängt man aber im Backpacking-Blues fest, gleicht das Akzeptieren des Reisestopps einer Sisyphusaufgabe, die in nichts weiter als der festen Überzeugung mündet, dass das doch alles nur Bullshit ist mit der Vergänglichkeitsakzeptanz. Innerlich breitet sich Enttäuschung aus, da alles unwiederbringlich vorbei und dies schlicht und ergreifend verfickt scheiße ist. Und an dieser Stelle im Script, das dein Leben ist, sitzt du verloren da und fragst dich: Wie geht man mit etwas um, mit dem man gefühlt nicht umgehen kann?

Asien ist der liebste Film in meinem Kopf und die größte Quelle an Verzweiflung darüber, dass es aufgehört hat, obwohl ich für ein Ende noch nicht bereit gewesen bin. Eine Hassliebe, die eigentlich eher an Angstliebe grenzt. Angst davor, dass die Sucht nach Ferne nicht aufhört. Dass ich ihr Folge leiste, mich in den nächsten Flieger nach Irgendwohin setze und dies das Aus mit Joscha besiegelt. Aber wer will schon eine Beziehung aufgeben, in der man bedingungslos geliebt und akzeptiert wird? Mit einem Partner, der über die Jahre hinweg zu Familie geworden ist? Familie verlässt man nicht. Doch jeden Tag prasselten die Erinnerungen an die Zeit in Asien ungefragt auf mich ein und ich war ihnen machtlos ausgeliefert. Gedanken scheren sich nicht drum, ob du sie gerade gebrauchen kannst oder lieber verbannen würdest. Sie folgen eigenen Gesetzmäßigkeiten, lassen sich nur bedingt kontrollieren und treten mit unvergleichbarer Präsenz Türen im Bewusstsein ein. Treffsicher, rasant und geradlinig wie ein abgeschossener Pfeil. Gestrandete Backpacker befinden sich zwischen zwei Welten, tanzen Tango in zwei Universen, und das ist maximal erschöpfend. Du bist da – und gleichzeitig auch nicht, weil mit dem Kopf oder im Herzen woanders. Traurigkeit macht sich breit, denn du bist hier, was impliziert, nicht dort zu sein. In der Folge schämst du dich für diese Gefühle, denn eigentlich hast du daheim doch ein verdammt glückliches Leben. Wieso kannst du nicht darin zurückkehren und einfach weitermachen wie bisher?

Das pendelt sich schon wieder ein, hab ein bisschen Geduld, versuchen mich meine Freunde zu trösten. Doch entgegen aller anfänglicher Prophezeiungen aus meinem Umfeld wollte das Fernweh nicht weichen. Im Gegenteil, es arbeitete wie ein Perpetuum Mobile in meinem Innern. Manchmal heimlich, still und leise, oftmals laut und unaufhaltsam. Wie eine Dampfwalze malmte es alles nieder, was sich seiner Befriedigung in den Weg stellen wollte. Also packte ich den Rucksack erneut. Joscha nahm es so gelassen wie möglich hin und wir verabschiedeten uns an einem Morgen im Dezember. Genau ein Jahr nach meinem ersten Backpacking-Trip, der so vieles in mir bewegt hatte, kehrte ich für knapp drei Monate nach Südostasien zurück. Es war eine lange und intensive Zeit, und als ich wieder nach Hause kam, erreichte der Prozess der Auseinandersetzung hinsichtlich meiner Wünsche und Zukunftsvorstellungen neue Sphären. Ich war dieses Mal wild entschlossen, das Thema Reisen erstmal in den Hintergrund zu stellen, um unserer Beziehung nicht im Weg zu stehen und damit das Ankommen besser funktionieren konnte als beim letzten Mal. Denn wenn ich gedanklich in Asien hänge, bin ich nicht wirklich hier, und ich wollte meinem Leben mit Joscha eine Chance geben. Daher galt es, den Drang nach Reisen zu betäuben. Ich hatte das wirklich vorgehabt. Aber meine Gefühlswelt interessierte sich dafür leider herzlich wenig. Wie jeder andere Mensch hasse ich Dinge, Situationen oder Zustände, über die ich keine Macht besitze – und hier hatte ich es definitiv mit etwas zu tun, das ich zu kontrollieren nicht in der Lage war. Ständig bahnte sich die Fernsucht einen Weg in mein Bewusstsein und schrie nach erneuter Befriedigung. In der Umsetzung sah das Ganze dann so aus, dass ich mich dabei ertappte, im Kopf Finanzpläne für den nächsten Trip aufzustellen. Dass ich Bücher über Südamerika, den Mittleren Osten und Asien verschlang, als hinge mein Leben davon ab. Oder dass ich im Internet nach neuen Travelbuddys suchte bzw. mit den vergangenen so viel Kontakt hatte, wie im letzten halben Jahr nicht. Und das tat ich alles in den ersten drei Wochen nach meiner Rückkehr. Nach und nach fing ich an zu realisieren, mein Herz ans Reisen verloren zu haben – was implizierte, dass ich mein Leben kernsanieren müsste, um diesem Bedürfnis nachgehen zu können. Aber wohin mit dieser Erkenntnis? War ich für solch einen großen Schritt bereit? Gab es ohnehin längst keine Alternative mehr, weil ich für Joscha immer weniger die Partnerin war, die er brauchte, da ich mehr und mehr zum Geist mutierte, lediglich physisch präsent, aber mit Kopf und Herz weit weg? Und würde ich, wenn ich nächstes Jahr tatsächlich in einer Bambushütte in Sumatra oder auf irgendeinem Berg in Nepal saß, bereuen, wie ich mich entschieden hatte? Sollte ich nicht lieber doch den sicheren Weg einschlagen, die Beziehung weiterführen, den Alltag managen und nebenbei ein paar Kinder in die Welt setzen? Dann kommt das mit dem Glücklichsein bestimmt ganz von alleine, oder? Ja.

Nein. Vielleicht. Nervenaufreibender Bullshit.

„Du musst Kompromisse machen“, sagt meine Mutter und schaut mich eindringlich an, während wir Kekse in unsere Kaffeetassen tunken. „Wie willst du denn mal bei irgendjemandem ankommen, wenn du ständig Neuem hinterhereiferst und aktuelle Leidenschaften stoisch umsetzen möchtest? So kann man doch keine Beziehung führen.“ Stimmt. Auf diese Weise funktionieren Partnerschaften nicht. Diese Erkenntnis nagte langsam aber sicher an Joschas und meinem Bewusstsein, was uns allerdings auch nicht weiter brachte. Denn genau Erkenntnisse dieses Kalibers machten es schwer bis unmöglich, den Weg gemeinsam weiterzugehen. Und das stürzte uns in eine tiefe Ratlosigkeit, denn da war doch so viel Liebe zwischen uns. Aber wie sollte man bitte die Vorstellung von Kindern und einem geregelten Alltag, den sich Joscha wünschte, mit Langzeitreisen vereinbaren? Hier ging es nicht mehr um höfliche Kompromisse auf beiden Seiten, sondern um grundlegende Lebenskonzepte.

„Wann möchtest du eigentlich mal eine Familie gründen?“, fragt mich mein Papa, während wir zusammen durchs Feld spazierten, wie wir es schon unzählige Male getan hatten, als ich noch ein Kind war und keine Ahnung hatte, mit was für Schwierigkeiten man es im Leben zu tun hat, wenn man erstmal „erwachsen“ ist. Damals, in meiner Kindheit, kürte eine Wanderung im Regen mit der Erlaubnis, unlimitiert durch Pfützen zu springen, einen Tag zum besten. Und jetzt konfrontierte mich mein lässiger Vater mit einer Frage, die mich im ersten Moment sprachlos machte, und das aus verschiedenen Gründen. Mein Vater ist ein Mensch, der sich im Normalfall nicht in persönliche Belange seiner Mitmenschen einmischt. Er bewegt sich getreu dem Motto *Leben und leben lassen* durch die

Welt, und hält sich aus den Privatangelegenheiten anderer raus. Noch dazu ist er einer der reiseaffinsten Personen meines näheren Umfelds. Von jemandem, der regelmäßig Touren in Südamerika macht, durch Grönland wandert, fast alle der Seven Summits bestiegen hat, der mit mir am Great Barrier Reef geschnorchelt ist und der mir so viele faszinierende Länder und Städte gezeigt hat, von dem erwartet man Fragen dieser Art erst recht nicht. Aber mein Vater ist auch ein Mensch, der einen nur mit solchen Fragen konfrontiert, wenn sie auch irgendwo ihre Berechtigung haben. Ich bin eben nicht mehr zwanzig Jahre jung, wo das ganze Leben noch vor einem liegt und alles, was unter der Überschrift *Zukunftsplanung* zusammengefasst wird, gänzlich offen ist. Jede Entscheidung für etwas ist auch eine gegen etwas. Je älter man wird, desto mehr begreift man diese Gesetzmäßigkeit. Man realisiert, dass die Bandbreite an Möglichkeiten, sein Leben zu gestalten, schrumpft, und das fühlt sich äußerst unangenehm an. Also Scheiße ja, wann tu ich das mal, eine Familie gründen? Wenn mein Vater schon mit dieser Frage daherkommt, muss es wirklich zehn vor zwölf sein.

„Ihr könnt doch zusammen reisen, mit Kindern geht das auch", lallt mir mein Kumpel Marc ins Ohr beim Versuch, meine Psyche durch Alkoholexzesse und Tanzen im Club wieder in die Spur zu bringen. Manchmal muss man einfach alles in sich in Bewegung bringen, damit man sich anschließend wieder neu sortieren kann. Diese Form der Verarbeitung betreibe ich umso reichlicher, je verlorener ich mich fühle. Aber was blieb, ist die Erkenntnis: Zusammen jahrelang reisen (ob mit oder ohne Kind), funktioniert nicht, zumindest nicht mit Joscha, denn der möchte das alles hier, in Deutschland, mit Komfortzone und so wenig Stress wie möglich. So ist Joscha eben und nicht nur deshalb ist er der ruhende Pol von uns beiden. Und nach einiger

Zeit hieß es von seiner Seite aus ganz klar: „Steffi, ich warte nicht nochmal monatelang auf dich. Wenn du erneut für längere Zeit um die Welt ziehen willst, dann musst du das tun. Was aber in der Folge bedeutet, dass es mit uns vorbei ist, denn ich kann das nicht mehr." Ich hatte nur eine vage Vorstellung davon, was ihm das Zuhausebleiben abverlangt hatte, während ich auf der anderen Seite der Erdkugel gefühlt die Zeit meines Lebens verbrachte. Ich konnte lediglich erahnen, welche Unsicherheiten er aushalten musste, wenn er sich täglich aufs Neue fragte, ob er mich wohl schon an die Welt verloren hatte, während er daheim alles managte. Und das wollte ich ihm ebenfalls kein drittes Mal zumuten.

Auch wenn die Beziehung mit Joscha zum Besten gehört, was mir bis dahin jemals widerfahren war, konnte sie diesem großen Etwas, das in mir fürs Langzeitreisen brennt, nicht standhalten. Immer mehr zeichnete sich ab, dass weder Joscha noch ich uns gegenseitig wieder so glücklich machen konnten, wie es war, bevor ich fürs Backpacken Blut geleckt hatte. Diese Art von Reisen hat mir unvergleichbar intensive Momente geschenkt und mich in einer Art und Weise vereinnahmt, die eine vollständige Rückkehr in mein deutsches Leben nicht mehr zuließ. Die Sucht nach Ferne versaute mich regelrecht dafür, sodass ich unmöglich wieder zu der Partnerin werden konnte, die Joscha brauchte und verdiente. Die Entscheidung, unsere Beziehung nach fünfeinhalb Jahren aufzulösen, gehörte für mich zur bisher schwersten überhaupt und quälte mich noch lange danach mit Schuldgefühlen. Weil es das Egoistischste war, was ich jemals getan hatte: einem geliebten Menschen Schmerz zuzufügen, weil ich einzig und allein auf meine Bedürfnisse achtete und sie mit dem Kopf durch die Wand durchsetzte. Glücklicherweise trafen wir die Entscheidung zusammen, was allerdings nur ein Tropfen auf dem heißen Stein in der Wüste aus Tristesse war, in der wir durch die Trennung erstmal jeder für sich rumsuppten.

In Gesprächen mit vertrauten Personen wird einem manches bewusst, das zuvor unentdeckt in einem geschlummert hat. Lebensvorstellungen, Wünsche und Sehnsüchte erscheinen in hellerem Licht und die Gespräche, die ich während unserer Trennungsphase mit meinen Freunden führte, halfen mir unendlich weiter. Auseinandersetzungen mit sich selbst (ob allein oder durch den Austausch mit anderen) fördern etwas zutage. Den meisten Menschen ist es jedoch unangenehm, den aufkommenden Gefühlen oder Erkenntnissen zu folgen. Sei es, zu bemerken, dass die Beziehung schon jahrelang auf Sparflamme vor sich hin flackert, man sich aber letzten Endes aus Gewohnheit oder der Angst vorm Alleinsein nicht trennt. Oder dass man unzufrieden im Job ist, sich aber nicht traut zu kündigen, geschweige denn die Motivation aufbringt, sich nach anderen Optionen auf dem Arbeitsmarkt umzusehen. Neues bedeutet Veränderung, und die kann angsteinflößend sein. Was viele in der Folge dazu verleitet, nicht am Ist-Zustand rumzuschrauben und stattdessen lieber im gewohnten Trott weiterzumachen. Anstatt nachzuspüren, wo die eigenen Sehnsüchte liegen, werden Scheuklappen aufgezogen und Leidenschaften in andere Bahnen gelenkt. Martin tickt auf die gleiche Weise, ohne es zu wollen. Als wir zusammen durch Asien gereist sind, sprachen wir oft über nichts anderes als darüber, wie man sein Leben von Grund auf ändern könnte, um Langzeitreisen zu ermöglichen. Zurück in Deutschland verfielen wir beide dem fiesen Backpacking-Blues, aber schlussendlich führte es bei uns zu vollkommen unterschiedlichen Verläufen. Ich durchleuchtete meine Lebenssituation doppelt und dreifach, ging ein zweites

Mal für längere Zeit Backpacken und hoffte, dadurch Klarheit zu gewinnen. Die ließ nicht lange auf sich warten und bedeutete im Endeffekt das Aus der Beziehung mit Joscha. Ich zog bei einer Freundin ein, arbeitete bis zu 60 Stunden die Woche in drei Jobs, um das Auswandern finanzieren zu können, und kündigte alle letzten Endes. Und was passierte bei Martin? Er hinterfragte sein Leben ebenfalls und kam sogar noch während unserer gemeinsamen Zeit in Asien zu der Erkenntnis, dass die Liebe zu seiner Freundin wohl nicht das Wahre ist. Doch aus Angst vorm Alleinsein blieb er mit ihr zusammen, suchte sich einen Job und arbeitet seitdem in einem Büro, in das er eigentlich gar nicht gehen will, und führt eines dieser genormten Leben, vor dem er sich immer gefürchtet hat.

Beim Wiedersehen mit Martin nach meinem zweiten Südostasien-Trip versuchte ich wie schon viele Male zuvor zu verstehen, weshalb er dem Drang nach Reisen, der immer noch tief in seinem Innern brodelte, nicht nachspüren wollte. Wieso er einen Job machte, den er nur so semi-gut findet. Und warum er mit seiner Freundin zusammenblieb, obwohl er häufig dachte, die Beziehung würde ihn eigentlich gar nicht erfüllen. Damit konfrontierte ich ihn, als wir am Bodensee entlangspazierten, die Hände tief in die Jackentaschen vergraben, da es verfickte Minusgrade hatte. Und was setzte Martin dem Ganzen entgegen? „Steffi, so ist Leben nunmal. Man kann nicht immer nur auf seinen Bauch hören. Ich weiß, du bist eine Person, die das macht. Aber ich kann das einfach nicht, ich bin da zu verkopft.“ Woraufhin ich einen Katalog an Argumenten runterratterte, wie, es würde sich immer lohnen, seinen Wünschen und Träumen nachzugehen. Dass das jeder kann – ganz gleich, ob man eher der rationale oder emotionale Typ ist. Sonst blickt man irgendwann auf sein Leben zurück und bereut, was man alles nicht gemacht hat, von dem man eigentlich tief im Innern wusste, es wirklich gewollt zu haben. Martin blieb still. Er kannte meine Ansichten nur zu gut, denn solche Gespräche hatten wir bereits viel zu oft geführt. Wir sprachen darüber, als Millionen Sterne über uns prangten, während wir biertrinkend unsere Füße im Sand vergruben. Wir redeten über Kopf- und Bauchmenschentum auf der Terrasse unseres Baumhauses in den Regenwäldern Thailands. Und wir diskutierten über Wege zum persönlichen Glück, während wir uns mit Unmengen an Essen der malaiischen Straßenküche vollstopften. Allerdings bestand der Unterschied zur jetzigen Unterhaltung (abgesehen vom nicht vorhandenen paradiesischen Setting) darin, dass wir uns nun nicht mehr in der geschützten Blase des Traveler-Universums befanden, sondern bereits seit geraumer Zeit den grauen Alltag bezwingen mussten. Daheim geraten viele Pläne zur Lebensumkrempelung, die geschmiedet wurden, als man sich noch weit, weit weg von Deutschland befand, in Vergessenheit. Sie werden ins kognitive Hinterstübchen verbannt und fallen gelassen wie heiße Kartoffeln, weil man sich an risikoreichen Leidenschaften, die Gewohntes und Bekanntes bedrohen, verbrennen kann. Kochen auf Sparflamme fordert die wenigsten Verbrennungsopfer. Doch inwieweit lauwarme Gerichte Geschmack einbüßen, ist die andere Frage. *It's better to burn out than to fade away*[13] – eine Grundsatzdiskussion nicht nur in der Geschichte des Rock.

Als Martin mir bei unserem Treffen am Bodensee mitteilte, dass er alles weiterlaufen lassen würde wie bisher und keine Veränderungen anstrebte, konnte ich es nicht fassen. Ich fragte ihn vollkommen entgeistert „Und macht dich das etwa glücklich?!“, nicht, ohne einen gewissen Anteil Egoismus, da seine Pläne, *nichts zu ändern,* zugleich implizierten, dass ich

---

[13] Neill Young

meinen besten Travelbuddy als solchen für zukünftige Trips erstmal verloren hatte. „Man kann doch niemals hundertprozentig glücklich sein. Das ist eine Illusion, absoluter Bullshit“, stieß Martin einige Dezibel zu laut hervor. „So läuft es im Leben nicht, verdammt nochmal! Wir alle haben Verpflichtungen, denen wir nachkommen müssen. Auf Reisen fällt das Ganze weg. Man muss sich weder für Dinge rechtfertigen, noch für etwas Verantwortung übernehmen, außer für sich selbst. Niemand ist 24/7 und auf ewig zufrieden, das geht doch gar nicht. Momentan bin ich nicht glücklich, aber unglücklich bin ich auch nicht. Es hält sich eher die Waage. Manchmal, wenn ich spätabends von der Arbeit heimkomme, dann denke ich darüber nach, warum ich überhaupt so lebe und nicht einfach morgen abhaue. Aber da ist etwas tief in mir, was mich daran hindert. Eine grundlegende Furcht vor unsicheren Situationen, und die kann ich nicht überwinden, egal wie schwach sich das jetzt auch anhört.“ Als er das alles sagte, schaute er traurig auf den matschigen Weg, den wir entlangliefen. Schweigend stapften wir nebeneinander her und atmeten eisige Luft ein, die, wieder an die Kälte abgegeben, dampfende Wölkchenformen annahm. Ich spürte Martins Schmerz, der dem Unvermögen entsprang, seine Situation zu ändern, da er zu viel Angst hatte, sich falsch zu entscheiden und das irgendwann einmal zu bereuen. Das hochgradige Verlangen nach Garantie und Sicherheit, das wir Deutschen anscheinend mit der Muttermilch aufsaugen, kannte ich nur zu gut. Auch wenn es sich bei dieser Sicherheit nur um ein von Menschen erschaffenes Konstrukt handelt, möchten wir gerne an ihr Funktionieren glauben. Also klammern wir uns an die Illusion ihrer Existenz, weil uns das allein schon sicher fühlen lässt. Ich blieb weiterhin stumm, da ich es verstand, wie sehr Ängste einen lähmen und in ihrem Bann halten können.

Nach etwa hundert eisigen Atemwolken hielt ich es jedoch nicht mehr aus und fragte vorsichtig: „Aber als wir mit dem Rucksack durch Asien zogen, warst du da nicht in einer Art und Weise glücklich, wie es dir zuvor niemals widerfahren ist?“ Martin blieb weiterhin stumm. Was kompatibel mit meinem Redebedürfnis war, denn die Worte sprudelten von allein ungebremst aus mir heraus, dem ungeschriebenem Gesetz emotionsbeladener Themen folgend. „Mir will es einfach nicht in den Schädel, dass du realisiert hast, aktuell aus verschiedenen Gründen nicht glücklich zu sein, weil du ein Leben im deutschen Alltagsschmodder lebst, das du eigentlich gar nicht leben magst. Ich kann in das alles, was unter dem Wort *Alltag* zusammengefasst wird, nicht mehr zurückfinden. Das fühlt sich mal mehr, mal weniger scheiße an, und treibt mir manchmal pure Verzweiflung durch den Körper, weil der Plan mit dem One-Way-Ticket vor Unsicherheiten strotzt, die ich manchmal nur schwer aushalten kann. Ich weiß, dass man nicht permanent von Glücksgefühlen umgeben sein kann. Das ist unrealistisch und nichts, was man forcieren kann. Aber beim Backpacken hatte ich einfach aufrichtig das Gefühl, dass mein Leben genau so sein soll. Daher setze ich alles in Bewegung, um diesen Lifestyle erneut zu ermöglichen. Und ich wünsche mir von ganzem Herzen, dass du deine Ängste abschüttelst und mitkommst.“

Wir alle spüren unsichtbare Kräfte, die uns dazu antreiben, etwas Bestimmtes zu tun oder Ziele zu verfolgen. In der gleichen Weise, wie jeder von uns Anteile besitzt, die uns hemmen, gewisse Dinge in Angriff zu nehmen. Bei Martin war es die Angst, Sicherheiten aufzugeben und dies später bereuen zu können. Letztendlich siegte diese Angst über das Verlangen nach Langzeitreisen. Aber gänzlich aufgehört hat die Sucht nach

Ferne bei ihm nie, denn unerfüllte Bedürfnisse schreien früher oder später nach Befriedigung. Und dann ist es nur eine Frage der Zeit, wann man sie nicht mehr deckeln kann und der Wahnsinn anklopft. Im schlimmsten Fall blickt man später auf sein Leben zurück und hasst sich dafür, dass man zwangsweise unterdrückte, wonach man sich ein Leben lang gesehnt hat. Eine Form der Verbitterung, die selbst Action im Altersheim garantiert, sofern sich die Erinnerung an das Verpasste im Leben nicht im Dunstkreis der Demenz auflöst.
Anders als Martin scheiterte ich daran, das Fernweh in den Hintergrund zu verbannen. Als dominantes Lebensthema bahnte es sich konstant und unaufhörlich einen Weg an die Oberfläche. Es produzierte intensive Gedanken in Endlosschleife und führte oftmals zu einer schmerzhaften Auseinandersetzung mit mir selbst und meinen innersten Sehnsüchten. Dafür hasste ich das Verlangen nach Ferne ebenso sehr, wie ich es brauchte und schätzte, da es mir so viel Neues aufzeigte und mich unglaublich viel lehrte. Der Backpacking-Blues wühlte meine tiefstliegenden Ängste auf und trieb mich an manchen Tagen an den Rand des Wahnsinns. Er war allgegenwärtig, da er in mir ohne Unterlass polterte. Es war sinnlos, vor ihm wegrennen zu wollen, denn ich trug ihn stets mit mir – ungeachtet dessen, wohin ich ging und was ich tat. Als hätte ich mein Backpack niemals abgezogen, sodass ich es jeden Tag auf meinen Schultern spürte und es unmöglich war, diese Präsenz zu ignorieren. Der Backpacking-Blues förderte immense Traurigkeit zutage und trieb mich auf die gleiche Weise an, wie er mich manchmal lähmte. Hielt mich in Rastlosigkeit gefangen und sorgte dafür, dass ich mich in Deutschland häufig nicht richtig mit meinem Verlangen nach Ferne fühlte. Friedemann Karig warf in seinem Buch *Dschungel* die Frage auf, ob es schlim-

mer wäre, nichts herauszufinden oder etwas, das alles auf den Kopf stellt.[14] Das Fernweh übersprang diese Frage einfach, indem es ein Ausblenden seiner Existenz nicht akzeptierte und stattdessen ein Teil von mir geworden ist.

In dem Moment, als ich der Fernsucht bedingungslos Folge leistete, im Flieger nach Nordthailand saß und damit einen neuen Lebensabschnitt besiegelte, fiel eine große Anspannung von mir ab. Als ich den Sicherheitsgurt schloss, konnte ich es nicht fassen, dass der Traum von Aussteigerleben nun endgültig Realität wurde. Da war dieses innere Beben in mir, dass nun endlich Befriedigung erfuhr, indem ich den Drang nach Reisen zum ultimativen Lebensmittelpunkt erklärte. Ein euphorisches Gemisch aus Freiheit, Adrenalin und Glückseligkeit, das nach einer langen Durststrecke wie der in der Flasche eingesperrte Dschinn endlich Berechtigung bekam, hervorzukommen, da nichts und niemand mehr Zurückhaltung verlangte. Gepaart mit dem Bewusstsein, dass der begierige Traum vom Stillen der Fernsucht mit Abheben des Flugzeugs wahr wird und, dass dies gerade wirklich passiert, und zwar *mir*.

Ich schmunzelte, als ich an Joschas Nachricht dachte, die er mir kurz vor Abflug geschickt hatte. Es handelte sich lediglich um zwei Worte. Und wenn man Joscha und unsere gemeinsame Vergangenheit nicht kennt, könnte man eventuell dazu verleitet sein, die Nachricht banal zu finden. Aber für mich lag in diesen Worten das größte Geschenk, das mir Joscha machen konnte, da ich wusste, wie ehrlich er sie meinte. Auf dem Display stand: *Viel Spaß*. Selbstlos, vorwurfsfrei, grundgut. Gönnend, echt, verständnisvoll. Bei wenigen Menschen habe ich mich bislang so

---

14 Friedemann Karig *Dschungel* (siehe *Literaturempfehlungen* am Ende des Buchs)

verstanden gefühlt wie bei Joscha, der die absolute Größe besitzt, sich mit mir ernsthaft über etwas zu freuen, das ihm selbst einen großen Verlust, Traurigkeit, geänderte Zukunftspläne und ungewollte Neuorientierung bescherte. Der bereits vor mir wusste, dass ich gehen muss, weil ich nicht mehr bleiben konnte, und die Eier hatte, solch eine folgenträchtige Botschaft auszusprechen. Weil er sich aufrichtig das Beste für mich wünschte, selbst wenn dies implizierte, dass ich als Partnerin aus seinem Leben verschwand. Joschas *Viel Spaß* entsprang keinem Automatismus der Sorte Münder, die *Wie geht es dir?* aussprechen und sich bereits vor Ansetzen des ersten Konsonanten nicht ernsthaft für die Antwort des Gegenübers interessieren. Und es handelte sich um so viel mehr als zwei belanglose Worte, da sie von Joscha kamen und ich wusste, was er mit mir durchgemacht hatte und wie ehrlich er diese Worte trotzdem meinte. Ich wünsche ihm alles Glück dieser Welt und fühle mich reichlich beschenkt, ihn auch in Zukunft zum Kreis meiner engsten Menschen zählen zu dürfen, ganz gleich, ob diese Zukunft für mich in Bangladesh, Sansibar oder Peru stattfindet. Kein Ziel ist das Ziel, Planlosigkeit der Weg dazu. Während die örtliche Ungewissheit angenehm in meinem Bauch kitzelte, lehnte ich mich in meinem Sitz zurück und beobachtete eine Weile durchs Fenster, wie Frankfurt immer kleiner wurde, bis es schließlich aus meinem Blickfeld verschwand. Für unbestimmte Zeit. Fuck yeah.

Kidnapping und Kindheitsträume

(Borneo)

Wir gehen alle durchs Leben und tun so, als wüssten wir, was passieren wird.
Dabei ist das einzige, was wir einschätzen können, der Moment, in dem wir gerade leben.
(Jesper Brook)

„Ihr wechselt jetzt sofort in das verdammte Boot!", zischte der dürre Bornese in strengem Befehlston, der Gänsehaut bereitete. Sein ausgemergeltes Milchgesicht verzog sich zu der finsteren Visage eines Serienkillers, wobei diese etikettierende Einschätzung einer Vorstellung von Massenmördern entsprang, die ausschließlich auf mein Laienwissen in der Kategorie *Horrorfilme der Neunziger Jahre* zurückzuführen war. Ich wunderte mich, wie es überhaupt möglich sein konnte, Verlebtheit und welpenhafte Jugendlichkeit in einem Gesicht gleichzeitig unterzubringen, als seine flache Hand energisch auf den hölzernen Rand des abgewetzten Bootes schlug. Bei dem eiskalten Ausdruck in seinen Augen war ich mir kurzzeitig nicht sicher, wer hier jetzt zu *den Guten* gehören sollte – oder, ob ohnehin keiner der hier Anwesenden in diese Kategorie einzuordnen war. Wieso sollten wir einem offensichtlich erst kurz aus dem Teenageralter entflohenen Jungspund eher vertrauen können als den beiden Typen, in deren Kahn wir aktuell saßen? Letztere versuchten uns zeitgleich lautstark davon zu überzeugen, dass ihr Boot die bessere Option darstellte – sofern wir ihre ausdrucksstarke Gestik richtig interpretierten, denn Malay verstanden wir nicht.

Doch die verhärtete Mimik und angespannten Körper der Einheimischen produzierten in uns eine Gefühlsmischung, die das Gegenteil jedweden Wohlbefindens darstellte. Welche Reaktion versprach einen unglimpflichen Ausgang? Bei den beiden Gestalten bleiben, die sich mit jeder verstreichenden Sekunde furchteinflößender und zwielichtiger entpuppten, stellte keine sexy Lösung dar. Jedoch war *vertrauenswürdig* ebenfalls nicht gerade die passende Bezeichnung, wenn ich mir die Insassen des gegenüberliegenden Bootes anschaute, das sich einige Minuten zuvor zur Szenerie auf dem offenen Meer hinzugesellt hatte. Ein klassischer Fall von „vom Regen in die Traufe", in einem Setting, in dem der kleinste Fehler unverzeihlich sein könnte? Oder handelte es sich eher um eine Entscheidung zwischen Pest und Cholera, weil keine der zur Wahl stehenden Optionen verheißungsvoll daherkam – und von *verheißungsvoll* ohnehin Lichtjahre entfernt war?
Mein Blick wanderte pingpongartig zwischen den im Wasser schaukelnden Nussschalen, in denen jeweils zwei Locals saßen, die uns lautstark überreden wollten, in ihrem jeweiligen Sinne zu handeln. Doch welches Boot war denn nun die sichere Wahl? Eine Entscheidungsfindung gemäß des Prinzips *Kopf oder Zahl* war leider nicht möglich, da in Borneo eher selten Münzgeld an ausländische Besucher herausgegeben wird.[15] Von dieser Tatsache mal abgesehen bestand zudem die berechtigte Frage, wieso man einer willkürlich durch die Luft geschleuderten Münze eher vertrauen sollte als seinem gesunden Menschenverstand oder dem eigenen Bauchgefühl. Da sich besagte

---

15 Die kleinste Banknote ist 1 MYR (Malaysischer Ringgit) und entspricht 20 Euro-Cents. Im Rahmen der Währungsunion zwischen Singapur, Brunei und Malaysia existierte einst eine besondere 1-Cent-Münze im quadratischen Format (von 1953 bis 1961).

Körperpartien vehement einer Aussage enthielten, klaffte weiterhin die Frage im nicht vorhandenen Raum: *Was sollen wir verdammt nochmal tun?* Dass dieses Rätsel nicht nur mein Gedankengut seit einer halben Ewigkeit dominierte, gab Karls verzweifelter Blick preis. Die Antwort blieb er mir schuldig, da er sich in Schweigen hüllte und eine App zum Gedankenlesen leider nicht existierte. Sie wäre ohnehin gänzlich unnütz gewesen, da Handyempfang und offenes Meer zwei sich einander ausschließende Komponenten darstellen (zumindest dort, wo wir uns befanden).

Bis auf diese eine Frage nach Handlungsoptionen fühlte ich mich vollkommen leer. Sie wog dermaßen schwer, da unser weiteres Schicksal davon abzuhängen schien. Neben dem unbefriedigenden Umstand, keine Lösung parat zu haben, die jedoch dringend erforderlich wäre, mitten auf dem offenen Meer zwischen skurrilen Fremden, trat eine andere Empfindung: ein tiefes Schuldgefühl. Ich fühlte mich schuldig gegenüber Karl, den ich in diese verzwickte Lage gebracht hatte und die sich mit jeder verstrichenen Sekunde bedrohlicher anfühlte.

Wäre ich Karl ein halbes Jahr zuvor nicht zufällig begegnet, würde er jetzt vollkommen wohlbehütet außerhalb jeglicher Gefahr in einem Büro in Ingolstadt sitzen. Das einzig ansatzweise Exotische, das sich in die sichere Komfortzone in Deutschland schleichen würde, wäre das Cover seines Fairtrade-Kaffees, dessen Kauf Schutz für Orang-Utans verspricht. Statt sich in Meetings beim Blick auf die Kaffeetasse über sein grünes Engagement zu beglückwünschen, war Karl stattdessen durch mich hier in Borneo gelandet. Die Orang-Utans, die es zu schützen gilt, hatten wir bereits live und in Farbe im Regenwald gesehen. Und nun steckten wir mitten in einer Situation, von der

man immer offensichtlicher nicht mehr abstreiten konnte, dass es sich um Kidnapping handelte. Allerdings waren Schuldgefühle so ziemlich das Letzte, das man in einer Situation, in der man einen klaren Kopf behalten sollte, gebrauchen konnte. Zudem ging der Schlamassel hier nicht gänzlich auf meine Rechnung. Schließlich war es Karl, der mich vorhin im Hafen gedrängt hatte, in dieses Boot einzusteigen. Außerdem sind wir alle selbst für unsere Entscheidungen verantwortlich und Karl hatte sich damals, als wir in einer alkoholdurchtränkten Nacht eines klirrend kalten deutschen Winters ineinandercrashten, dafür entschieden, mich in Borneo zu treffen. Ich muss zugeben, dass es für seine Entscheidungsfindung eventuell nicht wesentlich unerheblich war, dass ich ihm mit zu vielen Schnäpsen, Mantras und Bedrängungen den Kopf wusch. Es stimmt definitiv, dass ich Karl den Gedanken, seinen Kindheitstraum einer Reise nach Borneo endlich wahr zu machen, anstatt munter weiter vor sich herzuschieben, in den Kopf pflanzte. Vielleicht hätte ich ihn nicht so forsch dafür verurteilen sollen, dass er niemals umgesetzt hatte, wovon er träumte, seitdem er als kleiner Junge eine Regenwalddokumentation gesehen und sich der Name „Borneo“ in sein Gedächtnis gefräst hatte.
„Wie lange willst du dich noch selbst belügen, du würdest irgendwann mal dorthin fliegen?“, funkelte ich Karl an. „*Irgendwann* ist ein viel zu dehnbarer Begriff, der dazu einlädt, ihn bis zum Ende auszureizen. Dann wirst du zu jemandem, der sein ganzes Leben von etwas erzählt hat, was er niemals realisiert hat. Und ehe du dich versiehst, zerplatzt der Traum sekundenschnell wie eine Seifenblase, weil es *irgendwann* zu spät für alles ist.“
Manch einer ist für Sätze dieser Art beeinflussbarer als andere. Karl gehörte eben zum Menschenschlag, der einen Tick beein-

flussbarer ist. Es stimmt, dass es mich überhaupt nichts anging und ich Karl nicht hätte triezen sollen, seinen Hintern hoch zu kriegen, anstatt Wünsche auf die lange Bank zu schieben. Es stimmt aber auch, dass es letzten Endes Karls Entscheidung war, meinem motivationalen Arschtritt zu folgen und mich in Borneo zu treffen. Der Schnaps, mit dem wir das Vorhaben, uns am anderen Ende der Welt wiederzusehen, besiegelten, brannte mir noch immer in der Kehle, als ich den Club am frühen Morgen verließ und mit dem Fahrrad durch die Dunkelheit der Nacht zum Haus einer Freundin fuhr, bei der ich für die nächsten Wochen bis zum Abflug wohnte. Bevor ich nach Borneo aufbrach, flog ich nach Nordthailand, trampte von dort aus in den Süden, bis ich die Grenze zu Malaysia passierte, wo ich einige Wochen verweilte. Von da aus ging es weiter nach Bali (denn dort kann man nie oft genug sein), Kambodscha, Vietnam, bis ich schlussendlich in Borneo landete. Karl hielt Wort und so standen wir uns tatsächlich sechs Monate nach dem Schnapsgewitter in Deutschland am Flughafen von Kota Kinabalu gegenüber.

Borneo ist ein wildgewordener Traum. Es ist einer dieser Plätze auf der Erde, die man sich ausmalt, wenn man an atemberaubenden Dschungel und exotische Zauberhaftigkeiten denkt. Es strotzt vor farbenprächtiger Blütenvielfalt, artenreicher Tierwelt und kulinarischen Wundern. Vorgelagerte Inseln im Miniaturformat, verlassene Strände und völlig andere kulturelle Gepflogenheiten, deren Fremdheit fasziniert und die dadurch eine hohe Anziehungskraft besitzen und manchmal sprachlos machen. Hat man den Wunsch, sich in eine vollkommen unbekannte Welt zu begeben, dann ist man auf dieser Insel an der richtigen Adresse. So viel, was man sich im Vorfeld nicht vorstellen kann, bis man an Ort und Stelle ist. Doppelt so viel, das man nicht versteht, sodass man permanent vom Gefühl ummantelt ist, gerade deswegen hierher gekommen zu sein. Als Reiseziel noch ziemlich unentdeckt und von wenigen Menschen bereist, kommt es in Borneo nicht selten vor, dass man tage- oder wochenlang keine anderen Westler trifft. Dementsprechend niedrig ist die Infrastruktur, deren dürftige Ausmaße weder Karl noch ich erwartet hatten. Ich kam gerade aus Vietnam und war noch komplett von dem Gefühl getragen, dass sich alles schon fügen würde und wir uns genauso spontan wie unerfahren durch das Land schlagen könnten, wie es eben in Vietnam möglich war. Mit einer Prise „Irgendwas ergibt sich immer" im Gemüt und tiefer Zuversicht im Herzen, das Universum würde es gut mit einem meinen, ohne dass man dafür Credit Points des persönlichen Karmakontos eintauschen müsste. Locker flockig, easy-going und nonchalant laid-back regelt sich alles quasi wie von selbst.

Allerdings funktioniert so etwas in touristisch stark frequentierten Gebieten Thailands, in Japan oder Teilen Westmalaysias, viel bereisten Inseln wie Bali oder innerhalb der philippinischen Inselwelt reibungslos. Weil diese Regionen auf Tourismus eingestellt sind. Doch Borneo war eine ganz andere Nummer. Das fing beim Ausleihen eines Roller an. In Thailand wirst du gefragt, ob du in deinem Leben bereits jemals ein motorisiertes Zweirad gefahren bist, um kurz darauf den Schlüssel in die Hand gedrückt zu bekommen, sofern du bejahst. Und wenn er dir nicht umgehend ausgehändigt wird, dann nach einigen Minuten verbalen Hin und Hers. In Thailand zu reisen fühlt sich oft an, als befände man sich auf einem Spielplatz für Erwachsene, auf dem herzlich wenig nicht erlaubt ist. Darum verursacht Backpacken in Südostasien in erwachsenen Menschen häufig das gleiche Niveau an Glücksgefühlen, wie es bei Kindern durch einen Zustand hervorgerufen wird, wenn Geburtstag, Disneyland und eine Flatrate für Eiscreme aufeinandertreffen, gepaart mit 365 Tagen Weihnachten im Jahr. Sprich: vollkommene Euphorisierung, bei der man nicht weiß, wohin mit den ganzen Gefühlen. Wer nicht in den Genuss einer sorgenfreien, spaßdurchseuchten Kindheit gekommen ist, kann dies in Thailand nachholen. Und wenn hier etwas mal nicht auf Anhieb reibungslos funktioniert, dann zeichnet sich die Lösung alsbald wie von selbst ab. Denn viele Probleme, Sorgen und Bedenken lösen sich hier auf rätselhafte Weise in Wohlgefallen auf. Zusammenfassend lässt sich festhalten: Wer in Thailand nichts durchgesetzt kriegt, der ist für die übrige Welt gänzlich untauglich.

In Borneo gestaltet sich das meiste im Allgemeinen und das Ausleihen von motorisierten Zweirädern im Speziellen als nicht so einfach. Roller kann man lediglich in Großstädten ausleihen – und selbst dort waren die Anbieter eher dünn gesät. Also nimmt man entweder ein Taxi oder versucht, sich mit den öffentlichen Verkehrsmitteln durchzuschlagen. Da Karl und ich allerdings beide von der Anreise ziemlich ausgemergelt waren, entschieden wir uns für die Taxivariante und stiegen in einem Hotel nahe am Flughafen ab, weil es bei unserer Ankunft bereits Nacht war. Die Zimmer waren irre günstig, was man bei einem Hotel dieser Sternekategorie bei Weitem nicht erwarten würde. Es gab einen Pool auf dem Dach, an dem wir am nächsten Morgen Eiskaffee schlürften und vollkommen geflasht waren vom Glamour-Flair des Highclass-Hotels. Endlich mal keinen Schlafsaal mit zehn anderen teilen oder Toast mit glibberigem Marmeladengelee (*das* Markenzeichen von Frühstück in Hostels, das sich als verlässliche Komponente durch ein Low-Budget-Backpackerleben zieht). Während die Sonne auf uns niederbrezelte, besprachen wir das nächste Ziel. Weil Karl gerade dem verregneten deutschen Winterschmodder entkommen war und nichts lieber wollte, als sich dem absoluten Urlaubsfeeling in die Arme zu werfen, beschlossen wir, uns erstmal auf den Weg zur Küste zu machen und eine Unterkunft am Meer zu beziehen. Da Borneo wie bereits erwähnt eher spärlich bereist wird, konnte man für wenig Geld viel Luxus genießen. Weil noch dazu Low Season war, gab es selbst noble Übernachtungsmöglichkeiten zu einem schwindelerregend niedrigen Preis. Und so tranken wir kurze Zeit später auf dem Balkon einer Luxussuite mit Meerblick in Karambunai Dosenbier (etwas musste einem ungeschriebenem Gesetz folgend Low Budget sein) und besprachen eine grobe Reiseroute. Karl verfiel verständlicherweise dem Drang, in seine zwei Wochen Urlaub alles quetschen zu wollen, was möglich war. Er wollte Orang-Utans sehen und Regenwälder erkunden. Inselhopping betreiben und Party machen. Die kulinarischen Köstlichkeiten der Nachtmärkte genießen und eventuell einen Tauchgang ausprobieren. Strand und Meer durften in der Gesamtrechnung natürlich nicht zu kurz kommen. Keine Frage, dass das alles in Borneo möglich war. Aber da eine Verlängerung der Reisezeit von Karls Arbeitgeber aus nicht drin war, machte ich ihm bewusst, dass wir in der limitierten Zeit nicht alles schaffen würden, was er sich in seiner feriendurchfluteten Hirnromantik ausmalte. Erst recht nicht, da sich die Infrastruktur in den übrigen Gebieten außerhalb von Kota Kinabalu ebenfalls als wahrlich niedrig erweist. Am Ende schafften wir zwar all das und noch viel mehr, jedoch war dies am darauffolgenden Tag noch nicht abzusehen, als sich der Langstreckenbus mühselig über die serpentinenartigen Gebirgspässe quälte. Wir waren auf dem Weg zur Stadt Ranau, die sich im gleichnamigen Bezirk befand. Von dort wollten wir am nächsten Tag weiter nach Sandakan an die Ostküste, um dann auf eine der Inseln überzusetzen.

Als wir in Ranau ankamen, war es bereits Abend. Dementsprechend ausgestorben präsentierte sich die Stadt. Sämtliche Läden hatten geschlossen, Menschen waren kaum auf den Straßen, dafür wilde Hunde in stolzer Zahl. Sie suchten in Müllhaufen nach Essbarem und warfen uns skeptische Blicke zu, sobald wir ihr Sichtfeld kreuzten. In ihren wachsamen Augen lag ein Ausdruck von *Sei bloß vorsichtig, das hier ist mein Revier*, begleitet von der abschätzenden Frage, ob es nötig wäre, uns das im Nahkampf beweisen zu müssen. Parallel dazu fragten wir uns, wie hoch die Wahrscheinlichkeit war, dass Letzteres eintreten würde. Und wie war das nochmal genau mit dem Schutz der Tollwutimpfung? Nach einigen Momenten der Unschlüssigkeit auf beiden Seiten kam ein Auto neben uns zum Stehen. Der Fahrer bot aus dem Nichts heraus an, uns zu der Unterkunft zu chauffieren. Da er im Gegensatz zu uns wusste, wo diese lag, nahmen wir beruhigt auf der Rückbank Platz. Vom Fenster aus blickte ich auf ein Rudel Straßenhunde, die sich gerade wegen irgendwelchen Fressalien ineinander verbissen. An die Stelle der mulmigen Gefühlsmischung aus Verlorensein und Anspannung, die ich kurz vorher aufgrund der Hundemeute empfand, traten Erleichterung und Müdigkeit. Als das Auto schließlich vor dem Gästehaus zum Stehen kam, überhäuften wir den Mann mit Dankbarkeit, uns dermaßen selbstlos seine Fahrdienste angeboten zu haben. Er winkte nur lässig ab und meinte, dass es aufgrund der Straßenhunde eher unklug wäre, nach Einbruch der Dunkelheit zu Fuß unterwegs zu sein. Daher wäre es für Autofahrer vollkommen normal, Fußgänger einen Teil der Strecke mitzunehmen. Im Stillen wunderte ich mich, da ich bislang noch keine negativen Erfahrungen mit Straßenhunden verbuchen konnte, war aber heilfroh, dass der Mann uns sowohl aus der Gefahrenzone als auch aus unserer Orientierungslosigkeit befreit hatte und wir kurz darauf in den Betten lagen.

Den nächsten Tag verbrachten wir abermals komplett im Bus, der gemächlich die enge Straße entlangtuckerte, die sich steil das Gebirge hinabschlängelte, und stellten uns für die nächsten Stunden auf nichts Aufregenderes als vorbeiziehende Landschaften ein. Es ist erstaunlich, wie viel Zeit man beim Reisen in Verkehrsmitteln verbringt. Manche Backpacker meinen, Trophäen zu ernten, wenn sie von der kräftezehrendsten Fahrt erzählen können. Wobei sich der Zuhörer berechtigterweise fragen darf, wieso – selbst Hühner in Mexiko oder Ziegen in Peru können derartiges auf dem Konto ihrer Lebenserfahrung verbuchen. Trotzdem kommt Prahlerei unter Backpackern häufig im Zusammenhang mit Transportmittelstrapazen auf. Dauer des Rides sowie mangelnder Komfort sind spielentscheidend, wenn es um *Wer hat den Längsten?* in der Kategorie Langstreckenritt geht. Es ist ratsam, Unterhaltungen dieser Art sofort zu unterbinden, wenn man nicht Opfer eines langwierigen Monologs werden will, aus dem es kein Entkommen gibt. Eine ausschweifende Rede, die stets beginnt mit, *wie superkrass es ist, durch* (meistens) *Indien zu reisen.* Davon wusste ich allerdings noch nichts, als sich Luigi damals beim Frühstück in einem Hostel in Singapur zu mir gesellte. Doch ich sollte meine Lektion schnell lernen. Luigi ergoss sich über die Zeitspanne von drei Tassen Kaffee und zwei Bananenpfannkuchen stolz darüber, wie er sich mit einer 52-stündigen Zugfahrt in Indien malträtierte. Das Wort Nahverkehr scheint in Indien nicht zu

existieren – einem Land, das die längsten Zugstrecken der Welt aufweist. Unter vier Stunden steigt man gar nicht erst in den Waggon. Ähnlich zeitliche Ausmaße drohte auch Luigis Erzählung anzunehmen, und selbst das Übermaß an Zucker, das ich mir mit den Pfannkuchen hineinschaufelte, ließ mein Hirn nicht aufmerksamer für die Story werden, da es einfach nichts Weltbewegendes über eine Zugfahrt zu erfahren gibt. Ich kam zwar niemals in den Genuss, die Betriebsanleitung eines Thermomix zu lesen, doch ich verwette meinen Arsch darauf, dass sie im Vergleich zu Transportmittelberichten in Indien vielleicht nicht gerade atemberaubendere, doch zumindest sinnvollere Erkenntnisse bereithält.
Die Marathonfahrt, die Luigi überwiegend auf einer Holzbank oder auf dem Boden sitzend verbrachte, machte nicht nur ihm, sondern auch seinem einige Jahre zurückliegenden Bandscheibenvorfall zu schaffen. Seit der Zugfahrt kann Luigi seinen Rucksack nicht mehr selbst tragen. Sehr zum Missfallen seines Travelbuddys Marco, der diesen Dienst nun bereits seit Wochen übernahm. Während Luigis Wortschwall entwickelte ich eine Meinung zu einem Thema, über das ich in meinem Leben vorher niemals nachgedacht hatte: Ellenlange Vorträge über indischen Fernverkehr braucht wirklich kein Mensch. Ein Blick in das Gesicht von Luigis Kumpel sprach Bände dahingehend, dass ich mit meinen Gedanken nicht alleine war. Ich persönlich liebe lange Fahrten in öffentlichen Verkehrsmitteln, und dies umso mehr, je wunderschöner die Landschaft ist, durch die man kutschiert wird. Man erhält die offizielle Erlaubnis zum Nichtstun, weil es einfach nichts zu tun gibt, und kann herrlich abschalten. Aber vom Etikett *Erzählenswert* ist sowas weiter entfernt, wie Tine Wittler zur Nominierung zum *Playboy*-Bunny.
Karl und ich saßen jedenfalls einfach einen ganzen Tag lang im

Bus und waren am Ende entsprechend unausgelastet. Es war nicht hart, es war nicht aufregend oder spektakulär, sondern machte mürbe und matschbirnig. Gleichzeitig war es auf eine bestimmte Weise Balsam für die Seele, aus dem Fenster zu schauen. Palmen machten einen Großteil des Grüns der Täler aus und die Gebirgspässe waren übervoll mit verschiedenen Baumriesen, florale Zeugen der letzten hundert Jahre. Blüten in allen Farben konfettierten Farbtupfer in das Landschaftsbild, in kleinen Ortschaften konnte man die Bewohner bei ihren Alltagstätigkeiten beobachten. Am Straßenrand wurden in großen Jutesäcken allerlei Gewürze verkauft, Frauen pulten auf dem Boden sitzend Erdnüsse oder trugen Körbe mit feuerroten Chili-Schoten, überreifen Ananas und Papayas auf ihren Köpfen. Nashornvögel flogen über den Baumkronen oder ließen sich auf den riesigen Ästen der Merbau-Bäume nieder. Mit Einbruch der Dämmerung beobachteten wir unzählige Fledermäuse, die hektisch umherflatterten. Und als wir schließlich in Sandakan ausstiegen, hatten wir irgendwie doch nicht das Gefühl, den Tag vergeudet zu haben.

Über die ganze Welt verteilt findet man Transportmittel wie Autos, Busse oder Züge. Daneben zeichnen sich einige Länder durch spezielle Gefährte aus. Bei China denkt man an Rikschas, zu England schießen einem neben Black Cabs die roten *Hop-On-Hop-Off*-Busse ins Gedächtnis und bei Venedig verfällt die Allgemeinheit in romantisches Seufzen angesichts der schnulzigen Gondeln. Motorroller sind das Nonplusultra, um sich in den verstopften Straßen asiatischer Großstädte zeitsparend durch die nie enden wollende Rush Hour zu kämpfen. Kuba glänzt mit Oldtimern, die 60 Jahre und mehr verbuchen können, und in Nepal transportieren Ochsenkarren schwerste Güter. Ein Stück weiter westlich sind es in Pakistan die so farbenfroh wie aufwändig verzierten LKWs, die den Eindruck erwecken, sie wurden anlässlich einer Parade zum Nationalfeiertag aufgemotzt – dabei handelt es sich lediglich um das alltägliche Business im pakistanischen Speditionsgewerbe. In Thailand dominieren Longtailboote die Fortbewegung auf dem Wasser, Minivans und Tuktuks die der Straßen. Kambodscha bedient sich für Letztere dem Ausdruck *Khmertaxi* und Minibusse werden als *Bemos* bezeichnet. Aufgrund der bereits erwähnten niedrigen Infrastruktur ist der Konkurrenzkampf innerhalb der touristischen Transportmittelszene in Borneo nicht wirklich vorhanden. Langstreckenbusse erweisen sich als gängiges Mittel, um von A nach B zu kommen. Und für die muss man einen Haufen Zeit einplanen. Geduld erweist sich ebenfalls als treuer Begleiter, wenn man den Großteil des Tages in einem Bus verbringt. In unserem Fall waren die Komponenten Zeit und Geduld klar verteilt: Ich verfügte über Ersteres, weil ich nicht zwei Wochen später wieder in irgendeiner Firma sitzen musste. Allerdings war Karl definitiv der Geduldigere von uns beiden. Da verfügbare Zeit im Backpacker-Universum ein hohes Gut darstellt, wollten wir sie nicht mit langwierigen Verkehrswegen verschwenden. Und so kam es dazu, dass wir ab Sandakan ein Auto mieteten, weil uns dies als zeitsparendste Option erschien, um die Ostküste und das Landesinnere zu bereisen. Somit waren wir schneller unterwegs und nicht abhängig von einem Bus, der mit Tempo 50 über marode Straßen gurkte.

Vollkommen euphorisiert angesichts der neugewonnenen Flexibilität und Bandbreite an Möglichkeiten dank des mobilen Fahrgestells schmissen wir unsere Rucksäcke in das verbeulte Gefährt, das eher einem Überraschungsei entsprang, als dass es ernsthaft als Kraftfahrzeug im Verkehr bestehen könnte. Da

Karl mit Linksverkehr bisher nur passiv in Kontakt kam, setzte ich mich fürs Erste hinters Steuer und mein Geist sich mit der Gangschaltung auseinander. Dass diese sich entgegen europäischer Gewohnheit links statt rechts befand, wollte sich einfach nicht ins neuronale Netzwerk einfügen. Die folgenden Stunden griff ich genauso oft daneben, wie ich Blinker mit Scheibenwischern verwechselte. Karl war aufgrund der Verkehrssituation ziemlich nervös und gab panisch Kommentare bezüglich potentieller Unfallszenarien von sich. Aufgrund hektischer Zwischenrufe hätte ich ihn am liebsten aus dem Auto geschmissen, da städtischer Verkehr und ungewohnte Platzierung der Gangschaltung zu etwas Unaushaltbarem mutieren, wenn der Beifahrer zusätzlich in Panik verfällt. Da es Karl jedoch nach einiger Zeit schaffte, sich gegenüber der Verkehrslage zu entspannen, kamen wir letzten Endes beide in Sepilok an.

Dort besuchten wir als Erstes ein Orang-Utan-Sanctuary. In dem 43 Quadratkilometer großen Reservat hatten wir die Möglichkeit, die orangefarbenen Menschenaffen in den Wipfeln der Urwaldbäume zu beobachten. Das angeschlossene Pflegezentrum dient der Aufzucht verwaister Jungtiere, die vor Waldrodung, illegaler Haustierhaltung oder Jagd gerettet werden. Die Pfleger päppeln die jungen Affen mit dem Ziel auf, sie schnellstmöglich wieder auszuwildern. Zudem gibt es in der Gegend um Sandakan Schutzgebiete für asiatische Sonnenbären. Ebenso wie die Orang-Utans möchte man sie auf ein Leben außerhalb des Rehabilitationszentrums vorbereiten. Einige der Sonnenbären wurden als Haustiere gehalten, bevor sie ins Sanctuary geholt wurden. Sie werden wohl für immer in dessen geschütztem Raum bleiben, da sie durch ihre ersten Lebensjahre in menschlichen Haushalten kein Sozialverhalten entwickeln konnten, das eine Angliederung an wilde Artgenossen zulassen würde. Sie sind gänzlich unfähig für ein Leben in freier Wildbahn. Aufgrund ihres fremdartigen Verhaltens werden die ehemaligen „Hausbären" von anderen Bären des Schutzgebietes gemieden oder sogar angegriffen. Und das alles nur, weil manche Menschen nicht begreifen, dass es besser ist, Tiere in ihrem natürlichen Habitat leben zu lassen, anstatt sie auf Teufel komm raus als Haustiere sozialisieren zu wollen. Um die Flut an deprimierenden Informationen angesichts der Dümmlichkeit mancher Menschen verdauen zu können, spazierten wir anschließend eine Weile durch den Regenwald. Dabei entdeckten wir allerlei Insekten, die eher einer anderen Galaxie zu entstammen schienen, als auf der Erde beheimatet zu sein. Unter anderem eine Art Wanze mit blütenweißem Pelz, die auf den ersten Blick aussah wie eine Schneeflocke.

Abends machten wir die Erfahrung, dass *Curry* (oder *Kari*) in der Bezeichnung *Curry House* in Borneo nicht auf cremiges Kokosmilchcurry wie in Indien oder Thailand hinweist. Vielmehr handelt es sich um ein Restaurant, das über frittierte Teigfladen (Roti) und diverse Biryani[16] alles anbietet, nur kein Curry. Auf dem Weg zurück zur Unterkunft aßen wir am Hafen Mangosteen[17] und tranken Ice Cream Soda. Ein Getränk, das nach Vanilleeis mit Schlagsahne schmeckt, gleichzeitig wie eine Soda prickelt – und absoluten Suchtfaktor besitzt. Da wir nicht wirklich satt waren vom Roti und das Biryani nicht essen konnten, weil es schlichtweg so scharf war, dass es uns gefühlt die oberste Zungenschicht wegbrutzelte, war die Freude grenzenlos, als wir unverhofft auf einen Nachtmarkt stießen. Nachtmärkte sind in Südostasien der Shit, um sich für kleines

---

16 Traditionelles Reisgericht

17 Lycheeartige Frucht in brombeerfarbener Schale, deren innere Aufteilung optisch an eine Knoblauchknolle erinnert

Geld durch diverse Köstlichkeiten zu fressen. Schlaraffenland de luxe mit einer breiten Palette an Gerichten, die mir bislang gänzlich unbekannt waren. Manche der angebotenen Speisen sind eher gewöhnungsbedürftig, wie gedämpfte Schweineschnauzen, Suppe mit Krähenfüßen, frittierte Heuschrecken, Taranteln und Fledermäuse, gegarte Seeigel, Schlangenblut oder angebrütete Enteneier, um nur ein paar der Gerichte zu nennen, die bei uns Westlern diverse Spontanreaktionen auslösen, wozu selten der Impuls zählt, es sich postwendend einzuverleiben. Glücklicherweise bieten die Nachtmärkte auch Köstlichkeiten ohne sechs oder mehr Beine, schleimige Konsistenz oder sonstige für unsere kulturellen Verhältnisse kulinarische No-Gos an. Und so schlemmten Karl und ich uns durch eine Reihe exotischer Leckereien, während wir das bunte Treiben beobachteten.

Es dauerte nicht lange, bis eine Gruppe kleiner Kinder auf uns zukam. Sie waren schätzungsweise zwischen drei und acht Jahren alt und beobachteten uns zunächst eine Weile mit Sicherheitsabstand, bevor sie entschieden, dass wir die perfekten Opfer wären. Dann strichen sie einige Male um uns herum, was an kleine Kätzchen erinnerte und mindestens genauso süß war. Anstatt zu schnurren, rissen sie die Münder ebenso weit auf wie ihre wunderschönen dunklen Augen und schrien in einer Tour: „Gimme Dollar, Miss!" Und an Karl gerichtet: „Have money, Sir?" Was uns natürlich sofort ein schlechtes Gewissen einimpfte und dazu führte, dass wir uns genauso ratlos wie in der Situation gefangen fühlten, denn die bettelnden Kinder ließen sich nicht abschütteln. Nicht mit einem Dollar, nicht mit zwei und nicht mit drei. Stattdessen wurden sie immer lauter und vehementer in ihren Forderungen, das mit energischem Nachdruck geschriene „Please" eher eine rohe Worthülse, als ehrlich gemeint zu sein. Karl und ich betrieben verzweifelte Versuche, uns über ihre Stimmen hinweg zu erheben, um zu beraten, was wir tun sollten. Es ging gar nicht darum, dass wir ihnen nicht mehr Geld geben wollten. Dass wir uns zu fein waren, zu helfen, oder dass wir geizig wären. Auch waren unsere Herzen nicht eingefroren oder unsere Gemüter abgestumpft. Eher fragten wir uns, inwieweit es wirklich helfen würde, Geldscheine in die kleinen Händchen zu stecken, die sie uns in die Gesichter hielten.

Spätestens seit dem Blockbuster *Slumdog Millionaire* sollte allseits bekannt sein, dass man nicht jedem Bettler gleich etwas Gutes tut, wenn man ihm Geld gibt, sondern leider auch eine Mafia dahinterstecken kann, die man mit dem Dollar, den man in die aufgehaltene Hand legt, füttert. Und damit zum Selbsterhalt des Bösen auf der Welt seinen Beitrag leistet – vor allem, wenn es sich um bettelnde Kinder handelt. Diese werden oftmals von kranken Bastarden der Bettelmafia gekidnappt und gezwungen, für sie auf der Straße zu betteln, da Kinder erfolgreicher sind als Erwachsene. Denn wem gibt man sein Geld lieber: dem Mittdreißiger, dem man unterstellt, aus eigener Schuld auf der Straße rumzulungern, anstatt den Arsch hochzukriegen und zu arbeiten, oder dem süßen Mädchen, das mit seinen tiefbraunen Augen Herzen zum Schmelzen bringt? Hier kommen auch eher Assoziationen reiner Unschuld auf, als bei der kolumbianischen Prostituierten, die aus Mangel an Optionen ihren Körper verkauft – doch das ist ein ganz anderes Thema. Leider ist es auch so, dass man solchen Kindern selbstloser Geld gibt, mit denen es das Schicksal am wenigsten gut gemeint hat, weshalb verkrüppelte, blinde oder sonst wie behinderte Kinder durchschnittlich mehr Geld pro Tag erbetteln als die unversehrten „normalen". Weshalb die skrupellose Bettelmafia ohne mit der

Wimper zu zucken Gliedmaße amputiert, Ohren abschneidet, Augen aussticht oder Gesichter mit Säure verätzt, da das den Mitleidsfaktor und somit die Bereitschaft der Touristen, monetär auszuhelfen, in die Höhe treibt. Falls keine Bettelmafia dahintersteckt, unterstützt man mit seiner Opfergabe oftmals, dass Kinder von der Schule fernbleiben. Denn wenn die Familie mitkriegt, dass Touristen dem kleinen Pepe bereitwilliger Dollar in die Hand drücken als seiner Mutter, wenn sie allein in Rios Gassen bettelt, führt dies dazu, dass Pepe seine Mama bei der Bettelei begleiten muss, statt in die Schule zu gehen. Neben diesen zwei Gründen, warum es nicht immer eine gute Tat ist, bettelnden Menschen Geld zu geben, gibt es bestimmt noch weitere, die mir nicht bekannt sind. Jedenfalls ist der, der was gibt, nicht gleichzeitig der fromme Weltverbesserer, und der, der sich kopfschüttelnd abwendet, der geizige Egoist.

Zu dem Zeitpunkt, als wir uns auf dem Nachtmarkt in einer Traube zuckersüßer Kinder wiederfanden, die uns forsch bedrängten, kam ich mir automatisch wie der schlechteste Mensch der Welt vor. Obwohl ich wusste, warum ich „den Geldhahn zudrehte", fühlte ich mich mies und wollte einfach nur aus der Situation raus. „Lass uns ihnen was zu essen kaufen, vielleicht haben sie einfach nur Hunger", brachte Karl eine Idee hervor, die wir prompt in Form von sieben Portionen gebratenen Reis umsetzten. Vergebens. Sie rührten das Essen nicht an. Stattdessen krakeelten sie weiterhin in einer Tour auswendig gelernte Forderungen, die uns dazu bewegen sollten, in unsere Taschen zu greifen. Jetzt standen wir genauso ratlos da wie vorher, mit dem einzigen Unterschied, dass wir nun Übermengen an Essen in den Händen hielten, das keiner wollte. Kommunizieren konnten wir leider nicht, denn wir sprachen kein Malaysisch und keines der Kinder verstand Englisch, da sie ja betteln mussten, anstatt in die Schule zu gehen. Es gab in meinem Leben wenige Situationen, in denen ich mich so mies fühlte wie in dieser. Obwohl ich wusste, dass es keine Lösung darstellte, ihnen noch mehr Geld zu geben. Und obwohl sie offensichtlich nicht den Hungertod starben, da sie den Reis verschmähten. Trotzdem fühlte ich mich richtig beschissen. Das Gefühl der weißen, privilegierten Bitch, die unverdient in einem Käfig aus Gold aufgewachsen ist, mit Problemen, die in keiner Welt wirklich Probleme waren – außer unter Gleichgesinnten, denen es genauso gut ging. Um das wahrhaftig zu begreifen, muss man reisen. Eine zeitlang fern vom Wohlstand leben, in Situationen, die nicht immer Zuckerschlecken sind. Aber selbst dann kann man nie gänzlich erfassen, was Armut tatsächlich bedeutet, denn man hat ja durch den europäischen Pass stets das Ticket zurück in die Komfortzone und damit in die Sicherheit gepachtet. Trotzdem stellen solche Erfahrungen was mit einem an und verleiten einen hoffentlich dazu, die eigene privilegierte Herkunft schätzen zu wissen, zu hinterfragen und seine Energien im besten Fall in Aktionismus zu kanalisieren, der etwas zum Positiven verändert und denen hilft, die nicht das Glück hatten, geborgen und finanzstark aufgewachsen zu sein.

Diesen Mehrwert der Erfahrung aus der aktuellen Situation konnte ich allerdings noch nicht empfinden, während die bornesischen Bettelkinder wie kleine Satelliten um uns herumkreisten, als wir versuchten, den Nachtmarkt zu verlassen. Auch dann nicht, als wir endlich unser Mietauto erreichten, einstiegen und die Kinder trotz geschlossener Fenster hören konnten. Erst recht nicht, als sie ihre Nasen an den Fensterscheiben platt-drückten, und auch dann nicht, als sie dem Auto hinterherrannten oder als die Lichter des Nachtmarkts allmählich im Rückspiegel verglommen. Wie sehr ich mich dafür schämte, dass wir uns ein Mietauto leisten konnten, brauche ich an dieser Stelle wohl nicht zu erwähnen. Wir schwiegen blöd vor uns hin, während wir zurück in die Unterkunft fuhren, und fühlten uns mehr als schäbig, uns in die Betten des dekadenten Hotels zu legen, das weißen privilegierten Bitches wie uns vorbehalten war (sorry Karl, das Gendern muss sich dem Satzflow fügen).

Am nächsten Tag fuhren wir mit dem Fichtenelch (wie wir unser klappriges Mietauto getauft hatten) zur Hafenstadt Semporna. Laut Karte handelte es sich um 420 knackige Kilometer, da wir noch einen Abstecher zum Fluss Kinabatagan machen wollten. Natürlich war uns bewusst, dass man aufgrund der hiesigen Straßenverhältnisse weitaus mehr Zeit einplanen sollte, als man auf deutschen Autobahnen veranschlagen würde. Trotzdem waren wir optimistisch, Semporna am späten Nachmittag zu erreichen. Die Zuversicht kippte gegen Mittag, da wir gerade mal gut ein Drittel der Gesamtstrecke zurückgelegt und dies mehr als vier Stunden in Anspruch genommen hatte. Obwohl unser Zeitplan den realen Gegebenheiten nicht standhalten konnte, entschieden wir uns, den Kinabatagan River dennoch anzusteuern, zumal wir eine Pause brauchten von der aufgestauten Hitze im Auto, da der Mietpreis des Fichtenelchs natürlich viel zu niedrig war, als dass eine Klimaanlage inkludiert gewesen wäre. Froh, unserer mobilen Minisauna eine Weile zu entkommen, parkten wir das Auto unter dem Schatten rotblühender Flambuyan-Bäume in der Nähe des Flusses.
Der Kinabatagan River ist mit einer Länge von 560 Kilometern der größte Fluss des malaysischen Bundesstaates Sabah und bringt eine besonders hohe Biodiversität hervor, die wir uns nicht entgehen lassen wollten. Also fragten wir einen Einheimischen, der gerade ein Fischernetz flickte, ob er uns für ein paar

Stunden in seinem Holzboot rumschippern würde. Kurze Zeit später cruisten wir durch diverse Flussarme und dank unserem Bootsführer Adi wurden wir Zeuge der artenreichen Flora und Fauna. Adi entdeckte die Tiere bereits aus der Ferne, bevor wir überhaupt irgendetwas Tierähnliches erblickten, und steuerte das Boot gekonnt durch die labyrinthartigen Mangrovenwälder. Wir sahen Wildschweine, Nasenaffen und Makaken. Weiße Kraniche flogen neben dem Boot her, während wir den nächsten Seitenarm des Flusses entlangfuhren. Hier und da machte uns Adi auf Stellen im Wasser aufmerksam, an denen Blasen blubberten. „Da taucht gerade ein Krokodil ab", erwähnte er beiläufig. Was ich anfangs noch als schlechten Scherz abtat, stellte sich am Ende der Bootsfahrt jedoch als harter Fakt heraus, als uns Adi zum Abschied noch ein Babykrokodil präsentierte, das er in seinem Zuhause aufzog. Wenn neben unserer Nussschale ein erwachsenes Tier aufgetaucht wäre, hätte ich wohl eine Panikattacke erlitten. Warum Adi die ganze Zeit über nichts von Krokodilen gesagt hatte, als ich meine Hände während der Fahrt durchs Wasser gleiten ließ, erschloss sich mir immer noch nicht, als wir erneut in den Fichtenelch stiegen. Doch, eigentlich hatte ich eine Ahnung. In Südostasien leben die meisten eine Taktik, die sich als der weit bessere Weggefährte im Leben erweist: nicht in vorsorgliche Panik angesichts schlimmer Ereignisse verfallen, die in der Zukunft eventuell ohnehin nicht eintreten. Und wie so oft zuvor ist ja auch dieses Mal alles gut gegangen. Während ich den Schlüssel ins Zündschloss steckte, dachte ich an mein Seekuh-Tattoo, das für mich symbolisch das Mantra *Alles ist möglich* verkörpert. Ob es sich dabei um persönliche Ziele, Wünsche oder Ereignisse beim Reisen handelt: dieser (vielleicht naive) Optimismus ummantelt mich beim Backpacken stets und verursacht ein Sicherheitsgefühl in mir, das mich mit Mut ausstattet.

Das Aufheulen des knatternden Motors war der Startschuss der nächsten Stunden auf maroden Straßen, die uns durch urige Tropenlandschaften führten. Gegen Abend zog sich der Weg unserer Route wie Kaugummi. Die Tristesse in unseren Köpfen wurde einzig und allein vom Verkehr unterbrochen, der unsere Adrenalinspiegel mit waghalsigen Überholmanövern, die bei den Locals an der Tagesordnung sind, auf einem konstanten Level hielt. Ich gab mich meinen Gedanken hin, denn die fließen am besten, während ich in einem Verkehrsmittel durch die Gegend gurke. Und so ließ ich den Mittag auf dem Fluss Revue passieren, während wir stupide Schlaglöchern auswichen und die Stoßdämpfer aufgrund von allerlei Untergrundunebenheiten strapazierten. Lustlos hörten wir irgendwelche Mixtapes, während unsere Augen wegen der Dunkelheit damit zu kämpfen hatten, sich auf das Verkehrsgeschehen zu konzentrieren.

Als wir eine gefühlte Ewigkeit später in der Hafenstadt Semporna ankamen, war die zuvor im Internet gebuchte Unterkunft unauffindbar. Wir fuhren die schlafenden Gassen rauf und runter, studierten Karten und fragten Locals. Doch Niemandem war der Name des Hostels bekannt. Gegen Mitternacht sahen wir ein, dass es sich um einen Scam handeln musste; die Unterkunft existierte lediglich online, hatte unser Geld aber bereits gefressen. Da es sich hierbei um schlappe sieben Euro handelte, kümmerte uns das nicht weiter. Viel mehr von Interesse war, ein Plätzchen zu finden, wo wir die Nacht verbringen konnten. Während der Suche kamen wir schließlich an einem Shop vorbei, der unglaublicherweise Bier verkaufte, woraufhin ich eine Vollbremsung machte. *Bier! Auf Borneo!* Paul Kuhn musste sich mit seiner Schlagertirade von 1963 in der Lokalität getäuscht haben, als er „Es gibt kein Bier auf Hawaii“

sang – oder er hatte einfach keine Ahnung über den Mangel an Bier auf Borneo. Dass wir durch ein Land reisten, dessen Staatsreligion der Islam ist und welches nicht wirklich auf den Alkoholkonsum von Besuchern aus anderen Ländern eingestellt ist, bemerkten wir bisher am dürftigen bis nicht vorhandenen Alkoholangebot. So wurde Paul Kuhns Schlager in der bornesischen Variante zum Ohrwurm. „Es gibt kein Bier auf Borneo, es gibt kein Bier" mit der allseits bekannten Schunkelmelodie jagte meine Hirnwindungen den ein oder anderen Tag rauf und runter. Unsere aufrechterhaltene Hoffnung, der Umstand des Biermangels möge sich zu unseren Gunsten ändern, sobald wir den Inseln an der Ostküste näher kamen, wurde in Form eines Kühlschranks voll Dosenbier, der wie aus dem Nichts vor uns auftauchte, Realität.

Der heilige Laden mit dem Bier befand sich neben einem Waschsalon, der 24 Stunden geöffnet hatte sowie über Waschbecken, Sitzmöglichkeiten und WLAN verfügte – und so kombinierten wir das eine mit dem anderen. Die ganze Nacht verbrachten wir im Waschsalon, wuschen uns und unsere Kleidung (keine Ahnung, wer es bitterer nötig hatte), tranken Bier und tanzten zu Musik aus Karls portabler Box. Gegen fünf Uhr klappten wir die Sitze des Autos um, damit wir noch etwas schlafen konnten, bevor die ersten Boote zur Insel ablegten.

Einige Stunden später wurden wir von der aufgestauten Hitze im Fichtenelch geweckt, den wir intelligenterweise *nicht* im Schatten geparkt hatten. Karl brummte: „Im Auto pennen ist ja sogar besoffen scheiße", während er sich aus dem Fichtenelch schälte. Karl ist ein bisschen wie ein Teddybär. Man kann sich nur schwer vorstellen, dass er mal ernsthaft ausrasten oder den eigenen Unmut an jemand anderem auslassen könnte. Außerdem ist er für ziemlich viel zu begeistern und nicht zimperlich, was ihn zum perfekten Kumpel für einen Roadtrip macht. Jemand wie Karl wird nicht pampig, wenn sich etwas mal nicht so prickelnd gestaltet. Und da ein Roadtrip weder von Komfort geküsst ist noch stets reibungslos verläuft, sorgen Menschen wie Karl dafür, dass du deine Energien beisammenhalten kannst, um sie anderweitig einzusetzen, wenn mal richtig was aus dem Ruder läuft. Karl hat das Talent, Menschen und Gegebenheiten einfach hinzunehmen, wie sie sind. Obwohl er sich aktuell fernab seiner Komfortzone befand (so weit, wie noch niemals zuvor in seinem Leben), war er bei allem dabei und für jede Erfahrung offen. Und so brummte er die strapaziöse Nacht mit einem knappen Räuspern weg, schulterte den Rucksack und trottete hinter mir her zum Bootsanleger, wo unser nächstes Ziel schon wartete: die Insel Mabul.

Inseln bergen eine gewisse Magie in sich, ohne es zu beabsichtigen. Die Insel ist einfach da, liegt unaufgeregt im Ozean. Es ist der Mensch selbst, der sie mit dem Label *magisch* bestückt. Und das vollkommen zurecht. Bereits die Anreise verzaubert einen, wenn man in einem Boot Kurs auf die Insel nimmt. Schon allein das ist deiner persönlichen Welt fremd, wenn du den Großteil deines Lebens auf dem Festland verbracht hast. Hinzu kommt, dass das meiste des auf der Insel Befindlichen ebenfalls fernab deiner gekannten Realität liegt: Sandstrände und Palmen. Auch wenn dies oftmals schon genügt, das Herz schneller schlagen zu lassen, sind manchen Inseln Korallenriffe vorgelagert, die sich im klaren Wasser wunderbar mit Schnorchel entdecken lassen. Viele Inseln sind von dichtem Urwald bewachsen, der nur darauf wartet, erkundet zu werden. Wasserfälle, Höhlen, Strände und versteckte Lagunen, Reptilien und Affen. Tagsüber durch die Natur streifen und abends bei

Lagerfeuer am Strand den Sternenhimmel bewundern. Ein Märchen aus Tausend und einer Nacht, ohne jedoch im Orient verortet zu sein.

Unser Hostel auf Pulau Mabul[18] erhob sich auf hölzernen Stelzen über dem Meer. Die Insel selbst ist ziemlich klein und dementsprechend schnell umrundet. Mabul ist definitiv eine der schönsten Inseln, auf der ich jemals gewesen bin. Am Strand sonnten sich große Warane, im Wasser scheuchten wir mit dem Kanu Krebse auf, die zahlreich die Felsen im Ozean besiedelten. Unzählige Seesterne, Fischarten und Seeigel teilen sich den Lebensraum mit den Seenomadenvölkern der Bajau, die ihr gesamtes Leben auf kleinen Holzbooten verbringen. Sie werden auf den Booten geboren und eines Tages auf ihnen sterben. Die Bajau leben von dem, was der Ozean für sie bereithält. Ihr Dasein wird komplett von den Launen des Meeres bestimmt. Täglich paddeln sie an den verschiedenen Behausungen der Insel vorbei, um den Fang des Tages zu verkaufen. Dafür bekommen sie entweder Waren oder Geld, das sie wiederum in solche Waren umsetzen, die ihnen das Meer nicht bieten kann. Wenn man sie beobachtet, scheint es ihnen an wenig zu fehlen. Sie leben ein bescheidenes Leben und wirken nicht im geringsten, als würde es ihnen an etwas mangeln, obwohl sie lediglich das besitzen, was in ihr ca. drei Quadratmeter großes Boot passt. Ist weniger gleich mehr?

Der Trend zum Minimalismus erhält bei uns im Westen nach und nach Einzug. Man möchte sich aufs Wesentliche konzentrieren, sich nicht vom Konsum beherrschen lassen. Weg von den Fängen des Materialismus, um sich freier zu fühlen. Die Dinge, die man besitzt, mehr schätzen zu lernen, anstatt am laufenden Band Neues anzuschaffen, obwohl das Eigenheim

---

18 Pulau bedeutet in der Landessprache *Insel*.

ohnehin überquillt. Das Verlangen nach „mehr" soll mittels Minimalismus nach und nach weichen, in der Folge wird man bescheidener und ist mit einer überschaubaren Anzahl an Besitztümern zufrieden. Wie gestört es an sich ist, wenn man den Wohlstand in einer Art und Weise gepachtet hat, dass man sich mit mühsam erarbeiteter Minimalismusphilosophie wieder auf den Boden der Tatsachen holen muss, während man in vielen Teilen der Welt ganz selbstverständlich lediglich mit dem auskommt, was nötig ist, muss man sich mal vor Augen führen. Eins ist zumindest sicher: Wer in den sozialen Medien Hashtags mit Minimalismus postet, der hat in 98 Prozent der Fälle trotzdem noch vergleichsweise viele Besitztümer um sich herum und vermutlich ein Kaufverhalten, das sich trotz sich selbst einschränkender Bemühungen immer noch im oberen Drittel der Konsumsphäre bewegt.

Ich weiß nicht, ob die Seenomaden gerne mehr haben würden, läge es im Rahmen ihrer Möglichkeiten. Oder was sie sich wünschen, wenn die Wellen sie nachts in den Schlaf wiegen. Ob sie nach diesem verheißungsvollen *Mehr* streben – mehr, als es ihnen ihr bescheidenes Leben bietet. Ob sie im Konsum den Teufel sehen, der mehr Probleme bereitet, als er zu Seelenwohl und innerer Zufriedenheit verhilft. Oder ob sie keinerlei Kenntnis davon besitzen, dass sie im Vergleich zu anderen wenig haben. Der Vergleich ist der Zerstörer des Glücks. Sei es das Nichtwissen über den Reichtum anderer oder die bewusste Enthaltsamkeit: Wenn ich sie so beobachte, wirken die Bajau meines Erachtens in der Summe zufriedener als der Großteil des Wohlstandswestens. Mich eingeschlossen. Selbstredend begründet sich das Fremdurteil über die Zufriedenheit der Bajau nur auf einen kurzen Einblick, den ich über einige Tage erhaschen konnte. Andere lediglich von außen zu beobachten, erlaubt in den seltensten Fällen eine solide Einschätzung der Gefühlswelt der observierten Lebewesen.

Auf der hölzernen Plattform unserer Unterkunft gab es einen Turm, von dem aus die Kinder der Inselbewohner am späten Nachmittag ins Meer sprangen. Zu früherer Stunde war der Wasserspiegel aufgrund von Ebbe zu seicht, weshalb es eher unratsam war, einen Turmsprung zu praktizieren, wenn man sich nicht verletzen wollte. Um den Turm verteilt hausten hunderte von Seeigeln. Dicht an dicht besiedelten sie den Meeresgrund und waren durch den niedrigen Wasserstand von maximal drei Metern gut im klaren Wasser erkennbar. Die Kinder konnten bei Flut sorgenfrei vom Turm hinunterspringen, da ihre geringe Körpermasse garantierte, die Seeigel beim Eintauchen ins Wasser nicht mit den Füßen zu berühren. Ob das auch für unsere Gewichtsklasse galt, wusste ich nicht, doch eins war vollkommen klar: Ich werde Pulau Mabul nicht verlassen, ohne von diesem Turm gesprungen zu sein! Also kletterten wir die geschätzten zehn Meter hinauf, während die Kinder ausgelassen lachten. Sie waren entzückt, dass Erwachsene mit von der Partie waren.

Als wir von oben auf das kristallklare Wasser blickten, war ich mir nicht mehr ganz sicher, ob ich mich noch über das freute, was einen kurzen Augenblick vorher so unfassbar genial erschien. Anstelle von Euphorie, die meinen Körper bis dahin durchknisterte, bekam ich weiche Knie. Meine Gedanken kreisten um die Gesetze der Schwerkraft und Berechnungen von Bremswegen – die konnte ich noch nicht mal bei der Führerscheinprüfung für Fahrzeuge im Straßenverkehr ausrechnen. Wie verhält es sich mit unserem Körpergewicht im Wasser in Kombination mit einer Armada von Seeigeln? Gibt es mehr giftige Seeigelarten als ungiftige, kann ihr Gift tödlich sein und mit welcher Sorte hatten wir es hier eigentlich zu tun? Befanden wir uns auf zehn Metern Höhe – oder doch eher zwölf? Machte das am Ende überhaupt einen großartigen Unterschied? Und wie weit ist eigentlich der nächste Arzt entfernt? Auf Inseln mit quasi nicht vorhandener Infrastruktur ist ärztliche Versorgung selten gewährleistet. Abgesehen davon ist man ja hierhergekommen, um fernab von der Zivilisation einen paradiesischen Traum zu erleben, und in diesem gibt es keinen Platz für Schmerz, Krankheit und dergleichen. Derart negative Faktoren werden stilvoll ausgeblendet, was mal mehr, mal weniger gut funktioniert. Wann ich verlernt hatte, Gedanken beiseiteschieben zu können, die einem spontan-aktionsvollem „Tun" im Wege stehen, wusste ich nicht. Jedoch schmeckte mir diese Erkenntnis, dass ich offensichtlich zu viel denke, anstatt einfach zu machen, überhaupt nicht. Kopf ausschalten, Augen zu und durch ist so viel kamikazetauglicher, als sich in Gedankenschleifen zu verlieren, die verhindern, etwas zu tun, das einen lebendig fühlen lässt. Handlungslähmendes Denken als ein stilles Zeichen von Erwachsen-Sein? Was hat es mit diesem „Erwachsen-Sein" eigentlich auf sich - und wer will das schon, gäbe es eine Wahl? Die Menschen, die ich bisher beim Backpacken getroffen habe, wirken häufig wie Peter-Pan-Figuren, die nicht erwachsen werden wollen, und fahren von außen betrachtet derbe gut damit. Für „die Menschen zuhause" scheinen sie in dem Verlangen nach zu viel Spaß gepaart mit zu wenig Verantwortung vermutlich kindisch. Aber wer hat Recht?

Handelt es sich bei Backpackern um spaßsüchtige Egoisten, die sich vor Verpflichtungen in ihrem Heimatland drücken, indem sie selbigem so lange wie möglich den Rücken kehren? Sind sie auf eine Glücksformel gestoßen, die sich wesentlich aus den

Variablen maximale Freiheit, Unabhängigkeit und Selbstentfaltung zusammensetzt? Oder sind sie zu bemitleiden, da sie keine gefestigten Strukturen ummanteln wie Eigenheim, unbefristete Arbeitsverträge, Firmenwagen und eine attraktive Altersversorgung, die Sicherheit versprechen? „Du bist wie Peter Pan, du willst nie erwachsen werden," kam mir eine Zeile aus einem Song in den Kopf, den ein Exfreund für mich verfasst hatte. Damals war ich 17 Jahre alt. „Doch du wächst und gedeihst, wie in frischer Pflanzenerde" geht der Text weiter. Tatsächlich? Würde der besagte Exfreund diesen Part immer noch so für mich formulieren, würde er mich jetzt in dieser teenagerhaften Lage sehen, in der ich mir beweisen wollte, genug Eier zu haben, um von diesem Turm zu springen? Jetzt bin ich so viel älter als damals, als ich den Song geschenkt bekam. Aber bin ich auch erwachsener? Und gibt es diesen Zustand des Erwachsen-seins überhaupt oder ist es eher so, dass man sich mit den Jahren in ein Kostüm aus Falten, Geheimratsecken und anderen Alterserscheinungen kleidet, um Kindern und Jugendlichen zu suggerieren, man hätte einen Plan, obwohl man in Wahrheit noch dieselben Flausen im Kopf hat?
Karl und ich befanden uns in einer Situation, in der es kein Zurück gab, denn ein seit Kindestagen in uns verwurzeltes Gesetz lautet, dass nur Verlierer den Sprungturm wieder herunterklettern. Gnädigerweise gelangte mein Hirn zu der Erkenntnis, es wäre tauglicher, seine Tätigkeit kurzzeitig einzustellen, um nicht mehr unnötig im Weg zu stehen. Und dann sprangen wir. Übervoll mit Endorphinen und einer gehörigen Portion Schiss in der Magengegend.
Im Wasser küssten unsere Füße glücklicherweise nicht die Seeigel, was wohl für beide Parteien einen Gewinn darstellte. Denn auf die Frage, wie viel Kilogramm Aufprall diese Meeres-

tiere aushalten würden, hatte ich ebenfalls keine Antwort.

Mutproben sind klassische Situationen, mit denen man in der Kindheit konfrontiert wird. Im Erwachsenenleben sind oftmals diejenigen mutiger, die einfach „Nein" sagen können. Doch was sich definitiv immer einstellt, wenn man die Challenge annimmt, ist das Gefühl eines fast schon unaushaltbaren Kribbelns. Niemand will feige sein – ob mit Schuhgröße 26 oder längst volljährig. Mutproben versprechen Nervenkitzel und berühren eine abenteuerliche Seite unseres Innern. Sie lassen uns trotz aller Ängste, die sie hervorrufen, auf besondere Weise lebendig fühlen – oder wie komplette Versager. Um Letzteres zu vermeiden, isst man als Kind Regenwürmer, traut sich als Erster in vermeintliche „Hexenhäuser" und baufällige Ruinen oder malträtiert sich in seiner Jugendzeit mit *Jackass*-Aktionen. Eben weil es um einiges attraktiver ist, die Rolle des tollkühnen Helden zu besetzen anstatt die des Losers.

Auf dem gleichen Prinzip fußen Männlichkeitsrituale, die den Übergang vom Jungen zum Mann markieren und in vielen Ländern dieser Erde stattfinden. Bei den meisten ist man froh, woanders geboren worden zu sein. Um ihre Männlichkeit zu demonstrieren, nutzt man in Borneo einen Handschuh, der randvoll mit Feuerameisen gefüllt ist. Die Heranwachsenden müssen ihre Hand für einige Minuten in diese höllenhafte Hülle stecken, um den Beweis zu liefern, „männlich genug zu sein" - was auch immer das heißen mag. Der Grat von mutig zu dämlich scheint bei dieser Aktion von außen betrachtet eher schmal, sofern man kein Bornese ist.

Am nächsten Morgen ging es per Boot wieder zum Hafen aufs Festland, da wir von der Insel Mabul aus nicht direkt zu unserem nächsten Ziel gelangen konnten: eine Tauchstation, die direkt ins Meer vor die Insel BumBum gebaut worden war und

Übernachtungsmöglichkeiten anbot. Wie wir diese Destination generell erreichen konnten, war uns bislang noch ein Rätsel. Ebenso ob es noch freie Betten gab und diese überhaupt an Nicht-Taucher vermietet wurden, da wir noch keine Antwort von dem Besitzer erhalten hatten. Zurück in Semporna warteten wir auf seine Nachricht in einem Café mit WLAN – in Borneo eher selten bis gar nicht vorhanden. Wir hatten also Glück. Nach dem dritten Kaffee erhielten wir die Nachricht, dass wir noch am selben Tag kommen könnten. *Die Jungs holen euch mit dem Boot am Hafen ab, wir brauchen ohnehin Nachschub an Lebensmitteln.*

Glücklich und vom Koffein aufgekratzt warteten Karl und ich am Pier. Und warteten und warteten und warteten, was sich aufgrund zunehmender Mittagshitze pikanter gestaltete als in klimatisierten Wartezimmern, die in Arztpraxen eigens für diese passive Tätigkeit zurechtgeschustert wurden. Aufgrund bisheriger Erfahrungen mit der Verbindlichkeit von Absprachen in Asien vertraute ich darauf, dass unsere maritimen Chauffeure definitiv kommen würden – auch wenn sich dies noch eine Weile hinziehen könnte. Karls Zustand schlug von zufriedener Vorfreude rasch um in gereizte Ungeduld. Mit Voranschreiten der Zeit verlor Karl gänzlich die Zuversicht, dass uns heute überhaupt noch irgendjemand abholen würde, und tat seinen Verdruss in regelmäßigen Abständen kund. Hin und wieder kamen Locals zu uns rüber, die anboten, uns für einen gewissen Geldbetrag nach Pulau BumBum zu bringen. Jede Ablehnung meinerseits ließ Karls Gemütszustand immer weiter in den Keller sinken. „Die werden schon kommen. Hier ist ein Wort noch ein Wort, eine Uhrzeit hingegen variabel. Aber das ändert nichts daran, dass wir uns auf sie verlassen können, ich bin mir sicher!“, versuchte ich ihn zu beruhigen. Nach einer weiteren

Stunde und unzähligen Angeboten anderer Bootsfahrer raunte Karl „Ich will aber nicht den ganzen Tag hier verschwenden, wenn wir eigentlich *jetzt* schon dort sein könnten." „Und ich will nicht, dass sie nach uns suchen müssen", fiel meine entnervte Antwort aus. „Abgemacht ist abgemacht. Mach dich doch mal locker", schickte ich noch hinterher und schmiss meine Zigarette wütend auf die verwitterten Holzplanken des Piers.

Aber Karl machte sich nicht locker. Ich weiß nicht, ob es am Koffein lag, das in Karls Venen Achterbahn fuhr, oder dem aufkeimenden Bewusstsein, dass seine Zeit auf Borneo limitiert war, da der Rückflug langsam näher rückte. Aber was es auch war – es führte zu einem Streit zwischen uns. Um dem Ganzen ein Ende zu setzen, kapitulierte ich schließlich und gab einem der einheimischen Bootsmänner per Handzeichen zu verstehen, dass wir uns von ihm fahren lassen wollten. Wir drückten ihm das Geld in die Hand und sofort wich das zahnlose Lächeln aus seinem Gesicht. Er winkte zwei Männer heran, die unsere Rucksäcke schnappten. Schnellen Schrittes steuerten sie ein kleines Boot an, das gemächlich im Wasser schaukelte, und signalisierten durch lautstark untermalte Gesten, dass wir uns beeilen sollten. Ich machte mir zu diesem Zeitpunkt keine Sorgen, da sie ihre Dienste hundertprozentig schwarz anboten und daher rasch ablegen wollten, bevor die Hafenpolizei Wind vom illegalen Transportservice bekam. Daher empfand ich die Anspannung und Hektik nicht als seltsam, sondern als logische Konsequenz. Mit allem, was aus dem klapprigen Bootsmotor rauszuholen war, verließen wir den Hafen und tuckerten hinaus auf den Ozean.

Zur Orientierung hatten wir uns vorhin im Café auf der Karte angesehen, wo die Tauchstation lag. Somit dauerte es nicht lange, bis wir bemerkten, dass wir in die falsche Himmelsrichtung fuhren. Anstatt das Boot östlich nach Pulau BumBum zu lenken, manövrierte unser Bootsmann nach Norden – und somit mitten in einen Slum, der vor Semporna ins Meer gebaut ist. Sempornas Armenviertel besteht aus maroden Holzhütten mit Wellblechdächern, die dicht an dicht auf Stelzen im Wasser stehen. Die nächsten Minuten wurde es ziemlich still. Der Bootsmann blickte starr geradeaus, Karl und ich rätselten in unseren Köpfen jeder für sich, wo wir da reingeraten waren. Als ich das Schweigen durchbrach, indem ich vorsichtig fragte, wohin wir fuhren, antwortete der Local knapp: „Petrol." Ich atmete erleichtert aus, da wir den Slum offensichtlich nur ansteuerten, um den Bootstank mit Benzin zu befüllen. Danach würde man uns sicher wie versprochen zur Tauchstation bringen. Immer weiter manövrierten wir an den eingefallenen Hütten mit windschiefen Wellblechdächern des Armutsviertels entlang und es verging eine Weile, bis Karl mir zuflüsterte: „Nur für den Fall, dass etwas aus dem Ruder läuft: Den Kerl mach ich mit links kalt." Ich bin mir ziemlich sicher, dass wir beide hofften, soweit möge es nicht kommen. Noch sicherer war ich mir, dass der Typ trotz schmächtigen Aussehens in der Lage sein könnte, Karl ohne große Probleme umzunieten – ungeachtet dessen, wie es um Karls Street Credibility bestellt war. Der Bornese schien in diesem Bereich um einiges erfahrener, da er gewiss ein raueres Leben hinter sich hatte als wir behüteten Westler im kuscheligen Deutschland. Jemand, der wusste, wo der Hammer hängt und im Nahkampf sicherlich auch ohne Waffen wie Hammer auskommen würde. Vermutlich steckte unter seinen zerschlissenen Klamotten ein drahtiger Körper, der sich wohltrainiert zur Wehr setzen konnte – selbst wenn Masse nicht das Pferd schien, auf das die Natur bei ihm gesetzt hatte, doch darauf kam es nicht unbedingt an. Mir war das aus Thailand bekannt. Die Muay-Thai-Boxer der Leichtgewichtsklasse sehen nicht kräftig aus, überraschen jedoch mit ungeahnter Stärke. Ebenso manche Hafen- oder Marktarbeiter. Sie mögen noch so schmächtig aussehen, sind aber in der Lage, den gesamten Tag zentnerschwere Säcke, Obstkisten und Getränkefässer zu verladen. Meine Gedanken behielt ich für mich, denn falls es zum Äussersten käme, würden sie nur Verunsicherung ankurbeln, die nicht wettkampfförderlich wäre. Falls Karl irgendetwas unternehmen müsste, wäre er mit Selbstbewusstsein und Zuversicht an der besseren Adresse als mit einem angekratzten Ego. Glaube besitzt gewaltige Kraft. Doch in welchen Schlamassel hatte uns der vorherige Glaube in den Bootsmann katapultiert?

Nach einer Weile Schweigsamkeit auf beiden Seiten und Angstschweiß bei nur einer Partei der Bootsbesatzung steuerten wir eine Hütte an, von deren Steg aus ein muskulöser Mann einen Kanister Benzin ins Boot hievte. Na bitte! Friede, Freude, Crêpe Suzette. *Keine Panik auf der Titanic* ließ sich also auch auf marode Holzkähne in Borneo ummünzen. Doch kurz darauf stockte uns der Atem, als genau dieser Mann ins Boot sprang und wir die Fahrt nun zu viert fortsetzten. Und zwar sowas von in die falsche Richtung, aufs offene Meer hinaus. Karl kam meinen Gedanken zuvor, indem er kleinlaut äußerte „Ooookay ... Mit *dem* Typen kann ich es wohl nicht aufnehmen." Ach nee.

Eine gefühlte Ewigkeit passierte nichts, außer dass wir uns immer weiter von der Küste wegbewegten. Niemand beantwortete unsere Fragen, wohin wir fuhren. Die Männer reagierten nicht, als wir sie darauf aufmerksam machten, dass die Tauchstation in nordöstlicher Richtung lag – und nicht dort, wohin wir gerade unterwegs waren. Von einer genauen „Richtung" konnte man in diesem Zusammenhang ohnehin nicht sprechen. Ziel schien es zu sein, sich so weit wie möglich vom Festland zu entfernen – was auch immer dann passieren sollte, war schleierhaft. Der Sinn dahinter noch mehr. Doch wenn man etwas Zwielichtiges vorhat, dann ist man besser dran, wenn die Zeugenzahl so gering wie möglich gehalten wird. Ich verfüge im kriminellen Bereich zwar eher über limitiertes Wissen, aber diese Logik war selbst mir klar. Die ganze Sache stank gewaltig, strotzte vor Gefahrenpotential und den Kürzeren zogen hier sicherlich nicht die Einheimischen. „Vielleicht ist ihnen die Lage der Unterkunft ja nicht bekannt?", teilte ich Karl meinen Geistesblitz mit, der so geistreich nicht war, wie ich kurz nach Aussprechen ebendieses feststellte. Schließlich war örtliche Unkenntnis enorm unwahrscheinlich, wenn es sich um eine Insel handelte, die sich im Umkreis ihrer Heimatregion befand. Und ja, es gibt definitiv dumme Fragen! Noch dazu sprach die harte Kälte in den Gesichtern der Männer Bände. Während weiterer misslicher Kommunikationsversuche, in denen wir einen Haufen Worte an sie richteten, die konsequent ignoriert wurden, bewegten wir uns mit dem Boot immer weiter hinaus auf den Ozean. In meinem Kopf überschlugen sich die Horrormeldungen, die ich über Borneos Ostküste über die Jahre hinweg mitbekommen hatte. Im Bundesstaat Sabah, dem Semporna angehört, herrscht ein großes Problem mit Geiselnahmen und Kidnapping, das schon viele Touristen betraf und nicht aufhören will. Diesbezügliche Fallzahlen nehmen stetig zu. Die Polizeikräfte der malaysischen Regierung sind offenbar nur bedingt in der Lage, die Vorfälle unter Kontrolle zu bringen, weshalb es in regelmäßigen Abständen (von manchmal nur wenigen Wochen) dazu kommt, dass Touristen entführt werden. Das Auswärtige Amt warnt auf seiner Homepage vor Entführungen, Verbrechen und Gewalttaten. Diesbezügliche Berichte will Malaysia selbstredend unter Verschluss halten, doch es gibt sie. Das wusste ich. Und Karl wusste es auch, weil ich es ihm erzählt hatte. Was wir nicht wussten: Was sollten wir nun verdammt nochmal tun?!

Als uns diesbezüglich Ideen ausgingen, bevor sie als Eingebung überhaupt in uns aufkeimen konnten, erblickten wir in weiter Ferne ein Motorboot, das sich in unsere Richtung bewegte. *Bitte, dreht nicht ab!,* schickte ich Stoßgebete in Endlosschleife gen Himmel. Wenn das Boot nah genug käme, könnten wir mit Hilferufen auf uns aufmerksam machen. Wie weit wird die menschliche Stimme übers Wasser transportiert? Verhält es sich mit der Schallübertragung auf der Wasseroberfläche wie bei Schnee, der den Sound verstärkt? Wann ist es zu früh, um sich mit einem Schrei bemerkbar zu machen? Der Zeitpunkt muss stimmen. Ganz klar. Und fernab der ganzen Physik (von der ich eh nur eine halbe Bohne wusste): Wie werden wohl potentielle Entführer reagieren, sobald man wie am Spieß um Hilfe schreit? Fragen, die sich uns bis zu diesem Tag nicht gestellt hatten, da die eigene Lebenssituation undenkbar weit von Kidnapping entfernt war und man es daher auch nie in Erwägung zog, Ratgeber wie *Kidnapping for Dummies* zu lesen – sofern derartige Literatur in Buchhandlungen überhaupt vertreten war. Gibt es einen Schwarzmarkt für solche Bücher, gar ein *Evil Amazon* im Darknet? Und waren wir bislang naive Schafe, weil noch nie im Darknet unterwegs gewesen, und mussten nun für unsere Unwissenheit in der Kategorie Verbrechen mit selbigem bezahlen? Bis unter die Haarwurzeln angespannt beobachteten wir das Motorboot, das nun direkt auf uns zusteuerte. Währenddessen verfielen der vermeintliche Muay-Thai-Champion und der Muskelprotz in einen heftigen Wortwechsel. Als das Motorboot nahe genug war, blickten wir in zwei Gesichter, die uns mit einer

Mischung aus Erleichterung, Sorge und Wut beäugten. In etwa so, wie Eltern gucken, wenn das Kind zu spät nach Hause kommt. Eigentlich wollen sie es innig drücken, da ihnen ein Stein vom Herzen fällt, doch vorangegangene Anspannung und Angst schlagen um in Verärgerung - und folglich regnet es statt Küssen und Umarmungen erst einmal Wortgewitter. Als ich ebenso kindgemäß kleinlaut zu einer Erklärung der Sachlage ansetzen wollte, knurrte einer der Pseudo-Daddies aus dem anderen Boot knapp: „Come over. Now!“ Ich wollte tausend Dinge sagen, doch die Bestimmtheit seiner Worte ließ keine Zweifel aufkommen, dass für Teekränzchenkonversation gerade kein Platz war. Hier, auf dem offenen Meer, zwischen zwei Nussschalen, die nun nebeneinander im Wasser schaukelten und deren einheimische Insassen sich grimmig anstarrten. Parallel dazu tauschten Karl und ich verdatterte Blicke aus, die es mit dem verblödeten Gesichtsausdruck jedes Cocker Spaniel aufnehmen konnten.

„Ihr wechselt jetzt sofort in das verdammte Boot!“, wandte sich der dürre Bornese vom anderen Kutter mit ernster Miene erneut an uns. Gepaart mit der Hoffnung, nicht vom Regen in die Traufe zu kommen, verfrachteten wir uns mitsamt Backpacks in das andere Boot. Indes lieferten sich unsere Teilzeitväter eine verbale Auseinandersetzung mit den Slum-Locals. Beide Parteien redeten sich in Rage und es wurde ziemlich laut. Karl und ich verstanden vom malaysischen Wortgewitter weniger als nichts, was vielleicht aber auch besser so war. Nach und nach realisierten wir, was wir die ganze Zeit über nicht glauben wollten. Die Wahrheit bestand definitiv darin, dass wir die touristischen Geiseln der nächsten Zeitungsberichte geworden wären, hätten uns die Mitarbeiter der Tauchstation nicht rechtzeitig gefunden. Einer unserer Retter fing an, die beiden Männer und das Boot zu fotografieren und verlangte nach dem Bootsschein. Daraufhin öffnete der Muskelprotz nach einigem Zögern ein Fach unter der Sitzbank. Und was kam zum Vorschein? Eine Knarre. Falls wir bis dahin noch irgendwelche Zweifel über den Ernst der Lage gehegt hatten, waren diese nun komplett verflogen.

Nachdem Wortgefecht und Verbrecher-Fotosession endeten, fuhren wir mit Bayu und Lokman, wie unsere Retter hießen, zur Tauchstation. Währenddessen erklärten sie uns, dass sie verspätet am Hafen ankamen, weil der Motor ihres Kahns erst repariert werden musste. Als sie uns am Hafen nicht finden konnten, fragten sie die Einheimischen aus, und schließlich gab ein Fischer zu, er hätte zwei Weißhäutige mit einem Local aus dem Slum wegfahren sehen. Da sich dies erst kurz zuvor ereignet hatte, konnten sie uns letzten Endes ausfindig machen. Schwein gehabt. Die Folgen wären unbekannt verheerend gewesen, hätte Bayus und Lokmans ungeplantes Timing nicht zufällig gestimmt.

Unsere Entschuldigungen würgte Lokman mit einem knappen „Macht das bitte niemals wieder“ ab. Eine Weile ließen wir alle den Blick über den Ozean schweifen und verfielen in Schweigen. Ließen die beruhigenden Blautöne des Wassers ihre seelenzurechtrückende Arbeit machen und hingen jeweils unseren eigenen Gedanken nach. Bis Bayu die Stille durchbrach mit: „Später kommt noch die Polizei zur Tauchstation, um euch zu befragen. Wir haben an Borneos Ostküste wirklich ein großes Problem mit Geiselnahmen und jeder Hinweis hilft, sie zukünftig hoffentlich einzudämmen.“

Bedröppelt starrte ich auf mein Tattoo, von dem mir die Seekuh friedlich-beglückt entgegenblickte. *Alles ist möglich.* Wie viel positiver Optimismus diesen drei Worten auch innewohnt – sie besitzen ebenso die Macht, negativ konnotiert zu sein. Bisher ritt ich beim Reisen auf der optimistischen Welle und somit bedeutete das Mantra *Alles ist möglich* für mich, der Freiheit seien keine Grenzen gesetzt. Dass sich Unglaubliches ereignen kann, wenn man den Raum dazu gibt, anstatt zu planen und stur auf die Verfolgung eines bestimmten Wegs zu pochen. Wird schon alles passen, solange man seinem Herzen folgt. Darauf noch ein Bier, Cheers auf die Schutzengel und lang lebe die lockerleichte Go-with-the-Flow-Lebenseinstellung, die leider irgendwie nur im Paradies funktioniert, da sie am Alltag oftmals zerschellt. Unterwegs scheint auf magische Weise alles denk- und machbar. Die Zeit dreht sich langsamer und nimmt den Druck, immer sofort irgendwo ankommen zu müssen, geschweige denn zu wissen, wo dieses Wo überhaupt verortet ist. Im Traveler-Universum sind es die Seitenstraßen, die Umwege und Sackgassen, die etwas bereithalten, das alle zukünftigen Ereignisse auf den Kopf stellt. Beispielsweise wenn du beim Trampen zu jemandem ins Auto steigst, der dir aus freien Stücken zusätzlich ein Bett für die Nacht anbietet und du einige Stunden später mit ihm und seinen Freunden zusammen im Park grillst und dabei eine Menge spannender Bekanntschaften zustandekommen. Oder dass du spontan einen Ort aufsuchst, weil ihn dir ein Inder auf der Fähre empfohlen hat – und schon nimmt alles einen anderen Verlauf. Du wirst andere Erfahrungen machen und anderen Menschen begegnen, als es auf deinem ursprünglichen Weg passiert wäre. Hinterher weiß keiner, ob es besser oder schlechter kam. Doch das Hinterfragen von Geschehnissen, die man nicht mehr ändern kann, da sie der Vergangenheit angehören, ist wenig gewinnbringend.

Uns Westlern wird das unglaubliche Geschenk zuteil, dorthin gehen zu können, wo wir möchten, und unsere Leben mit abertausend verschiedenen Inhalten zu gestalten. Startet man eine Reise um die Welt (die wohlgemerkt mit einem Reisepass aus einem Entwicklungsland nicht so barrierefrei funktioniert wie beispielsweise mit einem europäischen Ausweisdokument), füttert man sich selbst mit Erlebnissen, die einen selten enttäuschen. Die Erfahrungen aus bisherigen Reisen impften mir persönlich die Zuversicht ein, dass Dinge sich zum Guten wenden, auch wenn es vielleicht erstmal nicht danach aussieht. Oder dass sie aus späterer Betrachtung heraus zumindest für etwas gut waren, und sei es eine lehrreiche Einsicht, an der man wachsen kann. Diese Haltung und mein persönliches Sicherheitsempfinden blieben vom Beinah-Kidnapping in Borneo fast unangekratzt. Wieso? Vermutlich weil die positiven Erlebnisse auf dem persönlichen Erfahrungskonto überwiegen und mir die Welt oft genug gezeigt hat, dass sich mehr gute als böse Menschen auf ihr bewegen. An dem Tag, an dem Karl und ich beinahe gekidnappt wurden, hatte ich jedoch gemerkt, wie rasend schnell der Flow ins Stocken kommen kann. Wie groß unser eigener Anteil daran war, weil wir zu leichtsinnig waren, da wir uns auf gewisse Weise als unverwundbar empfinden, vermag ich nicht zu sagen. Obgleich wir *Kidnapping for Dummies* oder andere Überlebensratgeber nicht gelesen hatten, sind wir natürlich keine Idioten und wissen um die eigene Sterblichkeit. Nur verfallen wir (wie eigentlich alle Menschen) tagtäglich einem Grundgefühl von „Schlimmes passiert doch immer nur den anderen“. Bis der Anruf von Onkel Rudi kommt, Tante Tilda hätte Brustkrebs, und alle Unverwundbarkeitstheorien und gefühlten Superkräfte mit einem Wimpernschlag an der harten Realität zerbrechen. Aber verlangt dies nicht nur noch mehr danach, sich mutig ins Leben zu stürzen und das meiste aus seiner Zeit auf der Erde herauszukitzeln?

Nach der Zeit auf der Tauchstation, wo wir unter anderem die Erfahrung machten, dass frittierte Bananen mit Käse upgegradet werden können, dass Einheimische wenig Sorgen um den hochgiftigen Lionfish hegen und wie grandios es sich anfühlt, wenn der Ozean nachts unter dem Bett rauscht, setzten wir unseren Roadtrip ohne nennenswerte Gefahren fort. Die niedrige Infrastruktur Borneos erhöht die Wahrscheinlichkeit krimineller Vorfälle für Reisende. Gleichzeitig führt sie dazu, dass den wenigen Reisenden viele günstige Optionen zuteil werden, um ihren Aufenthalt in Borneo mit wenig Geld zu gestalten, was wir noch in mehreren Ecken der Insel erfahren sollten. Beispielsweise aßen wir für insgesamt fünf Euro in einem Countryclub königlich zu Mittag, als wir uns mal wieder verfahren hatten. Ein anderes Mal mieteten wir ein riesiges Cottage am Rande eines wunderschönen Nationalparks für unter zehn Euro die Nacht. Von dort aus erkundeten wir den Regenwald, der seinem Namen an dem Tag alle Ehre machte, da es stundenlang am Stück regnete, in einer Intensität, die den Boden blitzartig in eine riesige Matschlandschaft verwandelte. Insgesamt wanderten wir fünf Stunden durch das Dickicht und wurden im Minutentakt von Tiger Leeches attackiert. Dabei handelt es sich um einen Blutegeltyp, dessen schlanke, längliche Erscheinung an einen Wurm erinnert, welcher sich jedoch weitaus kampfbereiter präsentiert. Die Tiger Leeches saßen dicht an dicht im Schlamm oder in Sträuchern und reckten ihre Körper, sobald sie uns rochen. An manchen Stellen gab es so viele, dass wir alle paar Meter anhalten mussten, um sie uns von der Haut zu pulen. Größere Exemplare können sich sogar durch die Kleidung hindurch am Wirt festsaugen. Nach der unfreiwilligen Blutegelfütterung pinkelten wir noch an den höchsten Baum Asiens, der sich mit seinen 89,5 Metern größentechnisch mit *Big*

Ben messen kann. Wir manövrierten unsere mittlerweile liebgewonnene Schrottkiste durch überflutete Straßen, da die heftigen Regenfälle ganze Dörfer unter Wasser gesetzt hatten. Auch beim Überqueren des steilen Iran-Gebirges ließ uns der Fichtenelch nicht im Stich und so fuhren wir durch neblige Kälte, was ein irrsinniges Gefühl ist, wenn man sich in einem tropischen Land befindet und dort sonst aufgrund immenser Hitze 24/7 schwitzt. Und so hatten wir nun doch eine Klimaanlage im Fichtenelch, indem wir die Fenster runterkurbelten. Wenn du eine lange Zeit nicht mehr gefroren hast, ist es ein ziemlich befriedigendes Gefühl, vor Kälte zu schlottern.

Die letzten Nächte verbrachten wir an einem Strand an der Nordküste, den man nur per Boot erreichen konnte. In dem grünen Dickicht aus Palmen, verschiedensten exotischen Pflanzen und Blumen befand sich nichts von Menschen Gemachtes außer vier Bungalows, die auf eine kleine Anhöhe gebaut worden waren, einer Tauchschule mit Restaurant, einem Holzboot und Hängematten. In diesen baumelten wir am Abend vor Karls Rückflug und ließen die Zeit auf Borneo verbal Revue passieren. Nach einer Weile kehrte Stille ein und wir beobachteten, wie die Sonne hinterm Horizont verschwand, bis Karl schließlich sagte: „Weißt du, als wir bei den zwielichtigen Typen im Boot saßen und sich in uns eine Ahnung entwickelte, dass wir wahrhaftig mitten in einer Entführung steckten, da dachte ich: *Jetzt ist alles vorbei.* Ich bereute, die Reise angetreten zu haben, und wünschte mir nichts sehnlicher, als zu Hause zu sein." Als ich darauf nichts entgegnete, fuhr Karl fort. „Aber gleichzeitig gab es einen Teil in mir, der das komplette Gegenteil empfand und sich Reuegefühlen widersetzte, da diese auf seltsame Weise nicht angemessen schienen. Obwohl wir in einer lebensbedrohlichen Situation gesteckt hatten, kann ich definitiv behaupten, dass ich das

Geschehene auf keinen Fall rückgängig machen wollte. Ich habe mich oft gefragt, warum ich so fühlte. Die Zeit nicht zurückdrehen wollte, um die Kidnapping-Situation zu vermeiden und letzten Endes gar nicht in München in den Flieger nach Kota Kinabalu gestiegen zu sein. Und dann verstand ich es. Ich wollte absolut nichts daran verändern, weil ich hier die Zeit meines Lebens hatte, die alles bisherige in den Schatten stellte. Weil ich endlich einen Traum verwirklicht habe, der schon viel zu lange auf dem Abstellgleis stand. Wären wir uns damals im Club nicht begegnet … Ich weiß nicht, wann ich das Ganze mal angegangen wäre – und ob überhaupt. Die Wahrscheinlichkeit, als 90-jähriger Greis im Altersheim zu sitzen, ohne jemals nach Borneo gereist zu sein, wäre umso höher, hättest du mir nicht in den Arsch getreten.“ Ich switchte kurz in die Vergangenheit und erinnerte mich an die durchsoffene Nacht in Mannheim, als ich Karl vor die Füße gestolpert bin. Zeitgleich dachte Karl über eine Zukunft in der Senioreneinrichtung seiner Wahl nach.

Die wenigsten Dinge in unseren Leben sind planbar und über die Mehrzahl der Ereignisse besitzen wir keine Macht. Daher können wir nur im jeweiligen Moment leben – und dann gehört dieser Moment uns. Unzählige Momente machen ein Leben aus. Wie viele es am Ende sein werden und wann alles vorbei ist, bleibt ein Geheimnis. Die Zukunft liefert den Stoff für neue Geschichten, die erst zur Vergangenheit und durch Erzählungen ab und an ins Hier und Jetzt geholt werden. Die Gegenwart lebt vom Moment, weil sie dieser Moment ist. Sie besteht aus nichts anderem als einzelnen Momenten. Unsere Quasi-Kidnapping-Erfahrung gehörte vielleicht nicht zu den Sternstundenmomenten in meinem Leben. Jedoch wusste ich ganz genau, was Karl meinte, als er sagte, er möchte sie auf gar keinen Fall missen. Auch ich wollte unser Erlebnis nicht wirklich ungeschehen machen, selbst wenn ich es gekonnt hätte. Vielmehr sah ich es als bereichernde Erfahrung, bei der wir mehr Glück als Verstand hatten, unversehrt davongekommen zu sein, und die dazu führte, unser Leben danach mehr zu schätzen. Zusammen befanden wir uns in einer gefährlichen Situation, die übel hätte ausgehen können. Gleichzeitig bereute ich nichts. Und als wir aus der Nummer raus waren, empfanden wir Dankbarkeit, weil wir eine neue Chance bekommen hatten. Adrenalin und Glückshormone rasten durch unsere Körper, sodass wir vor Energie nur so pulsierten. Ich denke, jeder von uns kann in seiner Lebensgeschichte eine Reihe an Erlebnissen verbuchen, die Unvernunft entsprangen. Erfahrungen, die sich in der Situation direkt alles andere als angenehm anfühlten. Aber wollen wir deswegen auf sie verzichten? Genau diese Erlebnisse sind es doch, die im Nachhinein die besten Stories liefern oder die uns am meisten lehren. Und wenn keins von beidem auf sie zutreffen sollte, dann wollen wir sie nicht streichen, weil sie uns auf spezielle Art und Weise lebendig fühlen lassen oder weil jeder von uns irgendwie ein Freak ist.

Ideen wollen verwirklicht werden. Das ist ihre Natur, schreibt Helge Timmerberg. Wir alle haben Ideen in uns, die auf ihre Verwirklichung warten. Die Palette ist breitgefächert. Ob sie umgesetzt werden, liegt in unserer Hand. Hin und wieder neigt man dazu, die Macht an andere abzugeben, die etwas für uns erledigen sollen. Verfällt in Passivität, indem man Dinge aufschiebt und sie auf eine imaginäre „Mach ich mal"-Liste setzt. Und wenn wir ehrlich zu uns selbst sind, kann jeder aus dem Stegreif mindestens eine Sache aufzählen, die er (aus welchen Gründen auch immer) nicht angegangen ist. Manche der unerfüllten Wünsche und Pläne trägt man nach außen, indem man anderen von seinen Vorhaben berichtet. Dies führt zu Verbindlichkeit und manchmal eher dazu, es dann im Endeffekt auch durchzuziehen. Bei mir sind das beispielsweise Zukunftspläne, wie zu Fuß mit einem Esel von Portugal nach Singapur zu laufen, eine Schafherde auf den Karpaten zu hüten, einen Van zu kaufen oder auf einer Plantage zu arbeiten. Den Mittleren Osten zu bereisen, Spanisch zu lernen oder ein Waisenhaus in Indonesien zu gründen. Und was habe ich davon bislang umgesetzt? Ganz genau. Wir alle kennen das – schieben Vorhaben getrost auf die lange Bank, wo sie stillschweigend ihr Dasein fristen. Wie lange erzähle ich schon davon? So lange, dass ich langsam selbst nicht mehr daran glauben kann. Spätestens dann gilt es, zu handeln. Lange erträumte Vorhaben in die Tat umzusetzen, macht glücklich und befreit.

Bei Karl war dies Borneo. Es war der Traum eines achtjährigen Jungen, der im Fernsehen gebannt eine Dokumentation über den Regenwald anschaute. Und als der Name *Borneo* fiel, fräste sich dieser für immer in sein Gedächtnis. Natürlich kann ein Schulkind diesen Traum nicht für sich selbst verwirklichen. Aber sobald es Karl als erwachsenem Menschen möglich war, ist er das Ganze erstmal nicht angegangen. Man denkt immer, man hat für alles unendlich viel Zeit. Dieses Gefühl ist in der gleichen Weise universal wie unser ebenso wenig gerechtfertigtes Empfinden von Unverwundbarkeit. Wir bewegen uns durchs Leben mit dem Trugschluss, nichts könnte passieren. Schlimme Dinge geschehen tendenziell „den anderen". Auch wenn wir eigentlich wissen, dass das kompletter Nonsens ist. Doch würden wir dieses Superheldengefühl nicht in uns tragen, niemand würde sich in Anbetracht aller möglicher Gefahren aus dem Haus wagen. Angst lähmt. Obwohl wir im Grunde wissen, dass jederzeit alles Mögliche passieren kann, geben wir uns lieber der Verdrängung des Gedankens hin, als ihn permanent präsent zu haben. Nach dem gleichen Prinzip machen wir uns unsere eigene Vergänglichkeit eher selten bewusst und verhalten uns, als hätten wir alle Zeit der Welt gepachtet. Und daraus erwächst die Neigung, Vorhaben aufzuschieben und auf einen Tag X in der Zukunft zu datieren. Darin sind wir alle gleich.

Ein weiteres Universalphänomen liegt in Überzeugungen, die aus Medien, Klischees und Hörensagen erwachsen. Trotz aller Individualität und Verschiedenheit, die unbestreitbar zwischen uns Menschen vorherrschen, lösen gewisse Sachverhalte einen universalen, beinahe deckungsgleichen Konsens an Reaktionen aus, die auf gefährlichem Halbwissen basieren. Beispielsweise wenn jemand mitbekommt, dass ich alleine um die Welt reise. Daraufhin folgt eigentlich immer die Frage, ob ich dabei keine Angst hätte – „so ganz alleine, als Frau ...?“ Spätestens dann, wenn ich von Momenten des Reisens erzähle, in denen ich trampe. Die meisten Europäer sind davon überzeugt, dass die eigene Sicherheit von dem Moment an gefährdet ist, sobald man in Südamerika einfliegt oder einen Fuß in Gebiete außerhalb der Europäischen Union setzt. Obwohl die praktischen Erfahrungen fehlen, hat ziemlich Jeder eine (emotional gefärbte) Vorstellung in seinem Kopf, wie eine Frau allein durch sogenannte Entwicklungsländer reist – sollte diese auch noch so sehr von der Realität entfernt sein. Es verursacht eine Reihe grausamer Bilder vor inneren Augen und holt noch schrecklichere Vorurteile hinterm Ofen hervor. Nachvollziehbare Reaktionen von Menschen, die noch nie in diesen Ländern gewesen oder auf eigene Faust losgezogen sind. Ich will gar nicht behaupten, dass es gänzlich ungefährlich ist, durch die Welt zu reisen. Das wäre ebenso verklärter wie romantisierender Bullshit. Aber ob Alleinreisen *de facto* das Risiko erhöht, dass schlimme Dinge passieren, oder man sich lediglich sicherer *fühlt*, wenn man in Begleitung anderer unterwegs ist, dies aber per se keinen Einfluss auf das Geschehen hat, bleibt eine situationsabhängige wie subjektive Kiste. Zudem wird das ganze Cluster noch von Faktoren beeinflusst wie *self-fulfilling prophecies*[19], persönliche Gemütszustände oder einfach nur Zufälle, denen gegenüber man machtlos ausgeliefert ist. Es wäre eine glatte Lüge, würde ich behaupten, mich *permanent* sicher zu fühlen, wenn ich unterwegs bin. Durchaus gab es Situationen, die mir ein mulmiges Gefühl in der Magengegend verursachten. Und ich kann auch nicht abstreiten, dass man sich im Beisein anderer automatisch sicherer fühlt – mit evolutionstheoretischer Logik legt man sich nicht an. Aber was ich unabhängig davon definitiv behaupten kann: Im Großen und Ganzen bin ich während des Reisens (ob allein oder mit anderen Menschen) von dem allgemeinen Unverwundbarkeitsgefühl getragen, das jedem von uns innewohnt. Hätten wir dieses Gefühl nicht, würden wir jeden Tag um unser Leben fürchten, weil man ja an der nächsten Ecke vergewaltigt, von einem Auto erfasst oder Opfer eines Schlaganfalls werden könnte. Wenn ich durch ein Land reise, habe ich selten Angst oder fühle mich in meiner Sicherheit gefährdet, und sowas wie Reisesicherheitswarnungen des Auswärtigen Amts oder besorgte Ratschläge von Mitmenschen bringen mich nicht davon ab, bestimmte Orte zu bereisen. Tony Wheeler[20] reiste für längere Zeit durch sogenannte „Bad Lands“ und hielt seine Eindrücke im gleichnami-

---

19 Sich selbst erfüllende Prophezeiungen. Man erzählt sich etwas so lange selbst, bis man es dann glaubt und dieser Glaubenssatz in der Folge unser Handeln beeinflusst, sodass das Eintreten des Geglaubten dadurch begünstigt wird. Habe ich z. B. übertriebene Prüfungsangst aus der verzerrten Annahme, garantiert zu scheitern, kann diese Angst zu einem erhöhten Stresslevel und in der Konsequenz zu einer schlechteren Leistung in der Prüfung führen.

20 Gründer der meistverlegtesten Reiseführer-Reihe *Lonely Planet*

gen Buch fest. Seine Erfahrungen konfrontieren uns mit den Fragen, weshalb wir von manchen Ländern ein negativ gefärbtes Bild im Kopf haben, wie dieses zustande kommt und ob und inwieweit es überhaupt gerechtfertigt ist. Ich persönlich fühle mich in schummrigen Gassen von Hanoi, nachts in der Bambushütte einer einsamen Insel, in der Konfrontation mit aggressiven Straßenhunden oder, wenn ich mich im Regenwald verlaufe, selbstredend besser, wenn ich dabei in Gesellschaft anderer bin. Glücklicherweise kann ich behaupten, dass mir noch nie ernsthaft etwas zugestoßen ist – egal ob ich allein oder mit anderen zugegen war. Und bisher ereignete sich die einzige wirklich bedrohliche Situation beim Backpacken, als ich *nicht* alleine war.

Als Karl in seinen Flieger nach München stieg, dachte ich am Flughafen Kota Kinabalu über unser großes Glück nach, nicht gekidnappt worden zu sein. Oftmals erscheinen Dinge im anderen Licht, wenn ein Kontrast dazukommt. Karl und ich haben an der bornesischen Ostküste mit einem Fuß in einer Entführung gesteckt. Vielleicht wären wir sogar nicht mit unseren Leben davongekommen, wenn Lokman und Bayu nicht aufgetaucht wären. Mitarbeiter einer Tauchstation, die uns im Boot zur Hilfe eilten und somit die bornesische Version des Prinzen auf dem Schimmel verkörperten. Die Lebensenergie, den Kick, den wir erlebten, als wir mit dem Schrecken davonkamen, hatte Suchtfaktor. Wir fühlten uns mit einer neuen Chance ausgestattet wie beim Einsammeln des *1-Up*-Pilzes bei *Super Mario,* als wir mit zehn Jahren vor der Nintendo-Konsole hockten. Manche Extreme erscheinen intensiver, wenn sie mit ihrem Gegenpol in Berührung kommen. Und so verhielt es sich auch hier: Wir sind einem zukünftigen Schicksal als Geiseln (das in unschöne Zustände wie Sexsklaverei, Menschenhandel, Folter oder Tod gipfeln kann) entkommen, waren am Leben und fühlten uns nun freier denn je. Nichts daraus zu machen, wäre reinste Verschwendung. Also setzte ich mich hin und schrieb alle unerfüllten Vorhaben, die mir in den Sinn kamen, auf kleine Zettel, die ich anschließend zusammenfaltete. Am Ende zog ich wahllos einen davon und gab mir das Versprechen, die darauf stehenden Worte so bald wie möglich zu verwirklichen – komme, was wolle. Auf dem Zettel stand „Seekühe in der Natur sehen“. Zuvor hatte dies weder in Kuba noch in Thailand geklappt. Doch mittlerweile wusste ich, vor welchen indonesischen Inseln man die Meeressäuger mit etwas Glück antreffen konnte. Ich lächelte breit, während ich zum Schalter ging und mir ein Flugticket in den Norden Sulawesis buchte. Von dort aus konnte ich ein Boot auf die Bunaken-Inselgruppe nehmen, die für ihre Seekuhpopulation bekannt ist. Und wo ein Haufen Zufälle nur darauf wartete, neue Momente zu ergeben und auf diese Weise meinen Weg zu pflastern.

No Sleep in Siem Reap. Das Panama-Reverse-Syndrom

(Kambodscha)

„Du weißt ja, was über dem Orakel von Delphi steht", sagte sie (...).
„Nein", sagte ich, ohne zu überlegen.
„Erkenne dich selbst", sagte sie. (…)
„Und es gibt noch einen zweiten Teil, den wissen die wenigsten."
Sie wandte sich zum Gehen. „Er lautet: Aber nicht zu viel."
(Friedemann Karig)

In Südostasien kannst du ein Leben führen, das die Fantasie eines jeden übersteigt, der noch keine Backpacking-Reise gemacht hat. Diese Aussage umfasst sowohl die Tagesgestaltung als auch ein imaginäres Bild dessen, wie es an den jeweiligen Orten aussieht. Was zusätzlich außerhalb jeglicher Vorstellungskraft liegt, sind die verschiedenen Menschen, mit denen man genauso rasch wie unkompliziert in Kontakt kommt. Du bist vorher nicht in der Lage, dir gedanklich auszumalen, welchen Personen du unterwegs begegnen wirst. Charaktere, die in vielen Dingen wie du selbst ticken, weil sie ihr jeweiliges Heimatland vor langer Zeit verlassen haben, um ebenfalls den Traum des Backpackens ohne zeitliches Limit zu leben. Verwirrte und dabei in gewisser Weise gefestigte Gestalten, die dir ebenso frei und unabhängig, fröhlich und erlebnissüchtig wie manchmal perspektivlos, nachdenklich und verrückt gegenübertreten. In einer unvergleichbaren Form des Kontakts, die gekennzeichnet ist von Freiheit, Lebensdurst und radikaler Auslebung eigener Sehnsüchte und Träume. Der gemeinsame Konsens der

Fernsucht rafft alle Reisenden auf dem Banana-Pancake-Trail in einem riesigen interkulturellen Sammelsurium zusammen. Ein Potpourri gestrandeter Persönlichkeiten, die (abgesehen vom kollektiven Fernweh) unterschiedlicher nicht sein könnten und die Teile ihrer Vergangenheit am Grenzbereich des Flughafens abgaben, um sich nun quasi neu erfinden zu können. Denn wer sie zu Hause einst gewesen sind und wie ihr Leben aussah, durch was sie sich definierten und definiert wurden und welche Enttäuschungen sie erlebt haben – das alles erfährt man nur, wenn sie bereit sind, etwas davon preiszugeben. Ansonsten zählt nur das Hier und Jetzt, die Zeit und der Moment, in dem man aufeinandertrifft.

Diese Begegnungen können ebenso flüchtig und schnell vergänglich wie intensiv und für immer ins Gedächtnis gebrannt sein. Manche von ihnen wirst du niemals vergessen. Wie Erinnerungen aus der Kindheit sind sie auf ewig in deinen Kopf gemeißelt, denn sie wecken in dir den Rückblick an ein Leben, das zu Hause keiner für möglich halten würde und das Potential eines gelebten Traums aufweist. Der Stellenwert der anderen Reisenden erfährt noch eine Steigerung, indem sie den lebenden Beweis darstellen, dass gewisse Dinge, die unterwegs passieren und noch so unglaublich scheinen, tatsächlich geschehen sind. Travelbuddys als fleischgewordene Polaroids, wenn man sich Jahre später Nachrichten schreibt wie: „Erinnerst du dich noch an den geilen Dschungeltrip in Bolivien?“ oder „Die Partynacht in Hanoi war echt derbe!“

Aber Travel Mates erfüllen noch eine ganz andere Funktion: Durch den Kontakt mit anderen Reisenden erfährst du quasi nebenbei, wer du eigentlich bist – ohne Freunde, Familie oder sonstigen Personen im Rücken, die dich seit vielen Jahren kennen. Du machst die Erfahrung, was von dir übrigbleibt, wenn man die harten Fakten Beruf, Wohnsituation, Beziehungsstatus, Verwandtschaftsverhältnisse oder Bildungsweg außer Acht lässt. Weil es am anderen Ende der Welt nicht interessiert. Denn worauf es in den Begegnungen mit anderen Menschen beim Reisen ankommt, ist dein innerer Kern. Das rohe Abbild deines Ichs. Wie es in Gesprächen auf Äußerungen reagiert, Kontakt mit anderen gestaltet und sich spontan in Situationen verhält, die niemand vorhersehen kann. Du selbst gibst ausschließlich das preis, was du andere von dir wissen lassen möchtest. Somit kannst du sein, wer du willst, und das jeden Tag aufs Neue. Nach einer Weile backpacken fragst du dich, was deinem eigentlichen Ich tatsächlich entspricht: die Person, die du zu Hause gewesen bist, oder die, die sich dir unterwegs offenbart. Dabei kannst du wählen, welche der beiden Versionen du den anderen präsentierst. Und am Ende steht die große Freiheit, zu entscheiden, wer davon du eigentlich sein möchtest.

Wärst du manchen Menschen auf deiner Reise nicht begegnet, hätte alles einen anderen Verlauf genommen, von dem keiner später sagen kann, ob es besser oder schlechter gewesen wäre – aber das ist im Endeffekt auch nicht wichtig. In der Erinnerung an einen bestimmten Ort oder an ein Land sind es die anderen Traveler, die dich und deine Zeit dort wesentlich prägen und durch die Erlebnisse zustande kommen, die sich sonst in dieser Form nicht ereignet hätten. Spyros ist für mich so ein Mensch. Er hat Kambodscha größtenteils zu dem gemacht, was es jetzt in meiner Erinnerung ist. Aber das konnte ich zu dem Zeitpunkt, als ich in der Maschine nach Sihanoukville im Süden Kambodschas saß, noch nicht wissen. Während des Flugs ereignete sich herzlich wenig in meinem Hirn, was den Unmengen an Bier zu verdanken war, das ich mir vor Abflug mit einem Peruaner auf Balis Partymeile einverleibte.

In der Hoffnung, Nahrungsaufnahme würde den Prozess der Ausnüchterung beschleunigen, verschlang ich das vor mir auf dem ausklappbaren Tischchen drapierte Flugzeugessen, das eher einer Theaterrequisite statt einem vollwertigen Mahl glich. Die Arme der Passagiere, die zum Zerkleinern des Essens aufgrund des begrenzten Platzes eng angewinkelt an den Körper gezogen wurden, ließ Assoziationen zu Tyrannosauriern aufblitzen. Als ich in selbiger Körperhaltung das Stück Hühnchen zerschnitt, das vor mir in der Aluschale lag, fragte ich mich, wieso es auf Langstreckenflügen immer irgendwas mit Hühnchen gibt. Geflügelgerichte auf dem Speiseplan der Airline sind eine fast so todsichere Kiste wie das Angebot an Tomatensaft im Getränkesortiment. Während ich das trockene Brötchen 12 000 Meter über dem Meeresspiegel runterwürgte, fragte ich mich, was das mit den stets nach nichts schmeckenden Backwaren beim Fliegen eigentlich sollte und ob es tatsächlich Leute auf diesem Planeten gibt, die diese Imitation einer Semmel gerne essen, geschweige denn sich bereits vor Abflug darauf freuen. Ich blickte durch das kleine Fenster auf eine idyllische Wolkenwelt und gab mir selbst das Versprechen, es in Kambodscha etwas ruhiger angehen zu lassen, da mir die vorangegangenen drei Monate Bali noch ziemlich in den Knochen hingen. Aber da hatte ich meine Rechnung noch ohne Spyros gemacht, der sich in Laos gerade eine ordentliche Portion MDMA in seiner Bambushütte gönnte, während ich einige Flugstunden entfernt in einen oberflächlichen Schlaf driftete.

Es gibt wenige Orte, an denen man sich schon innerhalb der ersten Minuten gänzlich unwillkommen fühlt. Kambodschas

Grenzbereich am Flughafen zählt definitiv dazu. Wesentlich dafür verantwortlich waren die Beamten am Visumschalter, die allesamt aussahen, als verspürten sie übelste Bauchschmerzen, hätten durch jahrelange Knasterfahrung jegliche Lebenslust sowie das Vertrauen in die Menschheit gänzlich verloren oder einen miesen Tag, da sich die Ehefrau nun schon seit Monaten sexuell enthielt. Für den Gesichtsausdruck des Beamten, der gerade meinen Antrag entgegennahm, schien eine Kumulation sämtlicher widriger Umstände verantwortlich zu sein. Hinter der dicken Glasscheibe knurrte er „No Visa for you!“, ohne jegliche Erklärungen folgen zu lassen. Stattdessen widmete er sich grimmig dem Formular meines Hintermanns, der schon die ganze Zeit nervös von einem Fuß auf den anderen trat, als würde er sich im nächsten Moment in die Hose pinkeln.

Aufgrund des einsetzenden Katers hatte ich eigentlich gerade herzlich wenig Lust, mit dem Grenzbeamten die Sorte von Diskussion zu führen, bei der man stets höflich bleiben muss, weil man auf das Wohlwollen des Gegenübers angewiesen ist. Mangelnde Freundlichkeit könnte blitzschnell dazu führen, dass sich das offensichtliche Machtgefälle gegen deine Gunsten wendet, was in jedem Fall Nachteile mit sich bringen würde. Und in meinem: Verweigerung der Einreise nach Kambodscha. Also versuchte ich, alle Energie in ein Lächeln zu investieren, das suggerieren sollte, zum netten, unschuldigen Teil der Gesellschaft zu gehören, den man gerne in sein Land einreisen lässt, und legte mir parallel dazu gedanklich Formulierungen zurecht, die den freundlichen Eindruck untermauern sollen. Steht man kurz vor einem argumentativen Battle mit einem kambodschanischen Grenzbeamten, kommt man allerdings ziemlich schnell zu dem Schluss, dass mit höflichen Liebenswürdigkeiten leider wenig auszurichten ist. Vor allem, wenn alle Fragen gänzlich ignoriert und jegliche Konversationsversuche durch konsequente Nichtbeachtung bereits im Vorfeld ausgemerzt werden. Ich starrte auf das Blatt Papier zwischen meinen schweißnassen Händen und suchte krampfhaft nach dem Grund der Ablehnung meines Visumantrags.

„Did you miss to book your return flight? I didn't know that either when I came to Cambo for the first time." Auch wenn ich es eigentlich nicht ausstehen kann, wenn jemand Abkürzungen in seine Sätze einbaut, überkam mich eine Welle der Dankbarkeit für den Kommentar, denn somit war das Rätsel der Einreisebeschränkung gelöst. Mit einem starken Akzent, den ich grob irgendwo nach Osteuropa verortete, fuhr er fort: „My name is Mikael." Dabei umfasste er kräftig meine Hand mit seiner feuchten Klaue, ohne dass ich ihn zum Handshake aufgefordert hatte, und fügte „I'll wait for you outside" hinzu, obwohl ich nach keiner Begleitung gefragt hatte. Momentan war ich definitiv nicht in der Stimmung, neue Leute kennenzulernen. Eigentlich ging ich davon aus, man würde mir das auch ansehen. Überhaupt: Ich bin Deutsche. Wenn man sich auf eine Sache im Leben verlassen kann, dann doch wohl darauf, dass deutsche Visagen dazu tendieren, von Grund auf angepisst auszusehen und somit selten zu spontaner Kontaktaufnahme einladen. Natürlich lässt sich diese Aussage nicht pauschalisieren und ich kenne einige Landsleute, die schon vor dem ersten Kaffee wie vom Glück geküsst strahlen und dies auch mittels ihrer Mimik in die Welt posaunen (mitunter ohne es aktiv zu beabsichtigen). Zu diesem Schlag Menschen gehöre ich allerdings nicht. Auch wache ich nicht auf und habe sofort Lust, dass andere Reisende, mit denen ich mir den Schlafsaal teile, die zerknautschte Version meiner Selbst sehen, da ich ebenfalls nicht zu dem Personenkreis zähle, der nach dem Aufwachen aussieht wie einem Werbefilm entsprungen, aber das ist ein anderes Thema. Auch geht mein Gesichtsausdruck im Grundzustand bezüglich Offenheit und Lebensfreude im Allgemeinen (und an diesem Tag stark beeinflusst durch die Komponenten Alter, Schlafmangel und konsumierte Menge an Alkohol im Speziellen) so ziemlich gegen Null. Darauf bin ich ebenso wenig stolz wie erfolgreich darin, diesem Umstand durch Feuchtigkeitspflege (die ich viel zu selten auftrage), Gesichtsmuskel-Yoga (das ich nicht praktiziere) oder positive Mantras, die beim morgendlichen Blick in den Spiegel das eigene Antlitz aufhellen sollen (und von denen ich keinen Gebrauch mache), entgegenzuwirken. Wenigstens hält einem die grundangepisste Fresse im Normalfall Begegnungen vom Leib, was nicht unbedingt in jeder Situation Nachteile mit sich bringt. Manchmal will man einfach seine Ruhe haben, weil man mit sich selbst oder anderem Kram beschäftigt ist, und dafür ist die „Komm mir nicht zu nahe"-Botschaft deutscher Gesichter Gold wert. Also was war hier gerade verdammt nochmal los, dass dieser Typ mit seiner naiven Aufdringlichkeit weder vor dem bissigen Grenzbeamten noch vor mir Halt machte?

Allein reisen kann dich nach einer Weile sozial aushungern, sodass du dich nach Kontakt mit anderen Reisenden sehnst. Doch ebenso lernst du, deine Privatsphäre zu vermissen, wenn sie dir durch das Leben im Hostel eine zu lange Zeit genommen wird. Dann willst du einfach nur deine Ruhe. In diesem Stadium befand ich mich aktuell, weshalb ich null Ambitionen hegte, neue Leute kennenzulernen. Zeitgleich schämte sich ein Teil von mir dafür, diese verminderte Begeisterung für Sozialkontakt zu verspüren, anstatt Freude darüber zu empfinden, wie einfach und ungezwungen andere Menschen während des Reisens auf einen zukommen. Begleitet wurde dieses ungute Gefühl sozialen Versagens durch eine gewisse Angst, diese Unlust könnte länger anhalten. Was grob gesagt bedeutete, dass die nächste Zeit zur Hölle werden würde, wenn man sich Schlafsäle und jegliche Bereiche des Hostels mit Minimum ein Dutzend Backpackern teilt – von gemeinschaftlich genutzten Sanitäranlagen ganz zu Schweigen. Wenn einem die Sonne aus dem Arsch scheint und alles knusper ist, kann man tolerieren, beim Kacken dem Stimmengewirr fremder Menschen zu lauschen, sieht lässig über zu viele Haare im Ausguss hinweg und steppt lockerleicht mit Flip-Flops in die Duschkabine, weil Fußpilz dank freudigem Gemüt zwar kein Problem darstellt, man sich aber des Risikos trotzdem bewusst ist. Ganz anders sieht das aus, wenn man gerade gar keine Lust auf andere Lebewesen hat. Die Gemeinschaftsräume als beliebter Aufenthaltsort der Unterkünfte, wo sich jegliches Geschehen abspielt, werden zur unaushaltbaren Arena des sozialen Aufeinandertreffens. Da muss man Bock auf andere haben, und zwar massiv, damit die Zeit nicht zu einer mehr als unangenehmen Chose wird.

Aber um sich tiefer in Gedanken dieser Art zu verlieren, war gerade weder die passende Zeit noch der geeignete Ort, denn jetzt musste ich es erstmal hinbekommen, einreisen zu dürfen. Also loggte ich mich ins WLAN des Flughafens ein, buchte online für 30 Euro einen Flug nach Laos, den ich höchstwahrscheinlich niemals antreten würde, ergänzte die fehlenden Daten auf dem Visumsantrag und reichte ihn erneut dem Grenzbeamten, der aussah, als stünde ihm die baldige Kastration bevor. Wären die kambodschanischen Beamten mindestens halb so korrupt wie die indonesischen, könnte ich bei einer erneuten Ablehnung auf Bestechung setzen. Während ich mich fragte, ob der ganze Eiertanz um das Visum von vornherein nur auf einen gewissen Geldbetrag abzielte und warum wir dann hier beide unnötig unsere Zeit verschwendeten, sauste der Stempel auf mein Dokument – und fertig war die Laube. Als ich meinen Rucksack vom ruckeligen Gepäckband schnappte, zierte mein Gesicht ein Lächeln, aus dem Erleichterung und Vorfreude selbst für einen Analphabeten abzulesen waren und meiner deutschen Identität den Garaus machte.

Die Welt außerhalb des Flughafengebäudes formulierte in Form gnadenloser Hitze eine stumme Kampfansage, die mein eigentliches Vorhaben, eine Zigarette zu rauchen, im Keim erstickte, und ich steckte das Päckchen Marlboro zurück in die Hosentasche. Rauchen und hohe Temperaturen passen in meiner Welt einfach nicht zusammen. Ich habe es noch nie genossen, bei 36 Grad im Schatten zu rauchen, und kann absolut nicht verstehen, dass es Menschen gibt, die einer Zigarette was abgewinnen können, wenn sich die Außentemperatur der Sahara annähert. Nur wenn der Suchtdruck unaushaltbar oder die Situation nervlich strapaziös ist, rauche ich unter der siedenden Sonne. Oder wenn ich betrunken bin. Ansonsten macht Hitze mich zum Vorzeige-Nichtraucher.

Alsbald vernahmen meine Ohren ein gellendes „Hey!", noch bevor ich vergessen konnte, dass Mikael auf mich wartete. Da man sich Menschen wie Mikael nicht so leicht entledigen kann wie der ungewollten Kippe, folgten aus der gleichen Richtung die zehn Oktaven zu schrill geschrienen Worte „Come, here is a Bemo!". Bei Bemos handelt es sich um eine Art Minibus, die oftmals an mehreren Stellen notdürftig mit zweckentfremdeten Blechteilen und Metallplatten verschweißt sind. Eigentlich sehen die meisten Bemos aus, als würden sie innerhalb der nächsten Meter auseinanderfallen, was sie aber mysteriöserweise nicht tun. Kombiniert man die Beschaffenheit kambodschanischer Schotterpisten mit dem Fahrstil der Bemofahrer sowie dem Zustand des Gefährts, muss hier eine höhere Macht mit im Spiel sein, die die tausend Teile des Bemos zusammenhält. Oder Kambodschaner sind einfach Spitzenreiter in Sachen Schweißkunst.

Aus Mangel an Alternativen quetschte ich mich mit Mikael auf die zwei letzten verbliebenen Sitze und hoffte inständig, noch etwas schlafen zu können, bis wir Sihanoukville erreichten – aber da hatte ich noch keinerlei Vorstellung von Mikaels grenzenlosem Redebedürfnis gehabt. An einem Dialog war er wenig interessiert. Ihm genügte es offensichtlich, sich selbst reden zu hören, und das ungeachtet dessen, ob jemand zuhörte oder nicht. Dies kam immerhin meiner Lethargie zugute, die mich brutal wortkarg machte, und berechtigte mich dazu, teilnahmslos aus dem Fenster zu starren, da von mir als Gesprächspartner rein gar nichts erwartet wurde. Den *Monolog begünstigendes Gesprächs-Ghosting* würde die passende Beschreibung meines Verhaltens im Brockhaus lauten. Ein bisschen erinnerte mich Mikaels einseitiges Plauderbedürfnis an meinen Wellensittich aus Kindertagen. Innerhalb dieser Analogie sah ich mich in der Rolle des Vogelbuddys aus Plastik, der der Gesprächsbulimie wehrlos ausgeliefert war. Der Bemofahrer konnte Mikaels Redeschwall wohl ebenfalls wenig abgewinnen, denn er drehte die Musikanlage des mindestens 30 Jahren alten Gefährts bis zum Anschlag auf. So fuhren wir im Affentempo über die schlaglöcherlastigen Straßen und wurden dabei mit 60 Dezibel zu lauter kambodschanischer Popmusik beschallt, die für westliche Ohren genauso unmelodisch wie arhythmisch tönt. Man kann sich den Klang in etwa so vorstellen, als hätte jemand einer Horde Kinder ein Sammelsurium verschiedener, keinesfalls aufeinander abgestimmten Instrumenten zur Verfügung gestellt, die sie nach Herzenslust bespielen durften. Zur disharmonischen Abrundung wird das Ganze mit einer Art elektronischer Musik unterlegt, die an eine Mischung zwischen K-Pop und Songs der Band *Scooter* erinnert. Zusätzlich klingt das Gesamtensemble, als würde man beim Abspielen die Fast-Forward-Taste eines Kassettenrekorders gedrückt halten. Im Endergebnis widersprüchlich und süßschrill wie in Chili getränkte rosa Zuckerwatte. Diese akustisch unaushaltbare Kombination schranziger Elektrobeats mit grellklirrenden Glockentönen ließ jeglichen Gedankengang zur Unmöglichkeit werden und die Lautstärke tat ihr Übriges, dies auch für Unterhaltungen geltend zu machen. Das musste schließlich auch Mikael einsehen und nach einigen Minuten krakeelten Monologs kapitulierte sein Rededrang schließlich. Er sank in seinem Sitz zusammen und verstummte, was mich in den wohl ersten westlichen Menschen verwandelte, der kambodschanischem Pop etwas Positives abgewinnen konnte. Während sich das Bemo mit extrem lautem Bass über die staubigen Schotterpisten kämpfte und dabei auf wundersame Weise nicht auseinanderfiel, sauste die nächsten Stunden die Landschaft an uns vorbei.

Kambodscha ist eines dieser Länder, das so gut wie jedem ein Begriff ist – doch meist reicht es über die rudimentäre Wortkenntnis kaum hinaus. Was sich hinter „Kambodscha" verbirgt, bleibt oftmals ein geheimnisvoller kognitiver Leerraum. Die wenigsten haben eine Vorstellung davon, wie die Menschen hier leben, wie die Landschaft aussieht, welche Kulte und religiösen Gepflogenheiten vorherrschen oder welches Essen man zu sich nimmt. Wie viele Länder Südostasiens erscheint Kambodscha zunächst wie ein riesiges, unorganisiertes Chaos. In den größeren Städten pulsiert der Verkehr unter tosendem Gehupe unordentlich vor sich hin, wobei man sich permanent wundert, warum hier bei aller Unsortiertheit nicht im Drei-Minuten-Takt Unfälle passieren. Die Straßen vermitteln häufig den Eindruck, als wären sie unbefahrbar – bis ein nicht näher definierbares, aus unzähligen verschweißten Teilen zusammengehaltenes Gefährt lautstark an einem vorbeibraust und Skeptiker eines Besseren belehrt. In das Verkehrsgetümmel mischen sich haufenweise dürre Straßenhunde, die den Abfall nach essbaren Resten durchforsten. An Müll mangelt es hier nirgends, denn Kambodscha rangiert auf einem der obersten Plätze im weltweiten Wettbewerb, wenn es um Abfallprobleme geht. Bergeweise türmt sich der Müll neben manchen Straßen auf und versprüht dabei einen bestialischen Gestank. Dazwischen Kinder, die barfuß durch Matsch, zerbrochene Keramikfliesen und allerlei Unrat laufen. Mit der speziellen Art von Unbeschwertheit, die nur Kindern vorbehalten ist, spielen sie ausgelassen und quietschvergnügt mit diversem Plastikabfall, den sie als Spielzeuge umfunktioniert haben. Am Straßenrand sitzen Frauen, die Früchte und Gemüse verkaufen, unter dessen Gewicht sich die dünnen Metalltische biegen. Andere Locals bieten in kleinen, zu Garküchen umfunktionierten Gefährten köstliche Speisen an. Deftige Gerichte in gebratener, frittierter und gekochter Form oder Suppen, an deren würzigen Geschmack so schnell nichts herankommt. Kleine Plastikhocker und Tische aus gestapelten Kisten bieten Platz für Gäste und verwandeln die Straßenküchenszenerie in ein provisorisches Restaurant auf Zeit. Ab und zu fährt man an einem Markt vorbei, an dem es neben verschiedenen Nahrungsmitteln Stoffe, Gewürze, Kleidung, Haushaltswaren und Tiere zu erwerben gibt. Persische Schlafbäume zaubern mit ihren Blüten rote, gelbe und rosafarbene Tupfer in den Himmel. Beeindruckend dicke Wurzeln der Banyanbäume schlängeln sich wild und ungebändigt um die Stämme anderer Baumriesen, bedecken Teile des Bodens der weitläufigen Landschaft und erinnern einen daran, dass der Dschungel nicht weit entfernt ist. Am Straßenrand verlaufen zig Elektrokabel in einem gebündelten Chaos von Mast zu Mast, wobei sich die Frage stellt, wer bei der ganzen Unordnung noch durchblickt, wenn es eines davon auszutauschen gilt. Wahrscheinlich ist es unkomplizierter, dem riesigen Knoten einfach ein neues Kabel hinzuzufügen, anstatt zu eruieren, welches kaputt ist – womit das Zustandekommen der Masse an Kabeln geklärt wäre. Hier und da hängen durchtrennte Stromleitungen wie Lianen herunter, wodurch sich scheinbar kein Bewohner in seiner Sicherheit gefährdet fühlt. Selbst dann nicht, wenn sich der Himmel in Sturzbächen ergießt, was sich in der Regenzeit mehrmals am Tag ereignen kann. Der sintflutartige Regen verwandelt den rotbraunen Staub, der sich über ganze Landschaftsstreifen und Städte gelegt hat, sekundenschnell in ein riesiges Schlammbad. In diesem Zustand präsentierte sich Sihanoukville, als wir uns mit klirrenden Trommelfellen aufgrund akustischer Maximalbeschallung mit kambodschanischem Pop aus dem Bemo schälten: als vollkommen vermatschte, pfützendurchzogene Stadt am Meer. Die Stadt befindet sich im südlichsten Teil von Kambodscha und gilt als Strandparadies, das einst Hippies für sich entdeckt hatten. Ein paar von ihnen sollen hier noch immer nicht weggekommen sein: vom Otres Beach, der für seine Hängenbleibatmosphäre bekannt ist. Von dort aus lassen sich per Boot einige Inseln bereisen, die neben dem Strand der Hauptgrund sind, warum sich Reisende überhaupt in den Süden Kambodschas begeben.

Wenn dir mehrere Leute bestätigen, dass ein Strand und seine vorgelagerten Inseln atemberaubend schön sind, reist du mit einer gewissen Vorstellung dorthin. Eine positiv geartete Erwartung. Je höher diese ist, desto grösser auch die Gefahr, enttäuscht zu werden. Da ich mir dessen bewusst war, versuchte ich, Sihanoukville so unvoreingenommen wie möglich zu begegnen. Aber ob gesteigerte Erwartungshaltung oder unbeschriebe-

nes Blatt: letzten Endes kristallisierte sich heraus, dass man dem Ort selbst wenig abgewinnen konnte. Otres Beach mag vielleicht früher mal ein entspannter Hippiestrand gewesen sein, aber nun hatten Chinesen diese Destination für sich entdeckt, was unweigerlich dazu führte, dass dort ein chinesisches Riesenhotel nach dem anderen hochgezogen wurde. Die Hostels direkt am Meer schienen insgesamt ziemlich heruntergekommen und wenig attraktiv. Hier konnte man zwar für zwei Euro die Nacht in einer Hängematte schlafen, allerdings war ich wenig in der Stimmung, mir einen zugemüllten Strand zu geben, an dem abgewetzte Backpacker-Unterkünfte und in zweiter Reihe dicht an dicht gebaute Hotelbunker die sicherlich einst zauberhafte Gegend verschandelten. Mikael, der seit Verlassen des Bemos in reger Monologmanier neben mir hergetrottet war, war bester Dinge und schien sich nicht an der Tatsache zu stören, dass Otres Beach mehr und mehr im Begriff war, zur Backpacker-Hochburg umfunktioniert zu werden – und offensichtlich auch zum Hotspot chinesischer Reisegruppen.
Es nimmt leider immer denselben Verlauf: Einige Reisende stoßen zufällig auf einen unberührten Strand oder eine ursprüngliche Insel und sind stolz, dieses Juwel entdeckt zu haben. Sobald sie in der nächstgrößeren Stadt wieder auf andere Backpacker treffen, hüten sie dieses Geheimnis nicht, sondern erzählen stattdessen jedem von dem magischen Ort. Dies liegt im Wesentlichen darin begründet, dass man im Traveler-Ranking durch bestimmte Faktoren ein höheres Ansehen genießt. Hierzu zählt beispielsweise, wie lange man schon unterwegs ist, wie viele verschiedene Länder man bisher bereist hat, mit welchen Stories man aufwarten kann oder wie weit man sich abseits ausgetretener Backpackerpfade bewegte. Dementsprechend katapultiert einen die Entdeckung eines versteckten Ortes sofort in

die unerreichbare Königsklasse. Weswegen man munter davon erzählt – im Langstreckenbus, beim Beer Pong, beim Frühstück im Speisesaal, auf der Full Moon Party, beim Sonnengruß im Yogatempel. Und da Backpacker in der Regel gerne von eigenen Reisen oder Erlebnissen anderer berichten, macht die Info ratzfatz die Runde, die keine geringere Distanz umfasst als einmal um die Welt. In der Folge zieht es immer mehr Reisende zu diesem Fleckchen Erde, das zuvor noch ursprünglich und unschuldig vor einem lag. Dass nun immer mehr Menschen aller möglichen Nationalitäten zu diesem Ort pilgern, bekommen die Einheimischen natürlich mit. Nach gewisser Zeit finden sie heraus, was das Herz der Backpacker-Community höherschlagen lässt. Also werden nach und nach Bungalows, Bambushütten und Hostels gebaut, damit die Reisenden nicht mehr in mitgebrachten Hängematten oder Zelten nächtigen müssen. Kleine Restaurants eröffnen, um die Nahrungsaufnahme zu sichern. Und weil die meisten Backpacker Alkohol gegenüber nicht abgeneigt sind, werden noch einige Bars hingezimmert, die stets gut besucht sind, denn diese Perle von einem Paradies muss kollektiv befeiert werden. Nach und nach gesellen sich Minimärkte dazu, denn die Rucksackreisenden haben Bedarf nach Dingen wie Deo, Zigaretten, Mückenschutz, Snacks oder Kondomen. Der erste *7-Eleven* macht auf und spätestens mit der Eröffnung eines *Starbucks* ist der einst unberührte Strand nun offiziell zur Touristenhölle verkommen, den man ab jetzt in jeder Auflage des *Lonely Planet* findet. Dadurch kommt es zur Umkehrung dessen, was der Buchtitel im Kern verspricht: der einst einsame Platz auf dem Planeten mutiert zum stark frequentierten Touristenmagnet. Und schließlich stellt sich die Frage, inwieweit man hier noch einzigartige Erfahrungen machen kann, anstatt in stets wiederholenden Szenarien in einem Kollektiv mit austauschba-

ren Statisten rumzusuppen.
Otres Beach befand sich zwar noch nicht im *7-Eleven*-Stadium, aber bis dorthin schien es nicht mehr weit hin. Ich ließ mich deprimiert in den Sand fallen, vollkommen im Klaren darüber, ebenfalls ein Teil der Backpacking-Maschinerie zu sein, der zu dieser Vertouristisierung beitrug. Neben der Traurigkeit überkam mich eine gewaltige Wut. Warum muss der Mensch stets alles zerstören? Jeder, der beispielsweise bereits auf der Insel Koh Phi Phi in Thailand gewesen ist, weiß, wovon ich rede. Koh Phi Phi war mal eine der prachtvollsten Inseln in der Andamanensee – und das will was heißen, denn dort gibt es immens viele Inseln, die einem den Atem rauben. Im Jahr 2000 drehte dort ein Filmteam *The Beach* mit Leonardo Di Caprio, womit ein riesiger Hype losgetreten wurde, der in der Folge dazu führte, dass von der ursprünglichen Insel heutzutage nicht mehr viel übrig ist. Stattdessen wurde der Großteil in ein Travelergetto umfunktioniert. Koh Phi Phi ist wahrhaftig ein Paradebeispiel für die Dämlichkeit der Menschen: Sie finden einen der fantastischsten Orte und was tun sie? Ihn so zubauen, bis von seiner einstigen Schönheit nichts mehr übrig ist. So, wie nach und nach die ganze restliche Welt. Mikael schien das alles weder zu bemerken noch mit Traurigkeit zu erfüllen, denn er plapperte ohne Unterlass fröhlich vor sich hin. Ich weiß nicht, ob es an meiner Deprimiertheit angesichts dessen lag, wie die meisten Leute mit der Erde umgehen. Oder daran, dass ich durch den ausgewachsenen Kater, der sich langsam breitmachte, nervlich ziemlich dünnhäutig ausgestattet und viel zu emotional war. Oder an meiner momentanen Unlust auf andere. Vielleicht war es eine Mischung der drei Komponenten, zu der sich noch ein vierter Faktor gesellte: dass man sich während des Reisens in manchen Situationen anders verhält, als man es zu Hause tun würde. Man

ist weit weg von daheim, daher höchst anonym und fühlt sich in einer Art und Weise frei, wie man es nie zuvor empfunden hat. Keinem fällt es auf, wenn du dich nicht so benimmst, wie man es von dir gewohnt ist – aus dem einfachen Grund, weil dich hier eben keiner richtig kennt. Im Kontakt mit anderen Reisenden wirkt die Tatsache, dass man jederzeit seine Sachen packen und weiterreisen kann, zusätzlich befreiend, weshalb man oftmals unbefangener reagiert – und so jeder Chance, dass einen andere kennenlernen, den Wind aus den Segeln nimmt, bevor diese überhaupt gehisst wurden. Was es auch war, das mich die definitiv zu laut gesprochenen Worte „Kannst du nicht einfach mal für drei Minuten deine Klappe halten?!" an Mikael richten ließ, um seinen Redefluss endlich zu ersticken, fühlte sich weder böse noch falsch an, sondern schlichtweg angebracht. Tatsächlich führte es bei Mikael zu einem kurzfristigen Verstummen. Er starrte mich bedröppelt an, eine Erklärung verlangend, deren Verantwortung ich mich nicht entziehen konnte. Scheiß Sozialisation. Also schickte ich hinterher: „Sorry, falls das vielleicht etwas zu hart kam. Aber seit wir aus dem Bemo ausgestiegen sind, quatschst du in einer Tour, ohne Punkt und Komma. Du hast mich nicht ein einziges Mal nach meiner Meinung gefragt, geschweige denn Raum gegeben, dass ich auch etwas erzählen könnte. Stattdessen laberst du ununterbrochen und ignorierst dabei vollkommen, dass ich darauf gar keinen Bock habe." Mit einem kurzen Blick in sein Gesicht wollte ich abchecken, ob ihn meine Worte zu heftig trafen – doch zum Großteil war mir das momentan egal. Gleichzeitig sträubte sich ein Teil von mir gegen diese Härte, wenngleich sie auf grundehrlichen Motiven basierte, und drängte mir das Gefühl auf, gerade etwas zu tun, das man mit „sozial verwerflich" etikettieren könnte.

Mikael schaute aus der Wäsche wie ein Welpe, dem man einfach aus dem Nichts ins Gesicht getreten hatte, was bei mir sofort ein altes Muster ankurbelte: Beschwichtigung herstellen. Mich Floskeln bedienen wie *Es hat sicher nichts mit dir zu tun, es liegt an meiner Laune* etc. Doch eigentlich wusste ich, dass dies nicht stimmte, da er mir von Anfang an nicht sympathisch und sein Hang zum Übermonologisieren generell keine feine Sache war. Zudem schien er an meinem Befinden keinerlei Interesse zu hegen, also warum sollte ich es dann tun? Anstatt nun ein Lügenkonstrukt aufzubauen, das ihn kurzzeitig besser fühlen ließ, stand ich wortlos auf und verließ den Strand. Er würde schon damit klarkommen, ich bin schließlich nicht die Mutter Theresa für Sozialspasten. Überhaupt sind es doch die negativen Erfahrungen, aus denen wir den prägendsten Lerneffekt schöpfen. Und wenn alle einen Makel totschweigen, besteht wenig Chance auf Veränderung. Trotz einer gehörigen Portion schlechten Gewissens aufgrund meiner zwar ehrlichen, jedoch harten Worte, fühlte ich mich auf sonderbare Weise sehr befreit. Mit diesem Gefühl machte ich mich auf die Suche nach einem Hostel, da bereits die nächsten Gewitterwolken aufzogen. Am Straßenstand einer zahnlosen Frau kaufte ich noch schnell ein paar Mangos, deren Duft wie ein süßes Versprechen über die dreckigen Straßen wehte. In meinem ganzen Leben habe ich keine köstlicheren Mangos gegessen als in Kambodscha. Sie rochen so intensiv, dass sie gegen jeden Müllberg am Wegesrand andufteten, und ihre Schale ließ sich problemlos mit den Fingern vom goldorangenen Fruchtfleisch abziehen.

Nach einer Weile kam ich an einem großen Bambusgebäude vorbei, auf dessen ausladender Terrasse mehrere Gestalten träge in Hängematten oder auf gepolsterten Holzpaletten lagen. Mir gefiel, dass das Hostel offenbar komplett aus Holz bestand, und steuerte auf die Bar zu, hinter der ein Typ mit langen Dreadlocks Bier zapfte. Ohne aufzusehen, sprudelten die Worte „Dude, do you wanna have one fucking fresh beer?“ aus seinem Mund. Als ich nicht reagierte, blickte er mich direkt an und wiederholte die Frage mit einem breiten Grinsen. In seinen grünen Augen funkelte eine Mischung aus Irrsinn, Lebenslust und sorgloser Unbeschwertheit. Noch bevor ich nachspüren konnte, wie es sich anfühlte, mit *Dude* angeredet zu werden, und ob ich überhaupt schon wieder Lust auf Alkohol hatte, stellte er schwungvoll ein eiskaltes Bier vor mir auf den Tresen. Die anderen beiden Gläser drückte er den Leuten in den Hängematten direkt in die Hand, während er konsequent die Worte *Fuck* und *Dude* in seine Sätze einbaute. Selbst die drei staubigen Hunde, die sein Vorübergehen schwanzwedelnd quittierten, bekamen ihre verbale Dude-Fuck-Portion ab. Irgendwie schaffte er es, beide Wörter so liebevoll einzusetzen, dass seine Äußerungen eher wie romantische Versprechen klangen als nach rauer Fäkalsprache in Piratenmanier. Als er seinen Platz hinter der Bar wieder einnahm, reichte er mir mit den Worten „I am Rico“ einen Joint, womit der weitere Verlauf des Tages besiegelt war.

Völlig unaufgeregt plätscherten die nächsten Stunden dahin, lediglich aus Bier, Marihuana und Gesprächen mit einer immens hohen *Dude-Fuck*-Dichte bestehend. Die anderen Hostelgäste verließen ihre angestammten Plätze lediglich, um auf die Toilette zu gehen – ansonsten starrten sie zombiehaft auf ihre Handys und blieben stumm. Wieso fliegt man einmal um die halbe Welt, um dann permanent in seinem Mobilfunkgerät zu versumpfen? Aber man soll ja nicht vorschnell urteilen. Schließlich könnte man sich in meinem Fall auch fragen, warum ich in Südostasien offensichtlich seit Wochen nichts Besseres zu tun hatte, als viel zu oft viel zu viel zu trinken und Gespräche ähnlichen Inhalts mit austauschbaren Personen zu führen. Aber wenigstens kam ich dabei in Kontakt mit allen möglichen Menschen aus Fleisch und Blut und hatte so jedes Mal das Gefühl, etwas Wertvolles mitgenommen zu haben, wenn ich weiterreiste, anstatt lediglich virtuelles Kontaktverhalten zu pflegen. Eine weitere Sache, die sich mir ebenfalls nicht erschließt, ist das Konsumverhalten mancher Traveler. Wieso Läden wie Starbucks aufsuchen, anstatt den lokalen Kaffee zu probieren? Warum *KFC, McDonald's* oder *Pizza Hut*, wenn man von exotischsten Gaumenfreuden umzingelt ist, die nur darauf warten, die persönliche Geschmackspalette zu erweitern? *Was der Bauer nicht kennt* ... Doch im TV-Format *Bauer sucht Frau* geht das Einlassen aufs Unbekannte in Form von Fleischeslust jedenfalls auf, denn dort bekommen die Landwirte ihnen bis dahin fremde Frauen vorgesetzt. Landwirte scheinen wohl außerhalb der Medienwelt zu sehr daran interessiert zu sein, das Klischee des Festhaltens an Altbekanntem nicht aussterben zu lassen, was selbstredend Heimatbehaftung anstatt Globetrottertum erfordert. Während des Reisens ist mir jedenfalls bislang noch keiner begegnet. Falls doch mal einer vor mir stand, hat er seine Identität verschleiert. Vielleicht aufgrund der bereits gemachten Erfahrung, dass Gespräche über Kartoffelsorten oder Anbau von Nutzpflanzen weder catchy noch sexy sind. Jedoch kommt das Label *Attraktivität* letztendlich auf den Betrachter an. An der chilenischen Grenze wartete ich einmal auf Bewilligung des Visums, als eine taiwanesische Reisegruppe entzückt aus dem Bus sprang und ein Video nach dem anderen drehte, wie sie Pusteblumen pusteten. Es war wohl das erste Mal, dass sie auf dieses Gewächs stießen, dementsprechend groß war ihre Begeisterung sowie das Vorhaben, *Instagram* mit Pusteblumen-Reels voll zu spamen. Warum nicht. Ich kann in Indonesien ja auch stundenlang durch Reisfel-

der stapfen, mit einer Begeisterung, die schon fast an Wahnsinn grenzt und die ich für pfälzische Weinberge nicht aufbringen würde. Es sei denn, man schießt sich mit einem Haufen guter Freunde im Rahmen einer Weinwanderung promilletechnisch ins Aus. Es soll ja sogar Leute geben, die den deutschen Akzent im Englischen sexy finden. Aber das sind beides andere Themen.
Bis die Nacht über Sihanoukville hereinbrach, koexistierten wir alle auf der ausladenden Terrasse des Hostels, ohne dass etwas Nennenswertes geschah. Doch auch diese Erkenntnis gehört zum Reisen dazu: Die Vorstellung, es könne sich permanent etwas Aufregendes ereignen, nur weil man sich an einem absolut exotischen Ort befindet, ist ein utopisches Konstrukt – möge der Kontrast zum eigenen Zuhause noch so groß sein.
Als der Himmel einen erneuten Angriff in Form monsunartigen Regens auf Kambodscha niederließ, trank ich den letzten Schluck Bier aus, schnappte meinen Rucksack und nahm die baufällige Treppe nach oben zu den Schlafsälen. Vollkommen ausgelaugt schmiss ich mich aufs Bett und hörte zu, wie die dicken Tropfen auf das hölzerne Dach prasselten. Der beruhigende Klang wurde allerdings bald übertönt von einem ohrenbetäubenden Geräusch, das ich nicht einzuordnen in der Lage war. Es bewegte sich im Spektrum zwischen einem Formel-1-Rennen und den kraftvollen Muh-Lauten einer brunftigen Kuhherde. Als ich mich gerade fragte, ob man sich Geräusche auf die gleiche Weise zurechtkiffen wie Menschen schöntrinken kann und ob ich das nicht versuchen sollte, fluchte jemand aus dem Nachbarbett „Go to hell, damnfucking frogs!“, womit zumindest das Rätsel um die Herkunft der Geräuschquelle gelöst war. Anstatt vor dem Fluch zu kapitulieren, schien das genaue Gegenteil einzutreten: Der zunehmenden Lautstärke nach zu

urteilen, entlud sich die Unterwelt und sandte Tausende von Fröschen auf die Erde, deren lautstarkes wie sonderbares Konzert jedwede Form von Schlaf unmöglich werden ließ.

Die Lethargie der Hostelgäste setzte sich am nächsten Tag ohne nennenswerte Änderungen fort. Während ich meinen ersten Kaffee trank, saßen einige bereits in die Bildschirme ihrer Smartphones versunken auf der Terrasse. Rico schien genauso mit sich selbst im Reinen wie am Abend zuvor und bereitete auf den kleinen Gaskochplatten höchst motiviert ein Frühstück nach dem anderen zu. Trotz all der inneren Glückseligkeit seinerseits fragte ich mich zwangsläufig, ob die Häufigkeit des Wortes *Fuck* in seinem Sprachgebrauch eventuell Ausdruck eines kleinen Protests gegen die verminderte Kommunikationsbereitschaft seiner Gäste war. Denn bei jemanden mit einem solch hohen Redebedarf wie Rico ist es nur logisch, dass sich nach einer Weile Wut aufbaut, wenn niemand seiner Sehnsucht nach Konversation und menschlichem Kontakt nachkommt. Aggressionen brauchen ein Ventil, und Sprache kann hierzu ein Ausdrucksmittel sein, weswegen Rico seine Aussagen wohl stringent mit *Fuck* garnierte.

Seit ich in Kambodscha gelandet war, war ich nicht gerade im konversationsfreudigsten Modus, was dazu führte, dass ich Rico kein besserer Gesprächspartner war als die übrigen Backpacker, die sich nach und nach aus den Betten schälten. Doch mir fehlte momentan absolut die Energie, daran etwas zu ändern. Also trank ich wortkarg meinen Kaffee aus und ging los, um die Gegend zu erkunden. Ich wollte wissen, warum es Sihanoukville in so viele Empfehlungsschreiben von Reiseführern und Onlineblogs geschafft hatte. Jedoch fand ich für mich persönlich keine Antwort darauf. Vor den Hostels und Bars saßen überwiegend abgehalfterte Traveler, die entweder auf ihre Handys starrten oder sich größtmögliche Mühe gaben, auf Biegen und Brechen besonders einzigartig zu wirken. Einige jonglierten mit Keulen, drehten Joints, machten Yoga oder lagen liebevoll ineinander verschlungen auf gebatikten Tüchern vor den Hostels. Die meisten von ihnen hatten buntgefärbte Haare, zahlreiche Piercings sowie Tattoos und trugen Klamotten, deren Style in die Kategorie *extravaganter Flohmarkt-Vintage-Chic* einzuordnen war. Wenn man sie in Schubladen stecken wollte, ergäbe sich ein zusammengewürfeltes Ensemble aus Punks, Emos, Zirkusdarstellern, Manga-Fans, Alt-68ern und Mods, von denen die meisten eine Dusche bitter nötig hatten.

Der Strand zeigte sich zugemüllt wie am Tag zuvor, ebenso wie die sonstigen Teile Sihanoukvilles. Da sich bereits das nächste Gewitter ankündigte, kehrte ich zum Hostel zurück, wo sich die Szenerie seit meinem Weggehen nicht verändert hatte. Also hielt ich es ebenfalls wie am Vortag und unterhielt mich den Rest des Tages mit Rico bei ein paar Mango-Shakes. Wobei sich mein aktiver Anteil am Gespräch auf Nicken, gepaart mit „Mmh“ beschränkte, während Rico munter plauderte. Doch die Wichtigkeit des Zuhörens sollte ebenfalls nicht unterschätzt werden.

Die Schlaflosigkeit setzte sich auch in dieser Nacht in gleicher Manier fort. Allerdings wurde das diabolische Froschkonzert abgelöst durch den Lärm einer Baustelle, die aufgrund der Regenfälle und sengender Sonne erst spät in Betrieb genommen wurde. Aufgrund der wallenden Hitze während des Tages nutzten die Bauarbeiter die nächtliche Kühle und veranstalteten dermaßen viel Krach, dass Schlaf undenkbar wurde. Gegen zwei Uhr stellten sie den Betrieb ein und es legte sich eine friedliche Ruhe über das Hostel. Auch die Frösche blieben still. Als ich gerade dabei war, eine annehmbare Position auf der durchgelegenen Matratze zu finden, raunte eine schrille Stimme „I'm a big, big girl, in a big, big world!" durch die Nacht. Es dauerte einen Moment, bis ich realisierte, dass die gegenüberliegende Bar ein Karaoke-Event veranstaltete. Es schien, als hätten alle Reisenden durch ihr tagelanges Nichtstun auf der Hostelterrasse Energien aufgespart, die sie nun mittels Gekreische zu kitschigen Songs entluden. Während sie herauszufinden versuchten, wer bei drei Promille die wenigsten Töne am Stück treffen kann, verfluchte ich erst mich dafür, meine Ohrstöpsel verloren zu haben, und dann den Menschen, der einst das Prinzip Karaoke erfand. Als das Gesangsgrauen schließlich vorbei war und mich schon ein innerliches Yeah durchflutete, donnerte Goa aus dicken Boxen, da die Abrundung der fulminanten Nacht offensichtlich in einer Goa Party bestand. Goa konnte ich noch weniger abgewinnen als Karaoke, weshalb ich meinen tiefsten Hass zur Bar hinübersandte, in der Hoffnung, sie mögen alle direkt zur Hölle fahren. Ausreichend Platz sollte dort ja wieder vorhanden sein, weil die Frösche der Vornacht nicht mehr dort weilten. Aber anscheinend hatte Luzifers Bittersweet Home bereits geschlossen, da nichts passierte. Der Teufel muss wohl auch mal schlafen und scheint seinen Nachtrhythmus am asiatischen Kontinent auszurichten.

Am nächsten Tag verließ ich Sihanoukville, weil ich weiter nach Phnom Penh wollte. Rico bot an, mich zum Bus zu begleiten, und nahm abermals meine Zuhördienste in Anspruch. Da er eine chaotische Vergangenheit und dementsprechend unterhaltsame Storys auf Lager hatte, genoss ich das Entertainment. Über meinen Vorschlag, er solle doch einen Podcast aufnehmen, lachte er nur schallend, als wir uns in einem verbalen Tornado aus „Dude" und „Fuck" verabschiedeten. Ich wollte eine Zeitlang in meinem Leben gerne ein Junge sein. Dabei meine ich nicht, dass ich mich gerne einer Geschlechtsumwandlung unter-

zogen hätte oder Frauen lieben wollte oder was auch immer man heutzutage mit so einem Satz verbinden würde, in einer Zeit, in der LGBTQ+ sich einen Weg ins Bewusstsein der Öffentlichkeit erkämpft. Ich hatte einfach nur manchmal das Gefühl, dass als Junge vieles einfacher wäre, und hätte es als interessante Erfahrung gefeiert. Ricos konsequente Bezeichnung meiner selbst als *Dude* ließ mich zumindest etwas danach fühlen, auch wenn der Wunsch, männlich zu sein, bereits 25 Jahre zurücklag. Aber für manches ist es nie zu spät und als ich in den Bus stieg, fühlte ich mich ein Stück kompletter als noch einige Tage zuvor. Inwieweit dies Ricos unbeabsichtigtem Therapieangebot zuzuschreiben war oder auf das Konto des dicken Joints ging, den wir auf dem Weg zum Bus rauchten, vermag ich nicht zu sagen, interessierte mich aber auch nicht sonderlich, als ich auf dem abgewetzten Sitz in einen leichten Schlaf driftete.
In der Hauptstadt angekommen, teilte ich mir mit einem angetrunkenen Tuk-Tuk-Fahrer eine Portion gezuckerte Pommes (klingt vielleicht eklig, aber rockt tatsächlich). Zucker und Fett als Powercombo, wenn man einen fixen Energieschub mit billigen Mitteln benötigt. Der Tuk-Tuk-Fahrer und ich unterhielten uns eine Weile, ungeachtet der Tatsache, dass sein Englischwortschatz mindestens genauso dürftig war wie mein Khmer.[21] Aber wenn man kommunizieren *will*, dann schafft man das auch trotz Sprachbarriere. Auf der gegenüberliegenden Straßenseite saß eine Frau hinter einer kleinen Glasvitrine, die vor Geldbündeln nahezu überquoll: eine typische kambodschanische Wechselstube. Man muss sich das mal vorstellen: In einem Land, in dem das *monatliche* Durchschnittseinkommen 98 Euro pro Kopf

---

[21] Amtssprache Kambodschas

beträgt,[22] stapeln sich Berge an Geld, lediglich durch eine Scheibe aus Glas „geschützt", von einer zierlichen Frau bewacht und für jeden frei einsehbar – und keiner überfällt diesen maroden Laden. Da der Tuk-Tuk-Fahrer immer noch etwas angeschäkert schien, kaufte ich zwei weitere Portionen süßer Pommes, was seinen Gesichtsausdruck nach dem Verzehr etwas sortierter aussehen ließ. Man sollte nicht immer so auf Zucker und Fett schimpfen, denn sie leisten manchmal wirklich wichtige Dienste. Danach fuhren wir zu einem Hostel, das er mir wärmstens empfahl – sofern ich ihn richtig verstanden hatte. Es wäre auch gut möglich, dass er mich zum Cousin seines Onkels fuhr, da dieser sechs Kinder hatte, die ebenfalls Hunger auf Zuckerpommes hatten und die ich nun mit Nahrungsmitteln sponsern sollte. Aber so war es nicht. Tatsächlich setzte er mich vor einem Gebäude ab, hinter dessen riesiger Hecke laute Musik, Jubelschreie und eindeutig Geräusche von Menschen zu vernehmen waren, die in einen Pool sprangen. Bei schwülen 38 Grad in einer Großstadt eine mehr als verlockende Vorstellung. „Good hostel, veeeeeeery good. Party, party!", waren die letzten Worte, die mein Fahrer aus seinem limitierten englischen Wortschatz hervorzauberte, bevor ich mich von ihm verabschiedete und auf die Eingangstür zulief. Und wie es aussah, lag er mit dieser Beschreibung verdammt richtig.

Nachdem ich ein günstiges Bett im 16er-Dorm[23] ergattert hatte, setzte ich mich an einen Tisch im Poolbereich, um eine Zigarette zu rauchen. Auf der anderen Seite des Beckens war eine Hängematte gespannt, in der ein Typ mit mürrischem Ausdruck im todernsten Gesicht hektisch schaukelte, gelegentlich unter-

---

22 https://www.laenderdaten.info/durchschnittseinkommen.php (Daten betreffen das Jahr 2018)

23 Abkürzung für *Dormitory*, Schlafsaal

brochen vom Nippen an seinem Bier. Die dunklen Haare hatte er zu einem unordentlichen Knäuel zusammengebunden. Im Gesamteindruck erinnerte er ein bisschen an Pablo Escobar, in schlaksiger Erscheinung jedoch eine im wahrsten Sinne des Wortes abgespeckte Version des kolumbianischen Drogenbarons. Trotz massiver Hellhäutigkeit wies er zudem Züge des Rappers Snoop Dog auf. So verkörperte der Typ zwei Personen gleichzeitig, ohne eine von ihnen zu sein. Ähnlichkeit und Kontrast in einem Körper vereint.

Im Pool spielte eine Gruppe Mädchen gegen ein paar Jungs Volleyball. Die meisten von ihnen sahen aus, als hätten sie erst gestern ihr Abitur absolviert und kämen heute das erste Mal in Kontakt mit Alkohol, von dem sie in wenigen Stunden bereits genug haben würden. Denn wie es der jugendliche Leichtsinn so will, näherten sie sich an den Alkoholkonsum nicht vorsichtig heran, sondern gleich Vollgas durch Druckbetankung. Dies katapultierte sie in den Zustand teenagehafter Trunkenheit, in dem alles möglich erscheint – zumindest so lange, bis man sich in die Kloschüssel erbricht, während die BFF treuherzig Hand und Haare hält. Doch bis dahin hatte die Truppe Superkräfte gepachtet, gepaart mit dem Gefühl, die Welt läge ihnen zu Füßen – zumindest ihrer Selbstwahrnehmung nach. Von außen betrachtet handelte es sich bei der trinkenden Meute eher um einen Haufen unreifer Teenies im postpubertären Stadium, die alles daransetzten, diese Nacht krampfhaft zu der ihres Lebens werden zu lassen.

Da meine Lust, neue Leute kennenzulernen, immer noch so ziemlich gegen null ging, blieb ich einfach nur sitzen und beobachtete das Szenario. An der Bar bestellte ich mir ein Bier für einen Dollar. Weil gerade Happy Hour war, reichte mir der gutgelaunte und offensichtlich angedübelte Barkeeper einen Haschmuffin dazu. Ein besseres Happy-Hour-Angebot kann man sich wohl nicht wünschen, um dem Sozialspastentum zu entkommen. Und weil ich schleunigst raus aus der Isolation und wieder rein ins süße Traveler-Life wollte, setzte ich mich zu dem erstbesten Typ, der nicht wie ein frischgebackener Abiturient aussah. Er hieß Tofer, kam aus Quebec und hatte so ein Talent, dir einfach nur durch seine pure Anwesenheit ein *Everything-is-fine-Gefühl* zu geben, ohne dafür etwas im Gegenzug zu erwarten. Tofer war ebenfalls nicht in der Stimmung, sein Glück des heutigen Abends im Springbreak mit gut zehn Jahre jüngeren Partyhengsten und -stuten zu suchen. Also gaben wir uns in den nächsten Stunden einem soften Rausch aus Bier und Haschmuffins hin und quatschten immer nur dann, wenn uns auch wirklich danach war. Die Gespräche mit Tofer waren angenehm und wir beobachteten beiläufig das rege Treiben am Pool. Die Party-Crowd stachelte sich gegenseitig ausgelassen zum Trinken an und entwickelte auf diese Weise ihre eigene gruppeninterne Saufdynamik. Sobald die Motivation zum Alkoholkonsum nachzulassen drohte, kam jemand vom Barpersonal und sorgte mit einem Tablett hochprozentigen Gratis-Shots dafür, dass die Partystimmung nicht verfrüht zu Ende gehen würde. Als der Erste der Gruppe in die Hecke neben dem Pool kotzte, vertilgte Tofer gerade seinen vierten Muffin. Da er daheim in Kanada jeden Tag kiffte, hatte er ein ziemlich hohes Toleranzlevel, was Cannabis anging. Ich erzählte ihm, dass ich keine Ahnung gehabt hatte, dass Kanada den Graskonsum 2018 legalisiert hatte, bis ich im gleichen Jahr in Vancouver ankam und diese Überraschung dann mehr als freudig abfeierte, was Tofer erheiterte. „It's quite cool", lachte er. „Ich bin nicht mal auf einen Dealer angewiesen. Ich bestelle meinen Stoff im Internet. Und die liefern es mir per Post nach Hause. Dabei gab es bisher nie

Probleme, alle machen es auf diese Weise." Er zeigte mir die Homepage, die eher nach einem sauber sortierten *Tante-Emma-*Onlineshop aussah, als dass man dort Drogen erwerben konnte. Es war ziemlich simpel: Weedsorte aussuchen, Menge angeben, in den virtuellen Warenkorb legen und an die gewünschte Adresse liefern lassen. Idiotensicher. Und eigentlich zu einfach, um wahr zu sein.

Ich war sehr erleichtert, dass ich mich anscheinend doch nicht in einen Grinch der Sozialkontakte verwandelt hatte, weil ich es genoss, mit Tofer zusammenzusitzen und seinen Geschichten zu lauschen. Da er das Reden allerdings vorübergehend einstellte (die Haschmuffins machten ihn etwas mundfaul), erzählte ich von meiner schlechten Stimmung in Sihanoukville. Beschämt schilderte ich ihm, wie ich Mikael am Otres Beach stehengelassen hatte, und von meiner abnehmenden Bereitschaft gegenüber neuen Bekanntschaften. Als ich fertig war mit Monologisieren, blieb Tofer zunächst stumm. Und als ich schon gar nicht mehr mit einer Antwort seinerseits rechnete, murmelte er: „Ist doch okay. Ist doch vollkommen okay das alles. Ich mein, hey, man hat eben nicht permanent und 24/7 Bock auf Leute. Selbst wenn du früher vielleicht so drauf gewesen bist als du jünger warst und diese Seite an dir geschätzt hast – es ist schlicht und ergreifend nicht möglich, immer Lust auf Gesellschaft zu haben. Manchmal will man einfach nur alleine sein. Das erachte ich als menschlichstes Grundbedürfnis, obwohl wir im Kern alle soziale Wesen sind. Jeder zieht sich ab und zu mal zurück, um seinen Akku erneut aufzuladen." Tofer zündete sich eine Zigarette an, dann fuhr er fort: „Es war verdammt nochmal nicht verwerflich, wie du zu dem Typ am Strand gewesen bist. Jemand wie der braucht doch auch mal eine Rückmeldung, die zu einem Denkanstoß und hoffentlich einer Änderung im Verhaltensrepertoire führt. Ich erlebe dich jedenfalls als sehr offenen und ehrlichen Menschen, der an seinem Gegenüber aufrichtig interessiert ist. Die Tage vorher hast du anscheinend gebraucht, du musstest dich einfach mal abschotten. Das heißt ja nicht, dass du in diesem Zustand ewig gefangen bist. In dieser Hinsicht brauchst du dir sicherlich keine Sorgen zu machen. Sei nicht so streng mit dir! Bei geliebten Menschen kannst du manch weirde Facette ja auch akzeptieren. Bei sich selbst kommt einem das immer gleich dermaßen tragisch vor. Aber ich glaube, du kannst erst richtig glücklich sein, wenn du alle Anteile von dir völlig akzeptieren lernst – vor allem solche, die du am wenigsten magst. Dazu musst du deine psychischen Abgründe kennen und ihnen einen Platz in dir zugestehen, anstatt sie zu verleugnen oder gegen sie anzukämpfen. Diese Taktik funktioniert ohnehin nur bedingt, denn früher oder später brechen die negativen Anteile wieder durch die Oberfläche." Tofer biss beherzt in Muffin Nummer fünf, bevor er weiterredete: „Stell dir nur mal zwei Kinder vor. Das eine erhält deine volle Aufmerksamkeit. Es ist der niedliche Sonnenschein, mit dem man liebend gerne Zeit verbringt. Da man sich ihm entsprechend oft zuwendet, hat es wenig Bedarf, sich zu beschweren. Das andere Kind ist das schwarze Schaf, mit dem es oftmals anstrengend ist. Es schreit, weil es gehört werden will. Du beachtest es nicht und versuchst, sein Verhalten zu ignorieren, wodurch sein Unmut anschwillt – gleich der Aktionsbereitschaft, mit allen Mitteln Aufmerksamkeit einzufordern. Es wird so lange keine Ruhe geben, bis du dich ihm zuwendest. Und so verhält es sich auch mit den Anteilen, die du an dir nicht leiden kannst. Gestehst du ihnen ihre Existenz zu und befasst dich mit ihnen, statt sie zu verleugnen, werden sich diese inneren Regenwolken nicht zu einem Monsun kumulieren. Natürlich bist du jemand, der nicht jede einzelne Sekunde des

Tages Bock auf andere hat. Wer hat das schon?! Auch wenn dir diese Erkenntnis nicht schmeckt. Ich glaube jedenfalls, du musst dich erst voll und ganz kennen, sonst kannst du dich selbst niemals annehmen. Und diese Selbstakzeptanz befreit und schafft Klarheit. Natürlich ist es hart, sich seine negativen Seiten einzugestehen – aber ohne die Arschlochseiten würden die positiven Anteile nicht so klar als solche wahrnehmbar sein. Alles braucht einen Kontrast, um heller zu strahlen, ein Gegenstück, das einen Ausgleich schafft. Es heißt ja auch nicht umsonst innere *Balance*. Gäbe es ausschließlich Positives im Innern jedes einzelnen, wäre die Waage ziemlich einseitig beladen und letzten Endes nicht ausgeglichen. Der Schlüssel zur Selbstliebe liegt in der Herstellung des Gleichgewichts zwischen guten und schlechten Anteilen. Und wer sich selbst nicht leiden kann, hat es unnötig schwer im Leben."

Manchmal wird man derart von einem Gespräch vereinnahmt, dass man gar nicht mitbekommt, was um einen herum passiert. Mittlerweile hatte sich der Poolbereich geleert. Bis auf Snoop Escobar, der immer noch finster dreinschauend in der Hängematte am anderen Ende der Terrasse versank, waren bereits alle in die Betten gekrochen, um ihren Rausch auszuschlafen. Tofers Worte gaben mir die Sorte Erkenntnisgewinn, die ich in meinem momentanen Zustand mehr als gebrauchen konnte. *Akzeptiere deine negativen Seiten und erteile ihnen eine Existenzberechtigung in dir, anstatt sie zu verleugnen,* schien ein wesentlicher Grundsatz, um Zufriedenheit durch eine gesunde Annahme des eigenen Selbst zu erlangen. Dass ein zugedröhnter Kanadier mir Weisheiten dieses Kalibers in Kambodscha verkünden könnte, hätte ich niemals vermutet. Über uns prangte ein funkelnder Sternenhimmel auf tiefschwarzem Hintergrund einer klaren Nacht. Die euphorischen Schreie der betrunkenen Partymeute wurden abgelöst durch das leise Rauschen des Wasserfilters im Pool und dem Zirpen einiger Zikaden, und der Mond spiegelte sich verschwommen auf der Wasseroberfläche. Es war so ein Moment, von dem du dir sicher bist, dich auf ewig an ihn zu erinnern.

Tofer und ich blieben auf der Terrasse sitzen, bis die Bar in den Morgenstunden erneut öffnete und den ersten Kaffee brühte. Nach ein paar Scheiben Toast mit Glibbermarmelade machte ich mich auf den Weg zum *Tuol Sleng Museum* und den *Killing Fields*, um in die jüngste Vergangenheit eines Landes einzutauchen, das von Grausamkeit nur so gebeutelt wurde.

Mit der Machtergreifung der Roten Khmer im April 1975 und der totalitären Führung des Diktator Pol Pot im Jahr 1976 begann eine Periode der Gräueltaten, die in einen der radikalsten Völkermorde weltweit gipfelte und dazu führte, dass sich die kambodschanische Bevölkerung beinah selbst ausrottete. Oberstes Ziel Pol Pots und dessen Anhängern war die Erschaffung eines radikal kommunistischen Arbeiter-und-Bauern-Staats, der auf Unterdrückung und Zwangsarbeit basierte. Jeder, der nicht den speziellen Vorstellungen eines „Arbeiters" entsprach, wurde entweder sofort hingerichtet oder auf brutalste Weise in einem der Gefängnisse langwierig zu Tode gefoltert. Man fiel beispielsweise schon aus dem Muster eines Arbeiters, wenn man eine Brille trug, lesen konnte, zu weiche Hände hatte oder Französisch sprach.[24] Ehemalige Schulgebäude wie *Tuol Sleng* (auch bekannt unter *S-21*) wurden zu Foltergefängnissen umfunktioniert. Hier sperrte man die Kambodschaner weg, denen man (ohne jegliche Anhaltspunkte) unterstellte, Agenten oder Volksfeinde zu sein. Ihre Frauen und Kinder wurden ebenfalls

---

[24] Kambodscha stand 1863 bis 1953 unter französischer Kolonialherrschaft, weswegen ein Teil der Khmer durchaus Französisch sprach – was allerdings lediglich ein Privileg der bildungsreichen Oberschicht darstellte.

dort eingeliefert, wodurch die Roten Khmer potenzielle Rächer oder Zeugen ausmerzen wollten. Die mutmaßlichen Verräter des Landes wurden in den Gefängnissen auf brutalste Weise so lange gefoltert, bis sie die Qualen nicht mehr ertragen konnten und ein erfundenes Geständnis schrieben, das sie zu Verrätern des Landes erklärte – und dadurch die Berechtigung zu ihrer sofortigen Hinrichtung erteilten. Die Ermordungen fanden entweder direkt in den Gefängnissen statt oder man brachte die Staatsfeinde zu den Massengräbern der *Killing Fields*, von denen es im ganzen Land mehr als 300 Stück gab. Zwischen 1975 und 1979 fanden über zwei Millionen Kambodschaner im Rahmen des maoistisch-nationalistisch motivierten Genozids den Tod.
Es war eine mehr als vielschichtige Erfahrung, in die jüngste Geschichte eines Landes einzutauchen, das erst von verschiedenen Völkern umkämpft wurde, dann denn Vietnamkrieg und schließlich Pol Pots Regime des Terrors ertragen musste. Kambodscha gilt neben Laos als eines der zerbombtesten Länder weltweit. Allein 1973 jagten die US-Amerikaner doppelt so viele Bomben auf Kambodscha nieder, als es in Japan in der Zeit des gesamten Zweiten Weltkriegs der Fall war. Aber nicht nur Thailänder, Vietnamesen und US-Amerikaner unterdrückten Kambodscha und setzten Land und Leuten übel zu – durch das Terrorregime der Roten Khmer wurde das Volk durch seine eigenen Landsleute systematisch massakriert. Durch Reisbeschlagnahmungen seitens der vietnamesischen Armee im Rahmen ihrer Besatzung Kambodschas sowie aufgrund von Misswirtschaft und Zerstörung der Reisvorräte durch die Roten Khmer kam es gegen Ende des Jahres 1979 zu einer gravierenden Hungersnot, die viele Kambodschaner zwang, aus ihrem Land zu flüchten. Die Okkupation durch Vietnam dauerte zehn Jahre an und brachte einen weiteren Bürgerkrieg

zwischen der vietnamesischen Armee und Guerillatruppen der Roten Khmer hervor.
Aber so interessant die Auseinandersetzung damit auch ist, ebenso schauderhaft war sie auch. Nachdem ich fast den halben Tag mit Audioguide-Führung in dem ehemaligen Foltergefängnis *S-21* verbracht hatte, konnte ich mir nicht vorstellen, noch am selben Tag die *Killing Fields* zu besuchen. Hier lassen sich deutliche Parallelen zu deutschen Konzentrationslagern und der rechtsextremen Nazi-Zeit erkennen, mit allen unvorstellbaren Grausamkeiten, die das Produkt größenwahnsinniger und menschenverachtender Diktaturen sind. Und am Ende stellt sich die Frage, zu was der Mensch alles imstande ist. Welche Monster schlummern in uns, die durch repressive äußere Rahmenbedingungen geweckt werden? Welche dunkelsten Grausamkeiten werden an die Oberfläche gespült, von denen man niemals erwartet hätte, zu deren Ausführung imstande zu sein? Vielleicht möchte man dies auch einfach nur unbeantwortet lassen. An diesem Tag entschied ich mich für Verdrängung und ging zurück ins Hostel. Dort angekommen setzte ich mich auf einen Barhocker an der ausladenden Rezeptionstheke und hoffte, dass mich die Hostelmitarbeiter mit ihrer guten Laune aus der Niedergeschlagenheit angesichts menschlicher Gräueltaten herausholen konnten. Alsbald verlor ich mich in einem Gespräch mit Razik, dessen Lächeln auf Dauermodus stand. Leider wollten die euphorischen Funken, die beinahe hörbar knisterten, wenn er übers ganze Gesicht strahlte, nicht auf mich überspringen und ich fragte ihn vorsichtig, wie er mit der ganzen Schrecklichkeit dieser noch gar nicht lange zurückliegenden Vergangenheit seines Landes umgehen konnte. Wie alle hier einfach so weitermachten und dabei stets fröhlich wirkten. Das halbe Volk müsste doch eigentlich mit einer Vielzahl Posttrau-

matischer Belastungsstörungen gestraft sein, mit denen sie vollkommen alleine gelassen werden. Und von den latent brodelnden Traumata jedes Einzelnen mal abgesehen: Wie lebt es sich in einem Land, das laut Einkommensstatistik zu einem der ärmsten weltweit gehört? Einem Land, deren drei häufigste Todesursachen AIDS, Verkehrsunfälle und Explosionen durch Landminen sind?
Razik schaute mich ernst an und sagte lange Zeit nichts. Als ich mich schon entschuldigen wollte, zu tief in einer noch zu frischen Wunde gebohrt zu haben, atmete er tief durch und sagte: „Die Vergangenheit meines Landes gehört zwar zu einer der deprimierendsten weltweit, aber sie ist kein Einzelfall. Überall, wo Menschen sind, kann es jederzeit in Grausamkeiten umschlagen, die jemand wie du und ich sich nicht einmal ansatzweise in seinen schlimmsten Träumen ausmalen kann. Manchmal passiert das von der ein auf die andere Sekunde.“ Razik stieß einen tiefen Seufzer aus, bevor er weiterredete. „Viele versuchen, nach einer Tragödie zu vergessen, was geschehen ist. Aber Verdrängung ist meines Erachtens der falsche Weg. Wenn man nicht aus der Vergangenheit lernt, für was ist sie dann gut gewesen? Meine Eltern haben mir zwei Namen gegeben. Meinen ersten kennst du ja bereits: Razik. Razik bedeutet *Furchtlosigkeit*. Mein zweiter Name lautet Samvid, was für *Wissen* steht. Aber auch v*om Leben lernen, die Vergangenheit mit einbeziehen*, denn die ist ein wichtiger Teil. Dir ist bestimmt schon aufgefallen: Es gibt wenig ältere Menschen in Kambo-dscha. Aus dem hässlichen Grund, dass so viele den Tod im Genozid fanden. Nahezu die Hälfte meiner Landsleute sind unter 35 Jahre alt, der statistische Altersdurchschnitt liegt bei 21 Jahren. Somit haben die wenigsten, mit denen ich mich tagtäglich umgebe, zu Zeiten Pol Pots Machtregimes gelebt. Wir haben das Privileg, in einer

Gesellschaft mit veränderten Bedingungen aufwachsen zu dürfen. Trotzdem wissen wir selbstredend um die brutale Terrorherrschaft durch die Roten Khmer. Unser Alltag wird vom Bewusstsein begleitet, dass wir niemals vergessen dürfen, was damals geschehen ist. Damit sich diese grässliche Geschichte nicht wiederholt. Meine Eltern haben meine Vornamen mit Bedacht ausgewählt: Razik Samvid – Mut und Wissen. Ich sollte als mutiger Mensch aufwachsen, damit ich es verkraften kann, die grausame Vergangenheit meines Landes nicht auszublenden. Sie mir vor Augen zu führen und daraus zu lernen, anstatt sie zu verdrängen. Damit ich jeden Tag, den ich in einer relativ freien Regierungsform leben darf, als Geschenk zu schätzen weiß.“
Nachdem Razik die letzten Worte ausgesprochen hatte, stolperte der Pablo-Escobar-Typ an der Rezeption vorbei. Auf einmal blieb er abrupt stehen, drehte sich wie elektrisiert um und musterte uns mit trübem Blick. „Hört gefälligst auf, so traurig zu gucken“, blaffte er uns an. „Das versaut einem ja den Tag! Ich meine – für was trinke ich denn seit morgens, wenn ihr mir dann mit euren lethargischen Fressen mein durch Alkoholkonsum mühsam aufgebautes Stimmungslevel ruiniert?“
Er zögerte kurz, bevor er zu uns rüberwankte.
„Möchtest du heute auschecken oder darf ich dein Bett nochmal für eine Nacht verlängern?“, fragte ihn Razik, wieder mit unbeschwertem Lächeln und freudigem Glitzern in den Augen. Pablo strich sich die üppigen Haarsträhnen aus dem Gesicht und überlegte einen Moment. Nach drei weiteren Momenten antwortete er schließlich „Also, eigentlich wollte ich ja heute endlich nach Siem Reap aufbrechen … aber auf einen Tag mehr oder weniger kommt es nicht an, schätze ich. Schließlich habt ihr die beste Happy Hour, die mir jemals untergekommen ist.“
Im selben Augenblick kam Tofer um die Ecke und rief „Hey

Razik, hast du noch ein anderes Bett frei? In meinem schläft irgendein Typ gerade seinen Rausch aus. Was ein Wunder ist, wenn man die Tatsache bedenkt, dass er die ganze Matratze vollgepisst hat. Wie zugedröhnt kann man sein? Liegt in seinem eigenen Urin und merkt es nicht einmal. Vielleicht solltet ihr das Gratisangebot an Haschmuffins noch einmal überdenken – zumindest deren Freigabe an die unter Zwanzigjährigen. Für alle anderen beginnt jetzt der erfreuliche Teil des Tages: Happy Hour!" Da ich keine bessere Idee hatte, wie ich den Tag ausklingen lassen könnte, folgte ich Tofer nach draußen auf die Terrasse und hörte noch, wie Pablo Razik anraunte „Morgen kannst du mein Bett an jemand anderen vermieten, denn da ziehe ich definitiv weiter", um dann seinen angestammten Platz in der Hängematte am Pool einzunehmen.

Pablo checkte auch am darauffolgenden Tag nicht aus. Die restliche Woche wiederholte sich das Szenario: Anstatt weiterzureisen, war Pablo der Erste, der sich morgens ein Bier bestellte, bis er seinen Aufenthalt am späten Mittag um eine weitere Nacht verlängerte und den restlichen Teil des Tages grimmig dreinschauend in der Hängematte verbrachte.
Währenddessen hingen Tofer und ich ähnlich ereignislos am Pool herum und quatschten uns sinnlos durch den Tag, von der wohligen Gewissheit ummantelt, die Zeit gepachtet zu haben. Ich habe keine Ahnung, ob sich Pablo bereits in der sechsten oder sechzehnten Verlängerung befand, als ich am Tag meiner Abreise zu seiner Hängematte kam, um mich von ihm zu verabschieden. Es war das bisher erste Mal, dass wir wirklich miteinander sprachen, und ich wollte ihm eigentlich nur schnell eine gute Zeit wünschen, bevor ich die Kurve kratzte. Aber dann nahm alles einen anderen Verlauf. „Wo wirst du jetzt hin-

gehen?", fragte er mich. „Nach Siem Reap", antwortete ich knapp und erinnerte mich daran, dass er dort ebenfalls hinwollte. Also fragte ich: „Biste dabei? In zwanzig Minuten kommt der Bus." Pablo zwirbelte seinen Bart zwischen Daumen und Zeigefinger, während er nachdachte. Mit einer theatralischen Geste rief er „Ich schaffe es in zehn!" und verschwand höchst ambitioniert im Innern des Gebäudes.

Als der Bus kurze Zeit später vor dem Hostel hielt, sah ich, wie Pablo die letzten Sachen in seinen Rucksack stopfte, während er Razik den Spintschlüssel unter die Nase hielt. Ich wollte ihn rufen, aber ich hatte ja keine Ahnung, wie er eigentlich hieß – sicherlich *nicht* Pablo. Razik machte ihn darauf aufmerksam, dass er sich beeilen sollte, und somit schafften wir es noch rechtzeitig, bevor der Bus abfuhr. Wir ließen uns auf die durchgesessenen Sitze fallen und mich überkam eine Welle der Müdigkeit. Bevor ich einnickte, hörte ich Pablo noch sagen: „Ich bin dir so verdammt dankbar, dass du mich mitgenommen hast. Ohne dich hätte ich es auch die nächsten zwei Wochen nicht gepackt, das Hostel zu verlassen." Er machte eine kurze Pause, von der ich mir nicht sicher war, ob er mir damit Raum geben wollte, zu widersprechen. Als ich stumm blieb, reichte er mir die Hand und sagte: „Ich heiße übrigens Spyros."

Wir bretterten über buckelige, mit Schlaglöchern überzogene Straßen, die den Stoßdämpfern einiges abverlangten. Entweder waren Letztere kaputt oder es handelte sich um kratergleiche Unebenheiten, da wir auf unseren Sitzen dermaßen durchgeschüttelt wurden, dass lediglich ein kurzer Powernap drin war. Da ich von Spyros eigentlich nichts wusste (außer dass er ziemlich alkoholaffin zu sein schien), hatten wir mehr als genug Gesprächsstoff. Spyros war Grieche, entschied aber eines Tages, dass er lieber am anderen Ende der Welt leben wollte, weshalb er kurzerhand seinen Rucksack packte und nach Australien flog. Nachdem er die komplette Ostküste von Nord nach Süd abgereist war, landete er in Melbourne, wo er einen Job in einem Kebab-Imbiss annahm und ein zwölf Quadratmeter großes Zimmer bezog. Beides sollte lediglich eine zeitlich begrenzte Lösung darstellen. Eine Basis, bis er einen besseren Job fand, um in eine andere Bleibe ziehen zu können. „Nichts Besonderes, weißt du, ich brauche nicht viel. Aber zumindest mal ein Fenster, keine Silberfische und schimmelfreie Wände wären nett." Das war vor drei Jahren. Während Spyros das erzählte, ploppte der Eindruck auf, es sei ihm bis zu diesem Moment gar nicht aufgefallen, nun schon so viel länger in diesem Loch zu leben, als er es anfangs eigentlich vorgehabt hatte. Das Gespräch verstummte und wir schauten beide aus dem Fenster. Spyros' Selbstenttäuschung schwappte mit jeder verstrichenen Minute stärker zu mir rüber, also fasste ich mir ein Herz und sagte: „Hey, aber jetzt bist du hier! Und wenn du wieder zurück in Australien bist, dann suchst du dir einfach was Neues." Spyros zuckte beim Wort *zurück* in seinem Sitz zusammen und grummelte: „Niemals gehe ich wieder dorthin zurück." Spyros steckte gerade in einer Phase, in der er vor seinem alten Leben in Australien flüchtete, weil es nicht mehr zu ihm passte – oder ohnehin niemals gepasst hatte. Offensichtlich hatte er keine Kraft gehabt, an der Situation vor Ort etwas zu verändern, weshalb er spontan einen Flieger Richtung Südostasien genommen hatte, um dem Ganzen zumindest für eine gewisse Zeit zu entkommen. Phnom Penh hatten wir mittlerweile hinter uns gelassen und bumperten in dem klapprigen Bus eine nicht asphaltierte Landstraße entlang. Nach dreißig Schlaglöchern sagte ich zu Spyros: „Es gibt ein Zitat von Jesper Brook, an das ich die letzte

Zeit oft denken muss. Es geht darum, dass sich insgeheim jeder wünscht, nochmal zurück auf *Los* gehen zu dürfen. Alles auszuradieren und einen Radikalumbruch zu starten. Ich glaube, das ist für viele der Grund, warum sie eine längere Reise beginnen. Denn das ist der Zustand, der einem Neuanfang ziemlich nahekommt. Weil dich an den Orten, durch die du reist, keiner kennt. Es liegt an dir, welche Teile deiner Vergangenheit du preisgibst. Oder eben gar nichts, damit du einfach nur du selbst sein kannst, dein rohes Ich im Hier und Jetzt. Und dadurch in gewisser Weise die Chance hast, dich neu zu erfinden. In diesen von dir selbst erschaffenen Charakter auf Probezeit einzutauchen und zu testen, wie dir das schmeckt. Das Zitat geht aber noch weiter. *Zurück auf Los. Und sich nicht für das Spiel davor erklären müssen.*[25] Brook meinte, die wegfallende Erklärungsnot stelle das eigentlich Essentielle in diesem Gedankenkonstrukt dar. Ich persönlich glaube, dieser Faktor ist wesentlich beim Zustandekommen des Freiheitsgefühls, das einem während eines Backpacking-Trips durchflutet und nach dem wir alle maximal süchtig sind."

Spyros' Augen blitzten kurz auf, bevor er enthusiastisch entgegnete: „Hell yeah, ganz genau! An welchen Punkt in deinem Leben würdest du denn gerne zurück, wenn du könntest?" Noch bevor ich eine Antwort geben konnte, überschlug sich Spyros' Zunge fast, als er direkt an die eigene Frage anknüpfte: „Ich würde auf jeden Fall nochmal gerne zurück zu dem Tag, an dem ich Griechenland verlassen habe. Da war alles noch so voller Möglichkeiten und ich so geflasht von dem Riesenschritt, ein neues Leben anzufangen. Da fühlte ich mich das erste Mal richtig mutig. So, wie wenn man Kreuzworträtsel mit Kuli ausfüllt, ohne mit der Wimper zu zucken. Und einfach drauf

---

[25] Jesper Brook: *Augen auf und durch*

scheißt, wenn man Fehler macht, anstatt prophylaktisch angsterfüllt mit Bleistift und Radiergummi dazusitzen, auf denen man abwechselnd vor Nervosität rumkaut, weil man sich nicht entscheiden kann, ob die Abkürzung der kalifornischen Stadt L.A. oder S.F. lautet. Einfach machen, ohne nachzudenken – das ist wahres Heldentum!" Bis zu diesem Zeitpunkt war mir weder bewusst, dass es Leute gibt, die Kreuzworträtsel mit Bleistift ausfüllen, noch, dass Spyros vom Menschenschlag sein könnte, der sich dermaßen davor fürchtet, etwas zu verhauen – geschweige denn, dass er ab und zu ein Rätselheft in die Hand nahm.

Wir unterhielten uns die gesamte Fahrt hinweg. Je mehr Worte flossen, desto vertrauter wurde mir Spyros. Neben einem Substanzen liebenden Genussmensch entpuppte er sich als jemand mit einem Herz aus Gold und dem Kopf voller Irrsinn. Eine Person, die sich über das Leben bereits auf vielen Ebenen Gedanken gemacht hatte und dabei nie vergaß, wo der Wahnsinn wohnt, um sich nicht zu sehr in kognitiven Tiefgründigkeiten zu verlieren. Ich mochte Spyros, weil er genauso durchgeknallt wie intelligent war, obwohl er gelegentlich Aussagen traf wie: „Bewusstseinsverändernde Drogen müssten in den Schulunterricht eingeführt werden, damit die Schüler zu einer weltoffenen, befreiten Sichtweise gelangen." Seiner Ansicht nach war es eine Frechheit, dass man den Heranwachsenden diese Art genialer Gedankenschübe vorenthielt.

Als ich mich gerade innerlich fragte, was man darauf entgegnen sollte, entdeckte ich ein kleines Tattoo auf seinem Unterschenkel, das aussah wie ein Penis. Ein wenig stilisiert, aber eindeutig ein Penis. Spyros bemerkte meinen Blick und fluchte: „Fuck off! *Nein*, das soll *kein* Schwanz sein, sondern ein meditierender Buddha!" Ich musste lachen und gab mir Mühe, den Buddha im

Lotussitz zu erkennen. Nun ja, mit einer Portion Fantasie war es möglich – aber im Grunde sah das Tattoo eben aus wie ein männliches Geschlechtsteil. „Es war mein achtzehnter Geburtstag und ich war besoffen. Was also erschien in dieser Nacht logischer, als sich spontan tätowieren zu lassen?“, setzte Spyros zu einer Erklärung an. „Leider kam ich erst auf dem Nachhauseweg auf diese glorreiche Idee, weswegen niemand bei mir war, der mich davon abhielt. Im Tattoostudio kritzelte ich dem Tätowierer meinen Buddha-Entwurf auf ein Blatt. Der grinste nur breit, ließ mich einen Wisch unter-schreiben, aus dem hervorging, dass ich es auch wirklich ernst meinte, und jagte mir das Ding unter die Haut. Als ich meinem Vater kurze Zeit später voller Stolz und im Promillerausch das Tattoo zeigte, schrie er mich an, was mich verflucht nochmal geritten hätte, mir einen Penis zu tätowieren. Und dann sah ich es auch. Nicht gerade ein Sternstundenmoment, aber was soll ich sagen – auf gewisse Weise gehört der Penis-Buddha zu mir. Und ich mag ihn fast sogar ein bisschen.“

Mittlerweile war es dunkel geworden und der Bus kam neben einer schummrigen Rotlichtbar zum Stehen. Vornedran saßen überschminkte Frauen auf Plastikstühlen und glotzten gleichgültig in unsere Richtung. Ihr träger Blick harmonierte wunderbar mit Spyros' Standardgesichtsausdruck, der sich auf einer Skala zwischen vollkommen angepisst und gleichermaßen unbeeindruckt bewegte. Wie jemand, der der ganzen Welt bereits vor langer Zeit abgeschworen hat und die gesamte Menschheit hasst. In dessen Gesicht stets eine Prise unterschwellige Wut mitschwingt, die sich in einem monoton gelangweilten *I don't give a fuck*-Blick in Harmlosigkeit verläuft – das ist Spyros' normaler Gesichtsausdruck im Standby-Modus.

Während sich Spyros ein Battle mit den Nutten lieferte, wer

vom Leben enttäuschter dreinschaute, entlud der Busfahrer die Gepäckstücke auf die staubige Straße, von denen manche schwerer aussahen als er selbst. Als ich Spyros gerade fragen wollte, in welcher Richtung wir die Suche nach einem Hostel beginnen sollten, hielt eine motorisierte Rikscha neben uns. Der Fahrer sprach uns freudestrahlend an: „Hey there! I suppose you are the Greek guy from Australia? Mister Steve is waiting for you. Everything is arranged, just jump in, I am your driver.“ Der dauerhaft gleichgültige Ausdruck in Spyros' Gesicht wich einem breiten Grinsen, und er rief: „Ernsthaft? Der verrückte Bastard ist immer noch hier?“, wobei es sich mehr um eine Feststellung als um eine Frage handelte.

Während wir mit der Rikscha durch Siem Reap fuhren, erzählte mir Spyros begeistert von „Mister Steve“, den er in seinen ersten Tagen in Australien kennengelernt hatte. Zusammen reisten sie in einem Van die komplette Ostküste ab und probierten dabei ein Potpourri verschiedenster Drogen aus. Assoziationen mit Hunter S. Thompsons Schlüsselroman und gleichnamigen Film *Fear and Loathing in Las Vegas* sind hier an der richtigen Adresse – nur die Lokalität eine andere. Überkonsum en masse, manches Mal kurz an der Überdosis vorbeigeschrappt. So lange, bis sich in Steve etwas verschoben hatte. Statt sich unbeschwert in die nächste Runde LSD zu stürzen und den Roadtrip fortzusetzen, ließ er sich von Spyros in Melbourne umgehend zum Flughafen bringen und nahm den nächstbesten Flieger. Wahllos, nach Kathmandu. Spyros tourte noch einige Wochen alleine herum, bis er in der Kebap-Imbissbude landete. Warum Steve so plötzlich abgehauen ist, bleibt für Spyros bis heute ein Rätsel, weswegen er ihn allerdings nicht weniger wertschätzte. „Steve ist eine verdammte Legende! Davon wirst du dich gleich persönlich überzeugen können“, schloss Spyros die Personenbeschreibung des ominösen Mr. Steve, und mit diesen Worten kam die Rikscha vor einem von Palmen verdeckten Gebäude zum Stehen. Da Steve ihn bereits im Voraus bezahlt hatte, gaben wir dem Fahrer lediglich ein Trinkgeld und betraten das YOLO-Hostel. Dass der Name *You Only Live Once* hier Programm zu sein schien, offenbarte sich bereits auf den ersten Metern. Vor uns lag eher ein Partyhotspot als ein Hostel, der bereits von einer Horde feierwütiger Gäste in Beschlag genommen wurde. Sie tanzten in einer ausgelassenen Art und Weise zu basslastiger Musik, als würde die baldige Apokalypse bevorstehen. Damit die Partystimmung auch ja niemals abbrach, liefen Barkeeper mit Schnapsflaschen zwischen den zappelnden Vergnügungssüchtigen umher, um ihnen den hochprozentigen Stoff direkt in die Münder zu verabreichen. Es gab ein DJ-Pult, einen Billardtisch, einen Tischkicker sowie einen großen Pool, in dem sich mehrere Schwimmutensilien aus Gummi befanden. Eine Version davon war eine glitzernde Miniinsel samt Palme, alles in auffälligem Pink gehalten, auf der ein Typ an einem Longdrink nippend fläzte. Auf seinem Kopf thronte ein silberner Cowboyhut, der in starkem Kontrast zu seinem blumigen Hawaiihemd stand, dessen grelle Farben der Schwimminsel den Kampf ansagten. Um seinen Hals schlängelte sich eine schwarze Federboa, die jedes Mal abzufackeln drohte, wenn er an seiner Zigarette zog. Diese steckte in einem länglichen Extrafilter und unterstrich damit die Extravaganz seiner Erscheinung. Als uns der glitzernde Hawaii-Cowboy erblickte, reckte er übereifrig beide Arme in die Höhe, woraufhin erst sein Drink und dann er selbst ins Wasser fielen. Er schwamm mit der durchnässten Kippe im Mundwinkel zu uns herüber, zog sich mit einer Eleganz, die ich ihm bei Weitem nicht zugetraut hätte, aus dem Becken und warf seine langen Haare schwungvoll nach hinten. Spyros hatte nicht untertrieben; Steve sah aus wie eine Mischung aus Kurt Cobain und australischem Surferdude, dessen Gesicht kurz davor war, die besten Jahre bald hinter sich gehabt zu haben. Er hatte die Sorte blaue Augen, die dir suggerieren, dein bester Kumpel oder leidenschaftlichster Liebhaber zu sein – je nachdem, auf welches Geschlecht du stehst. Ein Mensch, der dir ungefragt die Sterne vom Himmel holt – oder ein kaltes Bier in die Hand drückt, bevor dir überhaupt klar war, dass du eins benötigst. Da Spyros und mir dieses Bedürfnis aber mehr als bewusst war, holten wir uns einen Pitcher Bier an der Bar und folgten Steve, der hektischen Schrittes zwischen einigen Palmen verschwand. Hintereinander stiegen wir die Außentreppe des Hostelkomplexes hinauf, bis wir die Dachterrasse erreichten. Dort lagen etliche Strohmatten und Kissen wild verstreut auf dem von der Tagessonne aufgeheizten Beton. Unzählige Teelichter flackerten gegen die Dunkelheit an und überzogen den gebräunten Teint der herumsitzenden Männer und Frauen mit einem warmen Bronzeton. Wir nahmen auf einigen Kissen am Rande des Daches Platz und rauchten einen Joint, während sich Spyros und Steve mit Anekdoten der vergangenen Jahre bombardierten. Als der Pitcher Bier leer war, legte Steve drei Lines Koks aus. Aber anstatt jemanden von uns zu fragen, ob wir auch etwas abhaben wollten, schnupfte er alle hinter-einander. Während er sich zurücklehnte, murmelte er halb entschuldigend, halb erklärend: „Das Zeug ist so low, da musste dir schon ordentlich was in die Nase fetzen, damit es auch ballert." In seinem Blick schwang eine Prise Nervosität mit, als hätten wir ihn gerade bei irgendeiner Schandtat ertappt. Nachdem ich ungefragt erklärte, dass ich aus dem ganzen Chemiezeug raus bin, bereitete Steve drei Lines für Spyros vor, die dieser sich höchst ambitioniert einverleibte. Jetzt hatte ich zwei einen Ticken zu aufgedrehte Grinsekatzen vor mir

sitzen, die mich in erwartungsvoller Hektik anvisierten.
„Das Zeug ist gar nicht mal schlecht, Bro!“, rief Spyros eine Oktave zu laut, worauf Steve entgegnete, dass man sich ja bei den hiesigen Preisen sowieso nicht beschweren dürfe. Kambodscha ist hinsichtlich seiner Preispolitik wirklich ein sehr dankbares Land, wobei *Low Budget* schon fast kein Ausdruck mehr ist, wenn man für zwanzig Euro am Tag wahrlich wie der King leben kann. Man kommt für Unterkunft und Essen auch locker mit ’nem Zehner aus, aber wenn man am Ende des Tages steilgehen will, bekommt man für zwanzig Euro ein wahres Party-Package geboten, das Alkohol, Mitternachtssnack, diverse Drogen und ein Tuk-Tuk zurück ins Hostel locker finanziert – inklusive Puffer, andere noch auf ein oder zwei Runden Bier einzuladen. Also ging ich runter, um einen weiteren Pitcher für uns zu besorgen.
Als ich zurückkam, hatte sich unsere kleine Runde um ein Mitglied erweitert: Anton aus der Ukraine. Abgesehen von seinem Gitarrenspiel hörte man nicht großartig etwas von ihm, was sehr kompatibel mit der Redseligkeit der beiden Jungs war. Die führten gerade eine intensive Debatte über Nasenspray, da sich manche Pharmaproduzenten anscheinend erdreisteten, den Markt mit Produkten direkt aus der Hölle zu überschwemmen. Als ich nachhakte, warum zum Teufel Nasenspray der Luzifer in Sprühform sei, war Spyros gerade bei Line Nummer Sechs des Abends. Vollkommen entgeistert sah er mich an, bis er schließlich zu einer Erklärung ansetzte: „Guck mal, es ist so: Wenn du kokst, dann schwellen deine Nasenschleimhäute an, weshalb du auf das Spray angewiesen bist, wie der Pfarrer auf seine Messdiener. Dabei ist es wichtig, dass du ein natürliches auf Meersalzbasis verwendest und keinen künstlich hergestellten Shit, denn der macht süchtig. Die ganzen Hurensöhne der

Pharmaindustrie wollen uns nur an sie binden, aber nicht mit mir! Wo kämen wir denn hin, wenn ich mich am Ende noch in einen Nasenspray-Junkie verwandle." Ich musste über die Ironie der ganzen Situation schmunzeln: Vor mir saß ein frisch zugekokster Mensch, der von einer ganzen Palette an Substanzen abhängig war und mir allen Ernstes weismachen wollte, er hätte Angst, Nasenspray könnte sein größtes Suchtproblem werden. Steve und Anton nickten voller Anteilnahme und pflichteten Spyros bei: „Yeah, Bro, das wär echt scheiße, von einer chemischen Substanz abhängig zu sein. Wie armselig wäre das denn …" – und zogen noch eine Nase Koks hinterher. Offensichtlich war ich mit meiner Meinung, Nasenspray wäre das kleinste Suchtproblem unserer Runde, alleine.

Im Gegensatz dazu, wie wir es in der westlichen Welt gewohnt sind, fangen Partys in Südostasien ungewohnt früh an und enden meist schon gegen ein oder zwei Uhr nachts. Zwar findet man mit etwas Mühe immer noch irgendeinen Schuppen, in dem man eine Weile weitertrinken kann, aber auch der schließt nicht erst im Morgengrauen. Was sich wiederum positiv auf das Erfolgskonzept der Minimärkte mit Alkohollizenz auswirkt, die die ganze Nacht geöffnet haben und von den Partytigern heimgesucht werden, die sich dem Alkohol bis zum Sonnenaufgang hingeben möchten. Das YOLO-Hostel verfolgte zwar offensichtlich ein Partykonzept, war aber gleichzeitig darum bemüht, dieses in den eigenen Hallen frühzeitig enden zu lassen. Aber wie bringt man eine alkoholisierte und deshalb sehr ambitionierte Partymeute, in die das Hostelpersonal seine Gäste innerhalb kürzester Zeit verwandelt hatte, dazu, ohne großen Protest das Feld zu räumen? Indem man einen Pub Crawl veranstaltet und diejenigen, die meinen, noch nicht genug Promille zu haben, in eine Bar nach der anderen schleppt. So haben es die

Reisenden, die etwas Schlaf brauchen und daher im Hostel bleiben, ab 22 Uhr herrlich ruhig, und die anderen können sich außerhalb des Hostels danebenbenehmen. Was gleichzeitig das Hostelinventar vor volltrunkenen Aktionen mit Zerstörungen im Nebeneffekt oder Verunreinigung durch ungewolltes Ausscheiden von Körperflüssigkeiten schützt. Clevere Nummer. Wir folgten der feierwütigen Horde zur Pub Street, auf der diverse Bars mit lauter Elektromusik und Lichtmaschinen zum Austoben einluden. Da geballte Menschen-ansammlungen und ohrenbetäubendes Techno allerdings gerade nicht unser Ding waren, tranken wir auf der Pub Street nur rasch ein Bier, bevor wir uns auf die Suche nach kleineren Bars in den Nebenstraßen machten. Ich habe bis heute keine Ahnung, ob die Location, in der wir die nächsten Stunden verbrachten, überhaupt eine öffentliche Bar gewesen ist.

Rückblickend handelte es sich wohl eher um einen Privathaushalt, vor dem ein paar Einheimische auf Plastikstühlen zusammensaßen und irgendeinen selbstgebrannten Schnaps tranken. Vermutlich hatten sie genauso wenig Lust auf fremde Feierwütige wie wir in dem Moment, als wir die Pub Street verließen. Doch für diese Art von einsichtiger Perspektivübernahme waren wir leider bereits definitiv zu angetrunken, weshalb wir uns kurzerhand und ohne zu fragen zu ihnen setzten. Falls sie Abneigung gegen unser spontanes Dazustoßen hegten, ließen sie diese nicht durchblitzen. Also blieben wir bei ihnen sitzen, bis die Sonne aufging, und tranken zu viel von der lokalen Hartspirituose, die definitiv das Potential zur Erblindung besaß.

Auf dem Weg zurück ins Hostel litt unser Augenlicht glücklicherweise nicht unter dem Alkoholkonsum. Allerdings setzte das Kopfweh bereits ein, während wir uns eine Nudelsuppe an einem Straßenstand gönnten. Als Anton einen Dollarschein aus der Tasche seines Hemdes herauszog, segelte ein ziemlich mitgenommener Zettel auf den staubigen Boden. Als er den Verlust des kleinen Zettels bemerkte, fing er sogleich an, hektisch danach zu suchen. Er entdeckte ihn vor seinen Füßen, steckte den Fund zurück in die Brusttasche und atmete erleichtert aus. Als wir wissen wollten, was denn so Wichtiges auf dem offenbar wertvollen Dokument stand, meinte er nur knapp: „So ein Finne, mit dem ich einige Monate gereist bin, hat mir den Zettel anvertraut. Es ist eine Nachricht an seine Schwester, die ich ihr übermitteln soll, falls er irgendwo unterwegs draufgeht." Spyros nickte verständnisvoll, als wäre solch ein Prozedere das gängigste auf der Welt. Ich verzichtete aus zwei Gründen auf die Frage, wie Anton von dem Tod des Finnen erfahren sollte, wenn sie nun schon gar nicht mehr gemeinsam reisten: Einerseits, weil man unterwegs lernt, Skurrilitäten einfach hinzunehmen, anstatt zu hinterfragen. Andererseits, weil die Antwort sich bestimmt ohnehin jedweder Logik entbehrt hätte, also konnte man es auch gleich sein lassen.

Wir liefen zurück zum Hostel, wo jeder von uns in seinem Etagenbett sekundenschnell in die Art von komatösem Schlaf fiel, die jeglichen Krach des nahen Umfelds komplett ausblendet. Angesichts der Lautstärke in einem 12er-Dorm benötigt man diesen Skill unbedingt, um nicht ständig von den Geräuschen anderer geweckt zu werden. Leider dauert es oftmals nur wenige Stunden, bis die Geräuschkulisse des Schlafsaals für sich arbeitet und einen aus den Träumen reißt. Sei es, weil Björn meint, fünf Uhr morgens wäre eine gute Zeit, um geräuschvoll sein Backpack zu packen, weil er um sechs den nächsten Bus über die Grenze erwischen muss. Oder Luise ganz ungeniert stundenlang einen Videocall mit ihrem Lover zelebriert, ungeachtet dessen, dass andere pennen wollen. Natürlich machen

Leute wie Björn und Luise auch noch das Licht an, kauen ungehemmt Tortilla-Chips (es ist erstaunlich, wie laut manch einer frittierte Snacks konsumieren kann) und ignorieren dabei vollkommen unverfroren, dass in ihrem vermeintlichen „Private Room" noch elf andere Seelen hausen, deren Schlaf sie mit ihrem Verhalten massivst stören. Trotz Dorm-Dilemmas durch rücksichtslose Björn-Rabauken und schnatternden Luisen blieben wir noch ein paar weitere Nächte im YOLO-Hostel und die Tage zogen wenig ereignisreich auf der Dachterrasse oder am Pool an uns vorbei, sodass gegen Abend stets das Bedürfnis aufkam, noch etwas aus dem Tag herauszukitzeln. Also trieben wir uns jede Nacht erneut durch Siem Reaps verrückte Gassen. Und trotz lähmenden Katers schnappte ich mir eines frühen Morgens ein Fahrrad, um die uralten Tempelanlagen Angkor Wat zu besichtigen. Bei einer Gesamtfläche von 400 Quadratkilometern gibt es dort einiges zu bestaunen, sodass mein Drei-Tage-Ticket selbst dann nicht ausgereicht hätte, wenn ich bereits bei Sonnenaufgang dort gewesen wäre und geblieben wäre, bis der Mond die Sonne abgelöst hätte. Generell hinken Beschreibungen von Landschaften und Orten der Realität gehörig hinterher. Es scheint gänzlich unmachbar, den mystischen Zauber der kambodschanischen Tempelanlage durch Worte gebührend zu transportieren. Ich kapituliere angesichts der schieren Unmöglichkeit, diese Magie schriftlich einfangen zu wollen, und sehe an dieser Stelle von Beschreibungen jeglicher Art ab, da mich dieser magische Ort schlicht und ergreifend überwältigt hat. Angkor Wat zählt definitiv zu den beeindruckendsten Flecken Erde, die ich jemals sah. Dem möchte ich durch Schweigen Ehre zollen, anstatt Worte aneinanderzureihen, die der tatsächlichen Schönheit Angkor Wats ohnehin nicht gerecht werden können.

Am achten Tag hielt es Spyros im Schlafsaal aufgrund rücksichtsloser Bettnachbarn nicht mehr aus, weshalb wir in einer anderen Unterkunft ein billiges Doppelzimmer bezogen. Das Türschloss funktionierte nicht wirklich, die Wände waren aus Pappe und an der Decke prangte Schimmel. Der Boden war komplett verdreckt, die Armaturen verrostet und das einzige Mobiliar im Raum war eine dünne Matratze in einer Zimmerecke. Natürlich waren auch dicke Kakerlaken am Start, die emsig auf den dunklen Fliesen umherwuselten. Spyros schaute reserviert drein, brummte „Was für eine Crackhöhle" und setzte sich auf die Matratze, um sich Ketamin reinzuziehen. Ja genau: halluzinogene Partydrogen am frühen Mittag. Warum nicht.

Ketamin ist eigentlich ein Betäubungsmittel, das seinen Einsatz überwiegend in der Tiermedizin (und dort üblicherweise bei Pferden) findet. Als Rauschdroge wird es meist in Form eines weißen, kristallinen Pulvers gesnieft. Eigentlich kommt man nicht so einfach an Ketamin heran – es sei denn, man ist in Kambodscha, wo dir an jeder Ecke jemand zuflüstert: „Wanna cocaine, my friend?" Gefolgt von Angeboten über Marihuana, Pilzen und anderen Drogen, lange bevor du überhaupt nach irgendetwas davon gefragt hast. Um einen Funken Anstand zu wahren, gibt es das Ketamin allerdings nicht auf der Straße – harte Beruhigungsmittel sind die Domäne der Apotheken. Also klapperten wir Tage zuvor Siem Reaps diverse pharmazeutische Läden ab, bis uns einer davon schließlich das Fläschchen mit der barbituraten Flüssigkeit aushändigte. Erhitzt man das Ketamin lange genug, pulverisiert sich die Flüssigkeit. Das dadurch gewonnene Pulver schnupft man sich dann in die Nase. Nachdem Spyros dies getan hatte, ließ er sich auf die Matratze fallen und döste eine Weile vor sich hin, während ich mir einen

Joint drehte und genüsslich rauchte. Das Gute an einem Travelbuddy, der harte Drogen konsumiert, ist, dass man sich selbst nicht schämen muss, wenn man weiche Drogen zu sich nimmt. Kiffen erscheint im Vergleich zu Ketamin als Unschuldsengel mit Goldlöckchen. Ich schaute mich in dem armseligen Raum um. Der Vorteil von Crackhöhlen wie dieser liegt absolut darin, dass sich ausnahmslos niemand darum schert, was sich hinter der Tür ereignet. Oder das Personal hat schlichtweg Angst, das mit dem Öffnen der Tür herauszufinden (was man ihnen bei dem üblichen Customer Profile nicht verdenken kann), und lässt einen deshalb in Ruhe, wenn man ihnen im Gegenzug nicht mit Ansprüchen an das Zimmer auf den Wecker geht. Es herrscht eine ganz eigene Dynamik innerhalb der Gesetzmäßigkeiten abgeranzter Unterkünfte.

Mit Ausdrücken des Joints beschloss ich, Spyros seinem Rausch zu überlassen. Da ich selbst keine Ruhe fand, war mir eher danach, die Gegend zu erkunden. Also begleitete ich die Kakerlaken nach draußen und beobachtete, wie sie eilig von dannen zogen, bevor ich mich selbst in das Gewusel kambodschanischer Straßen begab. Wir befanden uns etwas außerhalb vom Zentrum, aber es herrschte dennoch der rege Verkehr in kraftvoller Lautstärke, wie man ihn von asiatischen Großstädten kennt. Da es vor Kurzem zum wiederholten Male geregnet hatte, war der Boden großflächig mit rotbraunem Matsch überzogen und dadurch schwer mit Flip-Flops durchquerbar. Zusätzlich wurde mein Bewegungsdrang von der gnadenlosen Mittagshitze binnen Minuten lahmgelegt, also setzte ich mich auf einen der bunten Plastikhocker einer Straßenküche, trank geeisten Mangoshake und verspeiste eine stattliche Portion Amok.[26] Anschließend

---

26 Auch Mok bzw. Ho Mok. Nationalgericht Kambodschas. Bezeichnet das Dämpfen eines Currys im Bananenblatt (www.asiastreetfood.com).

tapste ich zurück in unser abgeranztes Zimmer. Spyros war mittlerweile wieder fit (obwohl sein Gesicht alles andere als frisch aussah) und schwärmte mir begeistert von seinem kleinen Rausch vor. Während des traumgleichen Entgleitens aus der Realität hinein in eine Fantasiewelt gab es eine kurze Sequenz, die ihm Angst eingejagt hatte.

„Da stand auf einmal ein riesiger, in dunkelrotem Pelz gehüllter Schatten vor mir“, begann Spyros zu berichten. „Anstelle eines Gesichts hatte er eine Teufelsfratze. In tiefer Tonlage erzählte er mir von einem urtümlichen Volk, dessen Stammesangehörige sich im Vergessen verlieren. Am Ende der Rede streckte mir der Schattenriese seine Pranke entgegen und forderte mich auf, ihm dorthin zu folgen. Da bin ich abgehauen, so schnell ich konnte, denn das hat mich wirklich gegruselt.“ Sein Gesicht verzog sich zu einem Ausdruck zwischen Angst, Verwunderung und einen Ticken Faszination. Selbige Gefühlsmischung, die sich oft im Ausdruck von Kindern widerspiegelt, wenn sie vor dem Nikolaus stehen – oder der österreichischen Hardcore-Version des Krampus, der ausgestattet mit hölzerner Fratzenmaske weitaus furchteinflößender wirkt.

Ich musste ein Schmunzeln unterdrücken, da Spyros anscheinend ein Gespräch vergessen hatte, das wir mit einem Dude aus dem Hostel einige Tage zuvor geführt hatten. Zu Spyros' Verteidigung musste man ihm zugestehen, dass er schon derbe einen kleben hatte, als wir darüber sprachen. Dass Spyros am Gespräch in irgendeiner Form kognitiv teilgenommen hatte, glich folglich eher einem Ammenmärchen, als realen Fakten zu entsprechen. Trotz des ausgeklügelten Drogencocktails in Spyros' Blutbahn schienen einige Gesprächsfetzen noch in seinem Innern zu schlummern, da er die Thematik unbewusst in seine träumerische Halluzinationsakrobatik einpflegte. Ich setzte mich zu ihm auf die durchgelegene Schaumstoffmatratze und starrte auf die schmuddelige Wand, an der eine Spinne eifrig entlangwuselte. Was erinnert solch ein kleines Tier? Bedeutungsvolle Begegnungen mit achtbeinigen Artgenossen? Glorreiche Jagdmomente, wenn eine besonders dicke Fliege ins Netz gegangen ist? Oder ist ein Spinnenleben dermaßen unspektakulär, dass es ohnehin nichts Heldenhaftes abzuspeichern gäbe? Aber wer hat schon das Recht, darüber zu urteilen, was für ein anderes Lebewesen erinnerungswürdige Ereignisse darstellen? Letzteres ist zutiefst subjektiv und daher unverhandelbar.

Da Spyros sich nicht wirklich daran zu entsinnen schien, was uns der Typ aus dem Hostel über seinen Dschungeltrip im Detail erzählt hatte, berichtete ich ihm davon, als wäre es das erste Mal, dass er dies hörte. Und Spyros riss seine Augen vor Faszination genauso weit auf wie beim letzten Mal, als er die Geschichte noch nicht gekannt hatte. „Tief im Dschungel Kambodschas lebt ein autarkes Volk, vollkommen abgeschnitten von der Zivilisation, komplett sich selbst versorgend. Jeden Morgen trinken sie von einem speziell zubereiteten Sud, der Teile des Gedächtnisses auslöscht. Probiert man nur einige Male davon, betrifft es lediglich ein paar Erinnerungen, die erlöschen. Doch je öfter man den Trank zu sich nimmt, desto mehr breitet sich die Amnesie auf das Langzeitgedächtnis aus. Und konsumiert man das Getränk konstant über Monate hinweg, löscht es jegliche Erinnerungen an frühere Zeiten. Das Vergessen gewinnt nach und nach die Oberhand. Es verhält sich wie bei dem *Nichts* aus Michael Endes Bestseller *Die unendliche Geschichte*: Alles, woran du dich aus deinem Leben erinnerst, wird von einem nebligen Schleier umhüllt, bis es das Langzeitgedächtnis schließlich komplett verschluckt. Was zur Folge hat, dass dieses Dschungelvolk vollkommen im Hier und Jetzt lebt.

Sie wissen nichts von einem *Davor*, denn alles, was der Vergangenheit angehört, wurde in ihren Gehirnen komplett ausgemerzt. Gedanken an die Zukunft werden ebenfalls nicht verschwendet, weil der aktuelle Moment dafür viel zu kostbar erscheint. Sie sind quasi auf ewig im Hier und Jetzt gefangen. Man sagt: Jeder, der bereits dort gewesen ist, kommt zurück und erzählt, er wäre dem glücklichsten Volk der Menschheit begegnet."

Spyros schien energetisch aufgeladen, denn er sprang blitzschnell von der Matratze auf und rief: „Holy shit! Das wäre wirklich die Lösung all meiner Probleme. Dann könnte ich vergessen, dass irgendwo in Australien dieses Crackloch auf mich wartet. Und der Imbissbudenjob. Und alle Verpflichtungen eines erbärmlichen Lebens am Existenzminimum. Dieses Loser-Leben, das irgendwann zu meinem geworden ist."

„Mag sein", entgegnete ich. „Aber was bleibt von dir selbst noch übrig, wenn du alles vergessen hast? Dein eigenes Ich formt sich doch wesentlich aus Erfahrungen. Es entwickelt sich aus all dem, was du erlebt hast, und wächst durch neue Erlebnisse stetig weiter, indem du ihnen in Form von Erinnerungen einen festen Platz in dir zuteilst. Zu wissen, wer du selbst bist und wie du zu dem Menschen geworden bist, der heute hier steht, speist sich doch aus der Bandbreite an Erlebnissen, auf die das Gedächtnis zurückgreifen kann. Erfahrungen, die einen geprägt haben, bewusst wie unbewusst. Wobei Letzteres die weit größere Quelle darstellt, die sich wohl niemals vollends erfassen lässt. Was passiert, wenn all das Erlebte wegfällt, weil man einen Gedächtnisverlust erleidet? Sind wir dann nicht mehr als eine inhaltsleere Hülse?"

Spyros bewegte sich aufgebracht durch das kleine Zimmer, lief emsig von einer Wand zu anderen. „Das ist übelst krass!", rief er. „Stell dir das nur mal vor: einfach *alles* vergessen. Komplettes Ausradieren des Gedächtnisapparates. Kognitiver Meltdown der eigenen Lebensgeschichte. Wer ist man dann noch? Was bleibt von einem selbst übrig, wenn alle Erinnerungen wegfallen?"

Ich dachte einen Moment darüber nach, bevor ich entgegnete: „Für das eigene Selbstbild scheinen Erinnerungen extrem wichtig. Aber inwieweit beeinflusst der Zugriff darauf – oder das Unvermögen, es abrufen zu können – die Persönlichkeit eines Menschen? Und wie nehmen mich andere Menschen wahr, wenn nicht mal ich selbst einen Plan über meine eigene Person habe?"

„Vielleicht erscheinst du ihnen wie ein Art Geist? Dein Inneres nicht wirklich greifbar, deine Persönlichkeit nicht wirklich einschätzbar." Spyros raufte sich die Mähne.

Ich zündete mir eine Zigarette an, bevor ich antwortete. „Durchaus möglich. Aber denk mal daran, wie man unterwegs mit anderen Reisenden Kontakt aufbaut. Anfangs wissen beide Parteien zunächst nichts voneinander. Absolute Tabula rasa. Die anderen haben von all dem, was vorher dein Leben war, nicht die geringste Vorstellung – und du auch nicht von ihrem. Und trotzdem erscheinen sie dir als Persönlichkeiten mit Präsenz, obwohl du lediglich das von ihnen wahrnimmst, was sie dich wissen oder glauben lassen wollen. Jeder Mensch hat einen rohen Kern, den die anderen spüren – ob dir das schmeckt oder nicht. Und ich glaube, dieser Kern, dieses rohe Ich, ist stets da. Unabhängig davon, wie viel man selbst noch von seiner Vergangenheit weiß oder nicht."

„Ja man, absolut richtig!" Spyros steckte sich ebenfalls eine Kippe an und rauchte einige Minuten genüsslich vor sich hin, während wir beide unseren Gedanken nachhingen. So faszinierend dieses Dschungelvolk mit ihrer amnestischen

Selbsthilfe auch war (und sicherlich auch glücklich im Moment lebend) – tauschen wollte ich mit ihnen auf gar keinen Fall. Jedes Erlebnis, das sich in meinem Leben ereignet hatte, wurde als wesentlicher Teil in mein Gedächtnis integriert. All die wundervollen wie auch die unschönen Erfahrungen haben mich zu der Person geformt, die ich heute bin. Und letzten Endes dazu geführt, dass ich nun um die Welt reise. Auch wenn der Weg dahin hart war, oftmals traurig, manchmal allein, mit Ängsten besetzt und Unsicherheiten gepflastert – ich möchte niemals vergessen, *warum* ich dieses Leben gewählt habe, geschweige denn den Prozess verdrängen, der zu dieser Entscheidung geführt hat. Denn das ist meine Geschichte. Das ist, was ich bin und mich lebendig fühlen lässt. Auch wenn ich nicht vollkommen schuldbefreit durch die Welt hüpfe, denn Deutschland verlassen zu haben, bohrte mir in manchen Momenten ein schlechtes Gewissen in die Magengegend. Eine Traurigkeit, die niemand in der Lage ist, von mir zu nehmen, und die zu einem Teil meines Selbst geworden ist. Vielleicht werden die Schuldgefühle niemals aufhören und müssen einfach von mir akzeptiert werden, denn das Leben kann nicht immer nur Pommes und Disco sein, wie Nick Martin in seinem Buch schrieb.[27] Als könnte Spyros meine Gedanken lesen, flüsterte er mir ins Ohr „In dir erkenne ich übrigens eine düstere Last herumwüten. Ausgelöst von einer Komponente deines Ichs, mit der du nicht mal ansatzweise im Reinen bist. Könntest du dich an diesen Teil nicht erinnern, würde ich ihn wohl ebenfalls nicht wahrnehmen. Aber er ist da. Und ich hoffe sehr, du vertraust mir noch an, was da so dunkel in dir brodelt."

Ich weiß nicht, ob es am Inhalt von Spyros' Worten lag. Oder daran, dass er manchmal diesen Hang zu theatralischer

---

[27] Siehe *Literaturempfehlungen*: Nick Martin.

Dramatik hatte und der warme Atem seiner geflüsterten Worte aufgeregt mein rechtes Ohr kitzelten. Aber was es auch war, das mir einen leichten Schauer über den Rücken jagte – es musste unterbunden werden. Sofort. Also war es nun an mir, euphorisch von der Matratze zu springen und die beste Verdrängungsmethodik voranzutreiben, die ich zur Hand hatte: „Lass uns ein paar Bier trinken gehen. Diese Crackhöhle macht mich noch krank."

Bepackt mit einem Beutel Gras steuerten wir eine Reggae-Bar an, in der wir uns einige Nächte zuvor vergnügt hatten. Wir machten es uns auf den dicken Kissen gemütlich, die auf den zusammengezimmerten Holzpaletten der Terrasse lagen, tranken eisgekühltes Bier und rauchten hin und wieder einen Joint. Keiner von uns beiden sprach es aus, aber ich bin mir ziemlich sicher, dass Spyros es ebenfalls genoss, dem deprimierenden Flair unserer Unterkunft entkommen zu sein.

Nach einer Weile musste ich pinkeln und lief durch die verrauchte Bar, vorbei an einigen Dudes mit Dreadlocks und Mädchen in Hippieklamotten, die alle bekifft und glücklich aus der Wäsche guckten. Auf dem Klo stellte ich mir die Frage, ob es wohl irgendeine Reggae-Bar auf diesem Planeten gibt, die nicht das totale 68er-Klischee bedient. Die Vorstellung, statt Rasta-Männern und Twerk-Chicks anzugtragende Wallstreet-Haie und *Prada*-Girls vorzufinden, wenn ich gleich wieder die Tür öffnen würde, brachte mich zum Schmunzeln. Mein Blick streifte über den mehr als versifften Boden und blieb an einem Stück Papier hängen, das ich in dem schummrigen Licht nach einer Weile als Banknote identifizierte. Ich knöpfte meine Shorts zu, betätigte die marode Klospülung und bückte mich nach dem ziemlich mitgenommen aussehenden Schein. Ich war mir eigentlich sicher, dass es sich lediglich im 5000 Riel handeln wür-

de, was umgerechnet nicht mal einem Euro entsprach. Doch als ich die Banknote auseinanderfaltete, blieb mir fast die Spucke weg: Ich hielt hundert US-Dollar in den Händen! Völlig euphorisch stopfte ich den Geldschein in meine Hosentasche und konnte es kaum erwarten, ihn Spyros zu zeigen.
„Alter, ich habe auf der Toilette gerade 'nen Hunni gefunden," wendete ich mich so leise wie möglich an Spyros, obwohl ich am liebsten losgebrüllt hätte. Äußerungen dieser Art sollte man in einem der ärmsten Länder der Welt vermutlich eher mit gedrosselter Lautstärke von sich geben. Zumal sich der einstige Inhaber des Scheins bestimmt nicht weit entfernt aufhalten würde. Also bezahlten wir schnell unser Bier und liefen zur Pub Street, wo wir erstmal in euphorisches Gekreische verfielen. „Lass uns darauf einen doppelten Tequila trinken!", schrie ich. „Hervorragende Idee", lautete Spyros' Antwort, woraufhin wir uns in der anbrechenden Nacht verloren.
Als wir am nächsten Morgen aufwachten, bezweifelte ich aufgrund meines körperlichen Zustands stark, dass die Idee mit dem Tequila tatsächlich so hervorragend gewesen war. Mein Schädel tat höllisch weh und mir war kotzübel. Also blieb ich erstmal eine Weile liegen und versuchte, mir die Ereignisse der letzten Nacht ins Gedächtnis zu rufen – doch als wesentlich von Erfolg gekrönt war dies nicht zu bezeichnen. Ich bekam lediglich zusammen, dass wir eine Menge Schnaps in uns reingeschüttet sowie ausgelassen auf der Straße getanzt hatten und dabei von einigen Asiaten mit dem Handy gefilmt wurden. Ansonsten herrschte riesige Leere in meinen vermatschten Hirnwindungen. Und was die ganzen Mangos sollten, die überall im Zimmer verteilt herumlagen, konnte ich mir noch weniger erklären. Wenigstens rochen sie gut, was man von Spyros nicht behaupten konnte, der mit offenem Mund neben mir schnarch-

te. Als ich gerade dachte, dass er mir später bestimmt einige Puzzleteile der letzten Nacht zuschieben würde, begann es: ein ohrenbetäubender, jegliche Wände und Türen durchdringender, den ganzen Körper durchbohrender Krach. Eine Art K-Pop dröhnte von draußen durch die Lautsprecher, die Siem Reaps Straßenlaternen zierten, und beschallte unaufhörlich das gesamte Viertel. Spyros wurde aus seinem Schlaf gerissen (andernfalls hätte ich mir aufgrund der Lautstärke Gedanken darüber gemacht, ob wir ihn ins Koma gesoffen oder sonst wie kaputtgemacht hatten) und fluchte: „Dreht die verfickte Musik leiser, ihr bastardierten Arschlöcher! Sind hier denn alle gestört?“ Es war sechs Uhr in der Früh. „Es hört bestimmt gleich wieder auf“, versuchte ich ihn zu besänftigen. Tat es aber nicht. Weder gleich noch in den nächsten vier Stunden. Es war einfach nur auf die gleiche Weise unaushaltbar wie verrückt. Da unser Aktivitätslevel aufgrund zombieartigen Katerzustands gegen null ging, vergruben wir die Köpfe in den Sweatern, die als Kissenersatz fungierten, und hofften, das klirrende Krächzen möge bald ein Ende finden. Selbst Oropax waren nicht in der Lage, die schrillen Klänge komplett auszublenden. Nicht auszumalen, was der Lärm mit unseren lädierten Hirnen anstellen würde, sobald wir einen Fuß vor die Tür setzten, wenn unsere Trommelfelle drinnen schon kurz davor waren, zu zerbersten. Gellende Gebetsschleifen, die soundtechnisch seltsamerweise an Bienenschwärme erinnern und aus den Lautsprechern der Moscheen in den muslimisch geprägten Orten Südostasiens dröhnen und dich zu Unzeiten aus dem Schlaf reißen, sind ein akustischer Witz dagegen. Also blieben wir im Zimmer und verleibten uns eine Mango nach der anderen ein. Eine Erklärung für die Masse an Südfrüchten, die uns umzingelten, konnten unsere Gedächtnisse bis zum heutigen Zeitpunkt nicht hervorbringen – was zu der Erklärung verleitet, wir hätten uns die letzte Nacht zu dem Dschungelvolk gebeamt und mit ihnen nackt ums Lagerfeuer tanzend mit dem prickelnden Blackout-Sud angestoßen. Doch diese Theorie schien zu abgespaced, um wahr zu sein.

„Der Hundertdollarschein ist jedenfalls unberührt“, stellte ich beim Griff in meine Hosentasche fest. Aber wie konnten wir uns dann in solch einen Zustand katapultiert haben? „Ganz simpel“, klärte Spyros mich auf. „Irgendwann hast du mitten auf der Pub Street wie von zehn Taranteln gestochen getanzt und mich mitgerissen“, grinste er breit. „Die Passanten haben uns die Scheine nur so vor die Füße geworfen. Sollten wir öfter so machen, scheint lukrativ zu sein. Mittlerweile müsste auch ein Video davon online sein.“ Und tatsächlich: irgendeine der Smartphone-Aufnahmen wurde auf *YouTube* hochgeladen und zeigte uns beide ausgelassen (und glücklicherweise angezogen) auf der Pub Street bei strömendem Regen herumtanzen. Um uns hatte sich ein Kreis aus kreischenden Asiaten gebildet, die uns in regelmäßigen Abständen mit Dollarnoten bewarfen. Weitere Lichter im Dunkel unseres Blackouts blitzten allerdings auch nach der vierten Mango nicht auf, weshalb wir uns darauf konzentrierten, nach vorne zu schauen, und aufhörten, uns dem Irrglauben hinzugeben, Vitamine wären tauglich, um Gedächtnislücken zu stopfen. „Ich weiß, wofür wir die hundert Dollar einsetzen“, rief ich Spyros zu, der es mittlerweile ins Bad geschafft hatte, um sich die Mangofasern von den Zähnen zu putzen. „Wir mieten uns eine abgefahrene Hütte, für die wir im Normalfall niemals so viel Geld hinblättern würden.“

Wenn man verkatert nach Unterkünften sucht und ein Hammer-Angebot findet, breitet sich ein unglaublich befriedigendes Gefühl in einem aus, das sich zwischen Sinnhaftigkeit, Erfolgserlebnis und Vorfreude bewegt – erst Recht, wenn es das Ticket

aus einem Crackloch wie diesem darstellt, in dem wir uns aktuell aufhielten. Kurzerhand fand ich online eine Villa, komplett aus Holz gebaut, mit ausladendem Balkon, riesigem Bett und Jaccuzi, die ich uns prompt für zwei Nächte buchte. Die Vorstellung, unsere Ärsche für die nächsten Tage in solch einer luxuriösen Unterkunft zu parken, durchjagte unsere ausgelaugten Körper mit ungeahnten Energien, weshalb wir schleunigst unsere Sachen zusammenpackten und per Tuk-Tuk zur Villa aufbrachen.
Beim Anblick der Räumlichkeiten konnten wir es nicht fassen: Alles sah exakt so aus wie auf den Fotos der Homepage. Was nicht wirklich immer eine Selbstverständlichkeit ist – ansonsten wären wir beispielsweise nie in der Crackhöhle gelandet, die sich im Internet nobler präsentierte, als sie in Wahrheit war. Wir hüpften freudeschreiend durch die Räumlichkeiten und konnten den Luxus und die Sauberkeit, die uns umgab, nicht fassen.
Anschließend liefen wir in den nächsten Convenience Store und deckten uns ordentlich mit Bier, Wein, Zigaretten und allen möglichen Fressalien ein, damit wir die Villa in den nächsten Tagen nur in dringenden Notfällen verlassen müssten. Wir informierten Steve über unsere grandiose Errungenschaft der Immobilienwelt, der sich schnurstracks auf den Weg zu uns machte. Uns überkam in dieser Nacht alle ein *Kevin-allein-zu-Haus*-Feeling und wir konnten gar nicht aufhören, uns am Wohlstand zu erfreuen. Ich lebte dies mit Alkohol, Diazepam und Gras aus, Steve und Spyros genehmigten sich zu den Drinks Ketamin und Speed im Wechsel. Bei Steve führte dies dazu, dass er irgendwann vollkommen fertig auf dem Badezimmerboden einschlief. Spyros hingegen dopste wild herum und war der festen Überzeugung, sich auf dem Mond zu befinden. Da Drogen wie Ketamin lediglich für den Konsumenten selbst ein faszinierendes Erlebnis darstellen, setzte ich mich nach einiger

Zeit etwas genervt (es war ja nicht das erste Mal, dass Spyros seinen eigenen Film fuhr und für die Außenwelt gänzlich abgeschottet war) mit einer Flasche Rotwein auf den riesigen Balkon und überließ ihm seinen Weltalltrip. Ich zog mich aber noch aus einem anderen Grund zurück: Ich spürte eine Art psychisches Sodbrennen in mir brodeln, das mir sauer aufstieß, gemeinsam mit dem bitteren Beigeschmack einer dunklen Schwere, die mir vermittelte, mit etwas nicht im Reinen zu sein. Natürlich wusste ich genau, was es war. Aber anstatt mich mit dem Gefühl zu befassen, steckte ich mir lieber noch eine Diazepam in den Mund und spülte sie mit einem ordentlichen Schluck Wein runter. Ich wollte gerade nicht traurig sein. Nicht in dieser Nacht, in dieser prunkvollen Unterkunft. Wieso konnte mich all das aktuell nicht glücklich machen? Endorphine auslösen, die alles andere in den Hintergrund drängen? Im selben Moment, wie ich die Flasche wütend auf den Holzboden knallte, sprang die Tür auf und Spyros heraus auf den Balkon. Er schrie „Ich bin ein Astronaut! Steff! Ich bin ein gottverdammter Astronaut! Wohoo!“, woraufhin er auf das Balkongeländer zusteuerte. Er kletterte blitzschnell auf die Brüstung und wollte zum Sprung ansetzen, als ich ihn gerade noch rechtzeitig am Arm packte und vor einem Absturz bewahrte. „Sag mal hast du sie noch alle?!“, schrie ich ihn an und konnte die Beinahefolgen seiner nicht vorhandenen Zurechnungsfähigkeit kaum fassen. Mit großen Augen blickte er mich entgeistert an und murmelte „Aber ich bin doch ein Astronaut …?“, woraufhin ich ihn wütend anpflaumte: „Nein, zum Teufel, du bist kein verfickter Astronaut. Du bist ein zugeballerter Dude, der sich gerade fast umgebracht hätte beim Versuch, die Gesetze der Schwerkraft zu überwinden. Verdammt nochmal, Spyros, hör auf, dich immer so zuzudröhnen und räum stattdessen mal dich und dein Leben auf!“

Spyros’ Augen füllten sich langsam mit Tränen, die im Mondlicht glitzerten, und man merkte ihm die Verständnislosigkeit hinsichtlich der Gesamtsituation an, zu der er bereits vor Sonnenuntergang jeglichen Bezug verloren hatte. Sofort bereute ich meinen Gefühlsausbruch, drückte ihn an mich und registrierte, dass sein Körper vollkommen ausgekühlt war. Also steckte ich ihn in den heißen Jacuzzi, geleitete Steve von den Badezimmerfliesen ins Bett, kehrte wieder auf den Balkon zurück und fühlte mich wie eine Mutti, die sich nach einem harten Tag der Versorgung ihrer Brut eine Zigarette anzündete. Ich legte mich auf die Holzdielen und betrachtete den klaren Sternenhimmel. Die beruhigende Wirkung des Diazepams hüllte mein Gemüt langsam in ein wattiertes Wohlfühlstadium und gestattete aufkommender Traurigkeit keinen Platz an diesem Set – zumindest für heute. Mein Handy gab kurz einen Ton von sich. Adrian, ein Freund, der in Hanoi lebte und davor selbst jahrelang rumgereist ist, wollte wissen, wo ich mich aktuell herumtrieb und ob es mir gut ginge. Nach kurzem Überlegen tippte ich: *Habe gestern auf der Toilette in einer Reggae-Bar hundert Dollar gefunden, weswegen ich gerade in einer Villa in Siem Reap bin und eben meinen Travelbuddy davor bewahrt habe, sich im Ketaminrausch vom Balkon zu stürzen.* Was mich zum Schmunzeln brachte – vor allem, weil das Adrenalin aus meinem Körper wich und eine angenehme Entspannung zurückließ. Weil letzten Endes alles gut ausgegangen und Spyros noch am Leben war – damit das auch so blieb, hatte ich vorsorglich den Föhn aus dem Badezimmer entfernt. Man weiß ja nie, wie seine ketamingekickte Wahrnehmung für dieses Utensil im Weltraum Verwendung finden könnte. Meine Aufmerksamkeit schweifte zurück zu dem anderen Teil von Adrians Nachricht. *Ob es mir gut ginge.* Ich hielt einen kurzen Moment inne, in dem ich versuchte, Ereignisse und emotionale Prozesse der letzten Monate in eine komprimierte Form zu bringen, bevor ich tippte: *Seit ich Deutschland endgültig verlassen habe, fühle ich mich lebendig und frei wie noch nie. Ich bin glücklich, dass ich mich gegen den deutschen Alltag entschieden habe und bereue es keine Sekunde.* Adrians Antwort kam prompt: *Verstehe. Dann genieße es, aber pass auf dich auf und verliere dich nicht zu sehr – es gibt noch etwas zwischen Ketamin in Kambodscha und einem Reihenhaus-Idyll in der Pfalz.*

Ich habe keine Ahnung, wie es manchmal funktioniert, dass geliebte Menschen dir trotz tausender Kilometer Entfernung im passenden Moment die richtigen Gedanken zuspielen. Adrian hatte vollkommen Recht: Ich sollte die Zeit hier genießen, doch so wie gerade konnte es nicht ewig weitergehen. Mir war bewusst, diese Welle nicht unendlich reiten zu können, da kein Leben für immer unter maximaler Freiheit gelebt werden konnte. Man musste der ganzen ausgelebten Vergnügungssucht irgendwann einen Schlussstrich setzen, wenn man noch irgendwie an einer Gesellschaft außerhalb von Utopia teilnehmen wollte. Trotzdem pochte etwas in mir darauf, dieses Zwischenuniversum der Backpacker-Bubble weiter zu ergründen. Es so lange es ging auszukosten, mich darin zu verlieren und zu verdrängen, dass dieser Lifestyle langfristig zu nichts Solidem führt. Es muss ja nicht alles, was man im Leben tut, mit bierernster Sinnhaftigkeit belegt und maximal zukunftssichernd sein. Das Diazepam hatte mittlerweile einen Schleier der Glückseligkeit über mich gelegt und kurz darauf schlief ich unter freiem Himmel ein.

Als ich am nächsten Morgen aufwachte, war Steve bereits verschwunden und statt seiner lag Spyros in dem wolkengleichen Bett. Wir bestellten Pizza und guckten Filme auf dem Handy, bis es dunkel wurde. Und dann passierte es: Die ganze depressive Schwere, die ich in der vergangenen Zeit so erfolgreich unterdrückt hatte, bahnte sich von der einen auf die andere Sekunde einen Weg an die Oberfläche. Radikal, blitzschnell und lautlos wie ein abgeschossener Pfeil. Ein Krokodil, dass verborgen unter der Wasserfläche lauerte und im richtigen Moment hervorpreschte, wenn keiner damit rechnete. In mir brachen ohne jeglichen Reiz von Außen alle Dämme und ich heulte Ewigkeiten in Spyros' Armen Rotz und Wasser. Spyros drückte mich einfach nur – keine Ahnung, wie lange – an sich und flüsterte hin und wieder: „Lass einfach alles raus, das tut gut. Es ist okay, ich bin da." Manchmal braucht es nicht mehr. Nachdem ich mich wieder einigermaßen gefangen hatte, setzten wir uns mit einer Tasse Tee auf den Balkon und verfielen erst einmal in tiefes Schweigen. Ich, weil ich gerade viel zu ausgelaugt und unsortiert war, um auf den Punkt zu bringen, was in mir abging. Spyros, weil er ja gar nicht wusste, was los war. Aber irgendwann war er es, der die Stille unterbrach. Erst mit einem Seufzer, dann mit folgenden Worten: „Weißt du, ich habe euch damals zugehört. Dir und Tofer, als ihr in Phnom Penh auf der Terrasse saßt. Niemand möchte schlechte Stimmungen in sich spüren oder charakterliche Schwächen haben. Seiten an sich entdecken, die man nicht leiden kann. Daher versucht man, diese Anteile vor sich und anderen zu verstecken oder sie nur im stillen Kämmerlein auszuleben. Dass das nicht gesund ist, weißt du vermutlich selbst. Ich habe keine Ahnung, was dich in deinem Innern umtreibt und es geht mich auch nichts an. Aber es muss ein ziemlich großer Brocken sein, mit dem du noch nicht im Reinen bist. Doch anstatt ihn wegzuschieben – was, wie wir gerade sehen, nur bedingt funktioniert – solltest du ihn vielleicht einfach als einen Teil von dir akzeptieren. Erfahrungsgemäß hört es dann auf, in dir zu rumoren, wenn du ihm einen

Platz in dir zugestehst. Und vielleicht kannst du damit anfangen, indem du drüber sprichst.“

So sehr ich mich davor sträubte, mich damit zu befassen – etwas in mir wusste, dass Spyros verdammt Recht hatte. Also erzählte ich ihm alles.

Ich erzählte ihm, wie ich nach meinem ersten Backpackingtrip nach Hause kam und nicht mehr dieselbe Person war. Wie falsch ich mich in Deutschland fühlte und dass ich mir das Haus-Ehe-Kind-Konzept immer weniger vorstellen konnte. Wie die Erwartungen in meinem Umfeld stiegen, mich endlich wieder in heimischen Gefilden einzugliedern, während sich in mir eine Sucht nach Langzeitreisen ausbreitete und ich deswegen eine erneute Reise antrat, die noch mehr in mir veränderte. So viel, dass ich bereit war, die Liebe meines Lebens dafür aufzugeben, und Joscha und ich uns trennten, kurz nachdem ich ein zweites Mal aus Asien zurückkam. Dass ich mich bis zum heutigen Tag für meinen Egoismus schämte, dem Travel-Lifestyle den Vorzug gegeben, Joscha deswegen verlassen und uns beide traurig gemacht zu haben. Ich redete über meine Schuldgefühle, da dies alles nur wegen mir und meinem Fernweh so gekommen war. Und von dem Schmerz, der bis heute anhielt, obwohl die Überzeugung, es sei damals die richtige Entscheidung gewesen, die Beziehung aufzulösen, nach wie vor Bestand hat.

Ich erzählte Spyros von meinen Ängsten, dass ich nach Jahren des Um-die-Welt-Reisens am Ende vielleicht unfähig wäre, an einem festen Ort glücklich zu werden – geschweige denn mit einer anderen Person an meiner Seite. Anscheinend fing diese Glücksblockade ja schon an, da ich momentan keine große Begeisterung mehr darin empfand, permanent neue Leute kennenzulernen, wie es anfangs noch der Fall war. Dass ich am Otres Beach nur die negativen Seiten der Travelermaschinerie sehen konnte, von der ich ebenfalls ein Teil bin. Spyros hörte aufmerksam zu, während ich mich um Kopf und Kragen redete und wie ein Rohrspatz rauchte.

„Momentan zweifle ich daran, dass mein gewähltes Lebenskonzept das Gelbe vom Ei ist. Ich meine, schau mich an: Ich bin 33 Jahre alt und was mache ich aus meinem Leben? Der puren Vergnügungssucht frönen. Und nicht mal das kann ich, weil ich mich momentan einfach nur beschissen fühle und dir seit Stunden etwas vorheule, anstatt das alles hier zu genießen“, endete ich meine verzweifelte Hasstirade gegen mich selbst. Spyros blickte mir tief in die Augen und sagte: „Akzeptiere doch einfach mal die Person, die du bist – mit all ihren egoistischen Arschlochanteilen – und verabschiede dich von der Version, die du gerne wärst, aber niemals sein wirst.“ Da ich nicht wusste, was ich darauf entgegnen sollte, fuhr Spyros fort. „Irgendwas im Universum führte dazu, dass du dich alleine auf deine erste große Reise begeben hast. Schicksal, Bestimmung, göttliche Fügung oder lapidarer Zufall – vollkommen egal. Dann kamst du zurück und hast versucht, dich in Deutschland wieder einzufügen, aber die Leidenschaft, die in dir fürs Reisen entfacht wurde, wollte keine Ruhe geben. Also bist du ein zweites Mal losgezogen und in der Folge war für dich klar, dass es genau das ist, was du für dein Leben willst – und nichts anderes. Du hast herausgefunden, was du dir für dein Leben wünschst, und es in die Tat umgesetzt. Es gab keine Alternative, denn durch das Reisen hat sich zu viel in dir verändert, sodass du dich mit deinem Zuhause nicht mehr identifizieren konntest. Die Veränderungen konntest du weder ignorieren noch die Erinnerungen vergessen – und das sollst du auch gar nicht. Damit gehörst du zu den Menschen, bei denen *Oh, wie schön ist Panama* nicht greift.“ Ich blickte ihn verdutzt an, doch Spyros sprach unbeirrt weiter: „Der kleine Tiger und der kleine Bär sind daheim nicht mehr glücklich. Empfinden es immer nur als das, was es im Kern unromantisch ausgesprochen ist: ein und dasselbe. Anstatt Glückseligkeit in dieser sicheren Komfortzone zu verspüren, verlassen sie diese, um Panama zu finden – ihren Inbegriff von *Dort-ist-das-Gras-grüner*. Sie ziehen los, laufen im Grunde jedoch nur eine lange Zeit im Kreis. Als sie schlussendlich wieder zu ihrem einstigen Zuhause zurückkehren, erkennen sie es allerdings nicht wieder, da alles verwittert und somit nicht mehr als ihr altes Heim identifizierbar ist. Also denken sie, dass sie in Panama angekommen sind, und ziehen euphorisch in das Haus ein, ohne zu wissen, dass es sich dabei *nicht* um Panama handelt."

„Weiß ich doch. Haben wir jetzt Märchenstunde, oder was?", fragte ich ungeduldig. Anscheinend war ich zu verbohrt, das Offensichtliche zu sehen, denn Spyros stieß einen Seufzer aus und sagte in einem Tonfall, den man bei Kleinkindern anwendet, wenn man ihnen die Welt erklären möchte: „Bei dir handelt es sich definitiv um das *Panama-Reverse-Syndrom*."

„Was soll denn das bitte sein?" Ich schaute ihn entgeistert an. Spyros trank den letzten Schluck Tee, bevor er zu einer Erklärung ansetzte. „Tiger und Bär haben ihr Zuhause nicht mehr erkannt und wägten sich am Ort ihrer Träume, weshalb sie dort glücklich bis ans Ende ihrer Tage verweilten. Bei ihnen hat sich innerlich nichts verändert, aber die äußeren Umstände so sehr, dass sie dort erneut leben und glücklich sein konnten. Eben weil sie davon ausgingen, sie würden sich komplett woanders befinden. Aber du bist nach Deutschland zurückgekehrt und hast festgestellt, dass sich nichts am äußeren Konstrukt verändert hat. In deinem Innern hingegen allerhand. Daher war es dir gar nicht möglich, dieses Leben, das du davor gelebt hast, weiterzuleben, denn es passte nicht mehr mit deinem inneren Zustand zusammen. Also musstest du erneut deinen Rucksack packen und fortgehen. Um dein persönliches Panama zu suchen, denn dein einstiges Zuhause konnte nicht mehr der Ort sein, an den du dich von ganzem Herzen wünschst. Tiger und Bär fanden ihr Glück in vermeintlich gewandelten äußeren Umständen, wobei sie lediglich in ihr altes Heim zurückkamen, innerlich aber dieselben blieben. Bei dir ist es hingegen umgekehrt: Dein Inneres hat sich verändert und nun willst du herausfinden, welche äußeren Gegebenheiten dazu kompatibel sind, denn die alten reichen nicht mehr. Du wirst alldem so lange nachspüren, bis deine innere mit der äußeren Welt erneut im Einklang steht. Du brauchst eben andere Dinge, die dich glücklich machen, als ein sicheres Zuhause. Und ich finde, du solltest stolz darauf sein, dass du auslotest, wie dein persönliches Panama aussieht, anstatt dich dafür zu schämen, wer du bist und was dich hierhergeführt hat. Hör auf, dich wegen dieser Entscheidung schlecht zu fühlen! Und wer schert sich schon darum, dass du Anfang dreißig bist? Klar blieb die Komplettumkrempelung deines Lebens nicht ohne Folgen für andere Menschen, die dir wichtig sind, und Joscha hast du damit sicherlich verletzt. Euch beide. Wir haben ja vor ein paar Tagen bereits besprochen: Deine Vergangenheit macht dich zu einem wesentlichen Part aus. Dass darin auch schlechte Anteile herumdiffundieren, ist doch ganz natürlich. Wären die Schattenseiten nicht dagewesen, wärst du heute höchstwahrscheinlich noch, wo du eigentlich gar nicht mehr hineinpasst: in einem Leben im deutschen Hamsterrad. Vermutlich wärst du in irgendeiner Vorstadtsiedlung gerade dabei, den Garten von Unkraut zu befreien. Aber ich glaube, wir wissen beide, dass dich das nicht erfüllen würde."

Ich dachte lange über Spyros' Worte nach. Sie hatten Tiefgang, sie waren kernig – und brachten es ziemlich genau auf den Punkt. Die dunklen psychischen Abgründe, die in Form des Backpackingblues auf mich einprasselten und die mir eine radikale Auseinandersetzung mit innersten Wünschen und Sehnsüchten aufzwangen, haben mich dazu veranlasst, mein Leben von Grund auf zu ändern. In der Folge haben sie mich zu all den Orten geführt, an denen ich bereits gewesen bin, und letzten Endes hierher: auf einen Balkon in Siem Reap neben einen verrückten Griechen, der überraschend weise Worte an mich richtete. Diese Worte schafften in meinem Innern eine Klarheit und ich fühlte mich auf wundersame Weise zurechtgerückt.

Bevor ich mich fragte, seit wann wir beide in der Lage waren, philosophische Konversationen zu führen, blies Spyros geräuschvoll den Rauch seiner Zigarette aus und rief schallend: „Die Tiger- und der Bärpenner kamen auf ihrer Reise bestimmt in Kontakt mit diesem Dschungelvolk, das sich im Vergessen verliert. Die Wilden haben den beiden sicherlich jegliche Erinnerungen mit ihrem Drogensud weggepustet. Daher kamen Tiger und Bär dann vollkommen hohl zurück und konnten ihr Glück im alten Zuhause finden." Spyros reichte mir die Kippe und zündete sich selbst eine neue an. Danach trank er seinen Tee aus, öffnete eine Dose Bier und wurde wieder ernst. „Vergiss niemals deine Geschichte, Steff. Das, was dich hierhergeführt hat. Denn das ist im Wesentlichen, wer du bist. In jeder guten Geschichte gibt es nicht nur eitel Sonnenschein, sondern auch Höllenseiten. Aber wenn du nicht imstande bist, Letztere zu ertragen, sollten wir uns noch heute Nacht auf den Weg in den Dschungel machen und uns mit den kambodschanischen Dudes im amnestischen Drogensumpf verlieren."

Im gleichen Moment, als Spyros' Worte gemeinsam mit dem Zigarettenqualm über seine Lippen traten, wusste ich in einer nie zuvor dagewesenen Klarheit: Innerlich nochmal zurück auf *Los* gehen, indem bestimmte Erinnerungen ausradiert werden, kam für mich keinesfalls in Frage. Wie jeder andere Mensch auch besitze ich positive und negative Anteile, und meine bisherige Lebensgeschichte durchziehen helle genauso wie dunkle Abschnitte. Ich betrachte meine Erinnerungen als eines der kostbarsten Dinge, über die ich verfüge. Mir graut es davor, sie zu vergessen, und gäbe es Speichermedien für Gedächtnisanteile, würde ich darin einen Großteil meines Geldes investieren. Aber bis es so weit ist, bleibt mir nur Stift und Papier.

What the FUCK

(Vietnam. Und überall.)

Wenn du Liebe willst, man
versteck dich im Streichelzoo.
(Dendemann)

A: „Mit dir will ich definitiv pennen!"

B: „Ich kann aber nicht, ich hab eine Freundin daheim in England."

C: „Also, wenn er nicht will … Ich würde auf der Stelle mit dir schlafen!"

A: „Ich will aber mit dem da schlafen!"

B: „Das geht leider nicht … Ich bin keiner von denen, die ihre Partnerin betrügen. Man ey, wenn ich nur für eine Nacht Single wäre!"

C: „Nun, ich bin immer noch bereit, falls du deine Meinung änderst."

Eine Zigarette vergeht. In dieser Zeit hängt jeder gedanklich in seinem persönlichen Pornofilm (mit jeweils anderer Besetzung der Hauptrollen), dessen Handlung sich ausschließlich um die Umsetzung der eigenen Bedürfnisbefriedigung dreht. Trotzige *Ich will aber, und zwar jetzt!*-Mantras übernehmen erneut das Steuer, als der Geist mit dem Ausdrücken der Zigarette wieder Kurs auf die Realität nimmt.

A *(zu C)*: „No way! Ich hab's auf den da abgesehen." *(zeigt auf B)*
B: „Ich würd ja schrecklich gerne, aber – verfickte Scheiße!"
A: „Das mit deiner Ollen versteh und respektier ich, aber vielleicht überlegst du es dir ja doch noch anders."
C: „Wenn ich nochmal etwas dazu sagen darf: *Ich* würde liebend gerne mit dir schlafen."
A: „Ist angekommen, Dude. Allerdings bin ich nun mal heiß auf Steve."
B: „Fuck! Aber ich kann das echt nicht bringen …"

Ich nahm noch einen Schluck aus meiner Bierflasche und überlegte, ob diese Unterhaltung zwischen uns dreien wohl die Unendlichkeit überdauern würde, wenn keiner bereit wäre, von seinem Standpunkt abzuweichen, und dadurch eine Änderung des niemals zu Papier gebrachten Skripts entstünde. Steve starrte gänzlich mit der Situation überfordert in den klaren Sternenhimmel und grub seine Füße tief in den Sand. Wenn man high genug war, konnte man Engelchen und Teufelchen hören, die auf seinen Schultern ein moralisches Battle um Treue versus Triebhaftigkeit austrugen.
Jay startete einen letzten Versuch, als er mir ins Ohr flüsterte: „Ich würde dich liebend gerne mit in meine Hütte nehmen und so richtig verwöhnen." Ich drückte ihm einen Kuss auf die Backe und den Joint in die Hand und stand auf, um eine neue Runde Bier zu besorgen.

Als ich den Minimarkt verließ und gerade dabei war, meine Flipflops zwischen einem Dutzend anderer vor der Tür des Ladens ausfindig zu machen, schlenderte ein Typ mit Dreadlocks und zerrissenem Hemd vorbei.

Seine stahlblauen Augen scannten meinen Körper von oben

nach unten ab, während meine Füße ihre vertraute Position im eingelatschten Schuhwerk einnahmen. Zusammen mit dem Zigarettenrauch hauchte er ein *Hallo* über seine Lippen, das lässig klingen sollte, allerdings ein wenig holprig dahergestolpert kam. Es erinnerte auf eine gewisse Art an unbeholfene Teenagertage, in denen man seinem Selbstwert hinterherjagt, der einem permanent abhandenkommt. Um Interpretationen keinen Raum zu lassen und seine Unsicherheit zu kaschieren, fragte er einen Tick zu schnell, ob mich *die beiden Penner vom Strand* belästigen würden. Sollte dies der Fall sein, könnte ich ihn begleiten, er sei gerade auf dem Weg zu einer einsamen Lagune. Vielleicht hätte ich Lust auf gemeinsame Sonnenaufgangsbetrachtung und ein bisschen Romantik? Er wäre *ein Gentleman und selbstverständlich ganz anders als die zwei Trottel*, zu denen ich gerade zurückkehren wollte.
Ich schüttelte immer noch den Kopf, als ich erneut meinen Platz zwischen Jay und Steve einnahm, und unsere kleine Debatte um *Wer geht mit wem heim?* setzte sich noch eine Weile ohne nennenswerte Änderungen fort.

Was sich anhört wie das Zusammentreffen sexuell ausgehungerter und vollkommen hormonüberladener Gestalten, ist auf dem Banana-Pancake-Trail ein ziemlich alltägliches Szenario. Wäre Tinder eine olympische Disziplin, der Banana-Pancake-Trail würde sich als das moderne Kolosseum anbieten, wo die Spiele ausgetragen werden. Sex gehört zum perfekten Urlaubsszenario einfach dazu. Beim Genuss eines kühlen Blonden am Strand muss eine braungebrannte Blonde neben dir auf dem Handtuch sitzen, sonst fehlt etwas im Paradies. Oder eine rassige Schwarzhaarige, heiße Brünette, sommersprossige Rothaarige. Lateinamerikanerinnen mit Traumkörpern, schüchtern lächelnde

Asiatinnen mit wunderschönen Gesichtszügen oder grazile Schwedinnen, die eigentlich auf einen Laufsteg gehören anstatt auf ausgelatschte Trampelpfade in Goa, wo sie sich bei einer Wallfahrt à la Jakobsweg durch Indien selbst finden wollen. Es scheint kein Land zu geben, das bei den klassischen Backpacker-Destinationen nicht in Form eines heißen Repräsentanten vertreten wird.

Eine Kulisse aus Palmen im Nacken, Sand unter den Füßen und ein atemberaubender Sonnenuntergang im Vordergrund erledigt den Rest, um sämtlichen Anstand ins kognitive Hinterstübchen zu verbannen. Wie auch schon Adam und Eva schmerzlich erfahren mussten, verleitet das Paradies ratzfatz dazu, Prinzipien hinter sich zu lassen. Oftmals greift die selbst zurechtgezimmerte *Was in Bla passiert, bleibt in Bla*-Moral, um den Seitensprung in Mallorca, Thailand oder sonst wo auf der Welt rechtfertigen zu können. Vor sich selbst und niemand anderem versteht sich, denn Fremdgehen ist weder eine Heldentat noch eine willkommene Kaffeekränzchenthematik. Von Saufabenden mit den Kumpels mal abgesehen, die lasziven Bettgeschichten eher zugeneigter sind – zumindest nehmen sie diese mit mehr feuriger Begeisterung auf als die langjährige Partnerin, wenn man mit einem Blumenstrauß plus Beichte des Seitensprungs um die Ecke kommt. Um sich selbst und die Schnittblumen zu schützen, fechtet man den sexuellen Fehltritt meistens im stillen Kämmerlein mit sich selbst aus, denn ein Geständnis erfolgt in den seltensten Fällen. Und während Jörg mit Inge vorm Fernseher den Acht-Uhr-Nachrichten mit einer gehörigen Portion schlechtem Gewissen frönt, stolzieren auf den Paradiesinseln dieser Welt die halbnackten Verlockungen wie am Fließband vorbei und der Alkohol regelt das mit den Hemmungen. Die Tatsache, dass zu Hause verdammt weit weg ist (gefühlt wie gedanklich und örtlich), füttert die Gier nach unbändiger Freiheit und macht vor Treuegelöbnissen keinen Halt. Und so sitzt man nach einem dreiwöchigen Mexikourlaub mit den Jungs voller Schuldgefühle in der Boeing nach Stuttgart, während die Freundin bereits das Abendessen in der gemeinsamen Altbauwohnung vorkocht.

Nahezu alle, die länger als ein paar Wochen mit Rucksack oder Rollkoffer losziehen, möchten ihre sexuellen Bedürfnisse nach einer gewissen Zeit befriedigen – und das geht nirgendwo dermaßen einfach wie auf Reisen. Unterwegs herrscht ein hemmungsloserer Umgang mit der triebhaften Lust, den eigenen Genpool mit anderen Nationen zu vermischen. Unterm Strich ergibt das ein sexuelles Potpourri zwischen verschiedenen Ländern, Kulturen und Religionen. Kanadier vergnügen sich mit Polen, Mexikaner mit Holländern, Russen vögeln Österreicher, Australier steigen mit Griechen in die Kiste und Spanien vereinigt sich mit England. Die Kombinationsmöglichkeiten scheinen endlos und erinnern an den Spielplan der kommenden Fußballweltmeisterschaft. Pierre aus Paris macht Resi aus Zürich schöne Augen und Alison aus Kalifornien verschwindet mit dem sizilianischen Pepe für die nächsten Stunden in dessen Strandhütte.

Weltweit ganz oben im Ranking steht Sex mit Schweden. In diesem Punkt sind sich nahezu alle einig, dass Menschen mit schwedischen Wurzeln gnadenlos gutaussehend und unverschämt sexy sind. Eine weitere Trophäe erntet man durch Sex mit japanischen Frauen, denn die rumzukriegen, ist angeblich gar nicht so einfach, weil sie schrecklich prüde sein sollen.

Flaggensammeln wird die geistreiche Challenge sexueller Variationen unter Backpackern unliebevoll bezeichnet, die sich einzig und allein darum dreht, wie viele unterschiedliche Nationalitäten des Geschlechts der Begierde man ins Bett kriegt. Gehts noch romantischer? Ich fürchte, das ist schwer zu toppen. *Zeigen Sie mir einen Backpacker, der keinen Sex hatte, und ich zeige Ihnen eine sehr traurige Person.*[28] Tatsächlich bringt es dieses Zitat ziemlich auf den Punkt, denn scheinbar versuchen alle krampfhaft, *nicht* diese Person zu sein.

Israel mischt in den globalen Bettkerbenwettbewerb nochmal eine ganz andere Würze. Israelische Frauen sind ausnahmslos wunderschön, aber leider auch selten in anderen Teilen der Welt anzutreffen. Vielleicht wird ihre Optik durch minimale globale Verfügbarkeit um einige Klassen aufgewertet, denn bekanntlich begehrt jeder das umso mehr, was er nicht kriegen kann oder rar ist. Seltenheit verursacht Sexappeal. Israelische Männer trifft man hingegen weltweit an, denn nachdem sie die Armee durch laufen haben, müssen sie erstmal mit dem klarkommen, was sie dort jahrelang sehen und ertragen mussten. Zum Zwecke der Verdrängung von Erinnerungen direkt aus dem freudschen Unter-Ich schwärmen sie in verschiedene Winkel des Planeten aus, wobei jeder sein eigenes Konzept fährt, um das psychische Gleichgewicht wiederherzustellen. Viele von ihnen bereisen nach dem Wehrdienst Südamerika und koksen sich in Kolumbien in den Exodus. Manche investieren ihr Entlassungsgeld vom Militär in den psychogenen Sud Ayahuasca in Venezuela oder lecken in Peru den Rücken der Aga-Kröte ab, um mithilfe des psychedelisch-halluzinogenen Sekrets ihr Bewusstsein aufzuräumen. Andere versuchen die Armee zu vergessen, indem sie durch die Anden trekken, die Tiefen des Amazonas durchqueren oder sich auf Salsa-Partys die Seele aus dem Leib feiern. Diejenigen, die es nicht nach Südamerika verschlägt, suchen ihr

---

28 Iris Bahr in *Bloß keine Pornos* – Interview in *Der Freitag* vom 16.09.2010

Glück in Europa oder durchstreifen verschiedene Länder in Südostasien. Dabei stechen sie oftmals durch ihre Verrücktheit hervor, die man ihnen allerdings nicht verdenken kann. Falls ihre Militärgeschichten auch nur die Hälfte an Wahrheit beinhalten, haben sie ein Ausmaß an Dingen zu verarbeiten, von der Sorte, die man unmöglich verarbeiten kann. Und weil das den meisten wohl auf eine unerklärliche Art und Weise unbewusst bewusst ist, scheinen sie sich damit abgefunden zu haben. Offenbar führt das in der Summe dazu, dass sie ihre Verrücktheiten ohne jegliche Hemmungen ausleben.
Ein weiterer Teil der ex-militanten Israelis bleibt in Indiens Hippiehochburg Goa kleben, in der Hoffnung, die Psyche mit Marihuana, Opium oder Pilzen in die richtige Spur zu bringen. Manche hängen dort so lange fest, bis sie von einer israelischen Spezialeinheit eingesammelt und nach Hause gebracht werden. Aber bis es so weit ist, versuchen sie neben ihrem strammen Drogenkonsum ebenfalls, sich mit Frauen aus allen möglichen Ländern zu vereinigen, als würde die Welt mit Anbruch des nächsten Tages untergehen.

Männer und Frauen, die bei der interkulturellen Orgie nicht mitmischen können, weil sie gemeinsam mit ihrem Partner reisen, sind die bemitleidenswerten Verlierer des orgastischen Flaggenderbys. Sie stehen wie Außenseiter am Rande des Schulhofs und schielen verstohlen zur Raucherecke, wo die coolen Jungs lässig ihre *Marlboros* paffen und mit den schönsten Mädchen des Jahrgangs flirten. Heiko, der bereits seit acht Jahren mit seiner Katie-Maus zusammen ist, würde natürlich liebend gerne die heiße Brasilianerin ficken, die sich einige Meter vor ihm auf dem Strandtuch räkelt. Prompt werden seine Gedanken von Katies nöliger Stimme unterbrochen, die sich mal wieder bei ihm dar-

über beschwert, dass er statt *Coke Zero* nur die Lightversion von der Strandbar mitgebracht hat. Außerdem sei die Dose auch nicht richtig kalt. Und wieso überhaupt eine *Dose*? Ob er ihr denn letzte Nacht nicht zugehört habe, als sie über globale Müllprobleme referierte. Warum er ihr denn *grundsätzlich* nie zuhöre, das sei doch wirklich nicht so schwer?! Verständlicherweise verliert sich Heiko in solchen Momenten gedanklich lieber mit seiner Zunge zwischen den endlos langen Beinen der Latina, die in diesem Moment allerdings einem durchtrainierten Norweger ihr schönstes Lächeln schenkt.
Dumm gelaufen für die Langzeitpärchen, die lediglich den Sex haben, den sie untereinander schon seit Jahren praktizieren, denn Monogamie ist das Konzept, das die Mehrheit verfolgt, obwohl es die wenigsten wirklich zu wollen scheinen. Egal ob Single oder „Schatzi Hasi", eins ist gewiss: Definitiv jeder stellt sich hier Sex mit anderen vor. Die omnipräsente Halbnacktheit aufgrund von Hitze fördert Gedankengänge zutage, die es mit jedem Pornodrehbuch aufnehmen können. Bemitleidenswerter Langzeitbeziehungsheiko, dem lediglich die unausgelebte Phantasie übrig bleibt.

Treffen verschiedene Backpacker aufeinander, kristallisieren sich eigene Dynamiken heraus. Aus diesen lassen sich gewisse Muster erkennen, die sich weltweit ereignen. Beispielsweise meiden Solo-Backpacker in der Regel den Kontakt mit Pärchen, denn Letztere führen Ersteren vor Augen, dass sie alleine sind. Man möchte zwar alleine *reisen*, sich aber nicht alleine *fühlen*.
Umgekehrt suchen Pärchen seltener die Gesellschaft anderer, weil sie einander in den meisten Fällen genügen. Da ein Großteil der Pärchen ein monogames Dasein fristet, schließt sie das von der interkulturellen Orgie automatisch aus – manchmal zum Är-

gernis anderer. Es gibt wenig Abturnenderes als den Moment, in dem man registriert, dass der heiße Surferdude eine Olle am Start hat. Für Singles ist es unschön, glückliche Pärchen in ihrer harmonischen Zweisamkeit zu beobachten, wenn sie dir eng verschlungen gegenübersitzen. Auf diese Weise verursachen sie im Alleinreisenden ein unangenehmes Gefühl von Einsamkeit. Wer monatelang nomadenhaft durch die Welt zieht, hat ohnehin manchmal mit Einsamkeitsgefühlen zu kämpfen, und es ist ein Fakt, dass das Beobachten scheinbar glücklicher Beziehungen diese triggert.[29]
Ein wahres Sodom und Gomorra stellen in diesem Zusammenhang die frisch Verliebten dar. Pärchen, die gerade ihr einwöchiges Kennenlernen feiern, haben ein nahezu unverschämtes Level an Glücksgefühlen gepachtet, die sie ausschließlich durch den neuen Partner erleben können.

Hat man sich auf Reisen kennengelernt und hüpft zusammen im Rausch intensiver Verliebtheitsgefühle von Insel zu Insel, hat man ein Nirwana-artiges Stadium erreicht, weil es innerhalb des Backpacker-Lebens keine größeren Sorgen gibt als die Auswahl des nächsten Strands, Restaurants oder Schnorchel-Spots. Traumszenerien, die keinen *Instagram*-Filter nötig haben und die perfekte Kulisse abgeben, um sich in den Augen des Angebeteten zu verlieren, zu knutschen, sich gegenseitig abzulecken und Körper aneinanderzureiben. Das volle Programm eben, das niemand ertragen kann außer die beiden Turteltäubchen selbst. Man kann sich nur schwer beherrschen, beim Anblick solch geballter Romantik nicht in Endlosschleife zu kotzen. Für die im

[29] Fairerweise muss man an dieser Stelle hinzufügen, dass keineswegs alle Pärchen der Sorte *wildrumturtelnde Schnulzen* angehören und man mit manchen wunderbar gemeinsam für einige Zeit reisen kann. Aber da der thematische Schwerpunkt des Kapitels bei Sex liegt, bleibt es an dieser Stelle beim Vermeidungsfaktor des Alleinreisenden gegenüber Pärchen.

siebten Himmel schwebenden Symbiose-Pärchen werden die anderen Reisenden unsichtbar wie ein Haufen Frodos, die sich den Ring an den Finger gesteckt haben. Die imaginären Eheringe sind schon kognitiv geschmiedet und die Liste der Hochzeitsgäste an die beste Freundin verschickt, die schmachtend in Regensburg sitzt und sich bereits Gedanken über den Junggesellinnenabschied macht, den es zu organisieren gilt.

Von den Frischverliebten mal abgesehen möchte der Großteil der Traveler wild mit anderen durch die Nacht kopulieren. Der Faktor *Unverbindlichkeit* scheint Hemmschwellen im großen Stil niederzureißen, denn man kann ebenso unproblematisch wieder auseinandergehen, wie man die Nacht zuvor zusammengefunden hat. *Ich muss meinen Flug nach Manila erwischen, aber es war echt schön mit dir*, schützt dabei eher die Ehre des anderen als Aussagen wie *Du bist zwar ganz nett, aber ich glaub, das mit uns beiden geht nicht über 'ne schnelle Nummer hinaus.* Man gerät gar nicht erst in irgendeine Erklärungsnot – die Lebenssituation regelt einen reibungslosen Abgang von selbst. Der zelebrierte Lifestyle eines Backpackers schraubt romantische Hoffnungen herunter, denn nur die Naiv-Dümmlichsten erwarten großartige Bindungs- oder Familiengründungstendenzen von einer Person, die schon seit Jahren nomadenhaft durch die Welt zieht. Die meisten Langzeitreisenden haben sich mit Kauf des One-Way-Tickets dem sicheren Konzept von *Ehe/Haus/Kind* für die kommenden Jahre bewusst entsagt. Warum also sollten sie durch ein paar gemeinsam verbrachte Stunden all ihre Prinzipien über den Haufen werfen? Sich auf Reisen zu verlieben, stellt eine Gefahr dar, den dauerhaften Trip womöglich unterbrechen zu müssen, da niemand ein großartiges Freiheitsgefühl mehr empfinden kann, wenn sich Liebeskummer bemerkbar macht, weil die neue Angebetete im Flieger zurück nach Amsterdam sitzt. Der One-

Night-Stand ist das, wonach Langzeitreisende suchen, denn er verspricht effiziente Bedürfnisbefriedigung bei minimalem Risiko, innerhalb der kurzen miteinander verbrachten Zeit Gefühle zu entwickeln. Am nächsten Tag zieht man vollkommen unverfroren weiter, weil sonst Verpflichtungen auf einen zukommen könnten, denen man mit Verlassen des einstigen Zuhauses ja bereits erfolgreich den Rücken gekehrt hat.

Die Hemmschwelle, sich auf One-Night-Stands einzulassen, sinkt zunehmend, wenn der Rucksackreisende alleine unterwegs ist. Beim Solo-Traveln ist kein Zeuge zugegen, der am nächsten Tag im ganzen Viertel erzählen könnte, was für eine Schlampe man ist, weil man schon mit drei verschiedenen Pablos verkehrte, oder dass das Mädel von letzter Nacht gar nicht so heiß war. Zudem erwartet niemand das Ablegen einer Rechenschaft, also fühlt man sich frei, zu tun und auszuprobieren, wonach einem der Sinn steht.
Durch den Umstand, dass man seine imaginären Zelte meistens bereits nach ein paar Tagen wieder an einem anderen Ort aufschlägt, bekommt nicht mal die temporäre Hostelgemeinschaft Wind davon, mit wie vielen Menschen man sich in der letzten Zeit vergnügt hat. Konfliktpotential sowie Rechtfertigungszwang sind also eindeutig herabgesetzt. Dieser Umstand führt fast schon zwangsläufig dazu, Hemmungen und Bedenken jeglicher Art beiseitezuschieben, und begünstigt, sich unbefangener auf wildfremde Personen einlassen zu können.
Im Anschluss kann man die orgastischen „Superhelden“-Storys freizügig mit anderen teilen, da die Zuhörer lediglich temporär am Start sind. Die Gefahr, sie würden nach dem Trip mit deinem Leben zu Hause in Berührung kommen, geht deutlich gegen null. Und da Erlebtes erzählt werden will, weil es in uns

Menschen ansonsten das Gefühl verursacht, nicht stattgefunden zu haben, hörst du unterwegs die kuriosesten Geschichten.
Irgendwann wunderst du dich schon gar nicht mehr, wenn Bjarne dir mit stolzgeschwellter Brust erzählt, dass er am Ende „mit beiden Mädels gleichzeitig in der Kiste gelandet“ ist, obwohl er bei seiner Rückkehr nach Dänemark die Verlobte vor den Altar führen möchte.
Der Zwanzigjährige, der dir vollkommen geflasht von seiner letzten Nacht berichtet, in der er mit einer sechzigjährigen Lady „die sexuelle Erfahrung seines Lebens“ hatte, bringt dich nach einer Weile auch nur noch schwer aus dem Konzept.

Tinder folgt während des Reisens ebenfalls anderen Regeln. Der schambefreite Umgang drückt sich schon bei der Gestaltung des Profils aus. Unverblümt können Fetische geäußert werden, da dies dem heimischen Umfeld aufgrund der Entfernung verborgen bleibt. *I want to eat your ass, ass to mouth, all night long* oder *I am the guy who wants to split your pussy* gehören zum Tinderslang der Menschen, die es weit entfernt von ihrem Alltagsleben krachen lassen möchten.
Selbstredend befinden sich auf der Dating-Plattform auch Menschen, denen man live und in Farbe begegnen möchte. Dabei sorgt die inhaltliche Ausgestaltung eines Treffens für eine andere Erfahrung als eine Verabredung im Ruhrpott. Ein Tinder-Date am anderen Ende der Welt kann bedeuten, ganz selbstverständlich am weißen Sandstrand Cocktails zu schlürfen, weil man die paradiesischen Zustände gepachtet hat. In einem Baumhaus Sternschnuppen zu beobachten, die am dunklen Firmament vorbeisausen, umgeben von einem Konzert aus Urwaldgeräuschen, das aufgrund seiner Lautstärke Gespräche beinah unmöglich werden lässt (was nicht immer das Schlechteste ist). Am Rande

einer Klippe zu picknicken und Blitzen dabei zuzusehen, wie sie sich weit entfernt am Horizont im Sekundentakt entladen. Nicht selten kommt es vor, dass Konversationen vor der Verabredung so aussehen: *Ich geh noch kurz Speerfischen, wir sehen uns zum Sonnenuntergang in meinem Van hinter dem Tempel?* Oder man wird gefragt, auf welcher Insel man sich treffen möchte, die letzte Fähre würde um 17 Uhr ablegen. Somit verhält es sich bei Treffen über Tinder wie mit dem Reisen an sich: Es steht gehörig im Kontrast zu heimischen Verhältnissen. Dass das Auswirkungen auf das eigene Verhalten hat, ist die logische Konsequenz.

Alltag und Exotik als zwei gegensätzliche Pole. Sobald der eine Bereich den anderen berührt, geht das zu Lasten der Komponenten, die ihn definieren. Ein Haus in Venice Beach ist nur bedingt fancy, wenn man sich darin aufgrund einer Siebzig-Stunden-Woche lediglich zum Schlafen aufhält. Genauso wenig kann ein Haushalt gewissenhaft geführt und ein Familienleben gepflegt werden, wenn man permanent um den Planeten jagt. Digitales Arbeiten ermöglicht zwar in gewisser Weise einen Travel-Lifestyle, nimmt jedoch das berauschende Gefühl purer Freiheit, eben weil man nicht vollkommen frei ist. Gleiches gilt für Blogger und Influencer, denn egal wo sie sich befinden oder hingehen werden, die Gedanken kreisen bereits um den nächsten Blogeintrag, die *Instagram*-Story oder *TikTok*-Videos. Wie viel dann noch vom eigentlichen Backpacker-Vibe übrig bleibt, ist fragwürdig.
Man muss sich für ein Lebenskonzept entscheiden, denn eine Kombination funktioniert nur bedingt bis gar nicht. Familie, Karriere oder Backpacking in Reinform. Du musst den Fokus auf einen dieser Bereiche legen, nur dann kannst du ihn mit vol-

lem Bewusstsein auskosten. Hat man dem Traveler-Lifestyle den Vorzug gegeben und tindert sich durch Hawaii, Moskau oder Dubai, heben sich die Geschehnisse von bekannten Dating-Erlebnissen ab.
Was keineswegs bedeuten soll, dass dies immerzu erfüllend ist, denn Überraschungen funktionieren in die positive wie auch in die negative Richtung. Dadurch kann es zu weirden Erfahrungen kommen, die man hinterher lieber schnell vergessen möchte.

Widmet man eine Phase seines Lebens dem Backpacken, lernt man vor allem zwei Dinge: spontaner zu entscheiden und sich alter Denkmuster zu entledigen. Neues kennenzulernen, wird zum Job der kommenden Monate. Vollkommen klar, dass diese veränderte Lebenssituation auch Auswirkungen auf das Sexualverhalten hat. Allerdings gesellen sich einige Komponenten hinzu, die der leidenschaftlichen Vereinigung manchmal im Wege stehen. Oder diese Erfahrung zumindest nicht zu der überwältigenden Granate werden lassen, wie man es sich noch ein paar Stunden zuvor in der Bar ausgemalt hat.
Welchen Schwierigkeiten der Umsetzung begegnet man auf Reisen, wenn man schließlich eine Person gefunden hat, die mit einem schlafen möchte? Ganz oben steht hierbei die Unterkunft, die sich bei den meisten Backpackern auf einen Schlafsaal beläuft, den man sich mit bis zu zwanzig anderen teilt (in ganz harten Fällen auch mehr). Was aber nicht automatisch jeden davon abhält, Sex im Etagenbett mit Pedro Sanchez oder Amelie Chauvel zu praktizieren und seine Zimmergenossen akustisch daran teilhaben zu lassen. Diejenigen, die aus Rücksicht auf andere keinen Geschlechtsverkehr in ihrem Bunkbed verüben, müssen dann zum Dank den der anderen ertragen. Gesegnet

seien Ohropax!
Manche erweisen ihren temporären Bettnachbarn Respekt, indem sie nach Alternativen zum Sex im Schlafsaal suchen, wobei es fast immer auf den Strand hinausläuft. Was sich im ersten Moment extrem romantisch anhört, entpuppt sich bei näherer Betrachtung zu einer eher weniger prickelnden Angelegenheit – es sei denn, man ist betrunken genug, um die Stiche von Sandfliegen und Moskitos nur noch geringfügig wahrzunehmen. Wenn man Pech hat, gesellen sich Straßenhunde mit ins Geschehen. Entweder sind sie aggressiv und unterbrechen dadurch die lustvolle Vereinigung in Sekundenschnelle oder sie sind liebesbedürftig und drücken dies aus, indem sie sich intensiv an einen schmiegen, während man selbiges eigentlich mit seiner Eroberung vorhat. Neben animalischen Begegnungen muss man sich vor den Vorbeilaufenden schämen, denn selbst nachts hat man den Strand in den seltensten Fällen für sich alleine. Sex am Meer ist also nur bedingt geil und der ganze Sand zwischen den Körpern macht es irgendwie auch nicht besser.
Ist man sich diesen Fakten bewusst und noch halbwegs bei Verstand, versucht man, noch irgendwie spontan ein Doppelzimmer zu ergattern, um sich ungestört und sorgenfrei ausleben zu können. Allerdings halten die asiatischen Einheimischen oftmals wenig von der radikalen Umsetzung unbefangenen Sexualverhaltens, weswegen sie selten Zimmer an Pärchen vermieten, die vermutlich gar keine sind, da sie erst spätabends spontan einchecken wollen. Gehört man zu den Glücklichen, die bereits im Vorfeld ein Doppelzimmer gebucht haben, wähnt man sich schon auf der sicheren Seite, das Vorhaben mit der anderen Person easy und ohne störende Insekten, Straßenköter oder Gaffer verwirklichen zu können. Bedauernswerterweise wird man dann oftmals vom Hostelpersonal höflich, aber bestimmt

darauf hingewiesen, dass keine zweite Person, die nicht vorher beim Check-in angekündigt (und in manchen Fällen mit Ausweis angemeldet) wurde, über Nacht mit auf das Zimmer darf. In der Folge landet man also doch am Strand oder versucht, sich in den Pool einer Hotelanlage zu schmuggeln. Bei dieser Variante kann man allerdings ebenfalls nicht hundertprozentig entspannen, da man vor dem Sicherheitspersonal auf der Hut sein muss, das meist in der Nähe vor sich hindöst und erstaunlich leicht aufzuwecken ist.
Man kann selbstredend kreativere Orte aufsuchen, um sein Verlangen nach ein bisschen Liebe und zu viel Geilheit zu befriedigen. Doch muss man damit rechnen, in den seltensten Fällen ungestört zu bleiben. Oder für diese Taten definitiv Minuspunkte auf der Karma-Skala zu ernten, was zur Wiedergeburt in Form eines Stückes Holz führen könnte. Letzteres ist ohnehin wahrscheinlich, weil man durch Langzeitreisen per se ein unverschämtes Level an zwanglosem Nichtstun, purer Vergnügungsauslebung und Gönnung erreicht hat. Warum also bei der Gesamtabrechnung vor der Himmelspforte noch um das Thema *Ungehemmte Triebauslebung* scheren? Der Platz in der Unterwelt ist doch ohnehin bereits gesichert.

Neben der geeigneten Location gibt es noch andere Schwierigkeiten beim Ausleben sexueller Vergnügungen. Besonders toll ist es beispielsweise auch, wenn das Worst-Case-Szenario eines jeden One-Night-Stands eintritt: Das Kondom reißt. Glücklich sind diejenigen, die sich in solch einem Moment nicht mit ihrem Zelt irgendwo auf 4000 Meter Höhe oder im Dschungel und somit einen Dreitagesmarsch fernab der Zivilisation befinden, denn die Pille danach muss spätestens innerhalb von 72 Stunden eingenommen werden. Sportliche Naturerfahrungen tätigt man generell entweder allein, mit einem Kumpel oder innerhalb einer Gruppe und meistens liegt der Fokus in dieser Zeit eher nicht auf Sex. Was folglich bedeutet, dass man sich zum Zeitpunkt eines One-Night-Stand-Crashs wohl wahrscheinlicher an einem Ort befindet, an dem Infrastruktur vorhanden ist – und nicht im Basecamp des Mount Everest, einem Biwak an der Steilwand des El Capitan oder einem Zelt in der Wüste Gobi. Weiterhin kommt einem die Unkompliziertheit zugute, in Asien problemlos Medikamente erwerben zu können, die bei uns in Europa niemals rezeptfrei über den Apothekentresen wandern würden. Voller Reue, maximal schlechten Gefühlen und in den meisten Fällen verkatert sucht man nach der Sexpanne die nächstgelegene Apotheke auf. Dort gibt man sein Bestes, um dem hiesigen Personal sein Anliegen in einer anderen Sprache so diskret und leise wie möglich vorzutragen. Parallel dazu versucht man, sich nicht in Grund und Boden zu schämen, wenn das Verständnisproblem eine gefühlte Ewigkeit andauert und sich die Apotheke derweil mit Kunden füllt. Das Gefühl der Erleichterung ist immens, wenn der Apotheker schließlich das gewünschte Produkt auf den Tresen legt und lächelnd erklärt, wie es einzunehmen ist. Wie oft er den Text wohl schon runtergeleiert hat? Auf touristisch hochfrequentierten Partyinseln wohl mehrmals pro Tag. Dieser Gedanke lässt aufkommende Schamgefühle erträglicher werden. Es fühlt sich immer besser an, wenn man nicht der Einzige ist, der Scheiße baut.

Innerlich befasst man sich bereits mit möglichen Geschlechtskrankheiten und fragt zweimal nach, wenn einem eröffnet wird, dass das Medikament umgerechnet weniger als zwei Euro kostet. Während man fassungslos sein Geld aus der Hosentasche friemelt, fallen einem mindestens zehn Dinge ein, die teurer sind als diese Tabletten, und verlässt voller Verwunderung den Laden. Man schraubt die Wasserflasche auf, in der Hoffnung, alle schlechten Gefühle gemeinsam mit der Pille runterzuspülen. Während die Flüssigkeit die Kehle hinunterrinnt, schwört man sich, in Zukunft vorsichtiger zu sein. Bevor man die Verpackung in den Abfalleimer schmeißt, ist man verblüfft darüber, wie unkompliziert es sich im eigentlich so prüden Thailand gestaltet, an solch zukunftsverändernde Hormonbomben zu gelangen. Bei einem letzten Blick auf die im Müll liegende Pillenpackung registriert man, dass der Name des Medikaments absurder nicht sein könnte: *Madonna.* Denkt man an den *Like a Virgin*-Song, drängt sich zeitgleich die Frage auf, ob die Pharmaindustrie ein sarkastisch-ironischer Kackhaufen ist. Und ob die Namensgeber nicht besser eine Karriere als Drehbuchschreiber für *Family Guy* hätten anstreben sollen. Falls jemals eine Person dieses Planeten bei ihrer Entjungferung eine geplatzte Kondom erfahrung macht, im Anschluss panisch zur Apotheke rennt und daraufhin eine Schachtel *Madonna* hingehalten bekommt, fühlt sie sich entweder von der Welt verarscht oder verliert sich in einem Lachkrampf.

Die Liste der widrigen Umstände des unverfänglichen Geschlechtsverkehrs endet allerdings noch nicht bei geplatzten Kondomen. Man muss kein Genie sein, um sich vorzustellen, dass Sex mit anderen Backpackern oft nicht das hygienischste Erlebnis ist. Wer auf einer Strandparty zusammenfindet und sich dort aufgrund von Hitzebedingungen und exzessivem Tanzen stundenlang die Seele aus dem Leib schwitzte, der hat auch schon besser gerochen, wenn es schließlich zum Techtelmechtel übergeht. Wie lange das Gegenüber bereits seine Unterwäsche trägt, weil es direkt nach einer Woche Dschungel-Trekking neben dir gelandet ist, willst du oftmals gar nicht wissen. Doch einem David Beckham verzeiht man auch, wenn er wie das Gegenteil einer Blütenknospe duftet, und bevor der Text an dieser Stelle droht, in Negativität abzudriften, muss man hinzufügen, dass dir auf Reisen viele attraktive Menschen begegnen, von denen du dich fragst, welchem Werbefilm sie entsprungen sind. Macht dir ein braungebrannter Halbgott in Boardshorts kurzzeitig den Hof für ein temporäres Abenteuer inmitten eines exotischen Märchens, sind alle widrigen Umstände wie weggeblasen. Dann denkst du nur noch *Holy Shit, und so einer passiert ausgerechnet mir?* und feierst dein Leben, während du dich mit ihm in der Nacht verlierst.

So sexuell befriedigend das alles auch sein mag, so lieblos ist es oftmals. Wer sich von einem Quickie mit Giovanni Liebe erhofft, wird meist enttäuscht. Wie bei nahezu allem im Leben: Sobald man danach sucht, findet man es nicht. *Cinderella* bleibt eine realitätsferne Gutenachtgeschichte. *Tinderella* als moderne Version, bei der die Bezeichnung „Happy End" eher mit einem Blowjob in Verbindung gebracht wird als mit einer Traumhochzeit im Prinzessinnenschloss. Romantische Liebe, die auf ewig andauert und bei der das Feuer immer knistert, scheint noch surrealer als die Geschichte des Aschenputtels selbst. *Und sie lebten glücklich bis ans Ende ihrer Tage* entspringt eher selten einer zeitlich getakteten Bettgeschichte im Hotelzimmer, die die Tränen der naiven Romantiker fließen lässt und das Selbstbewusstsein der Realisten aufpoliert.
Es muss gar nicht die große Lovestory sein, die man sich von dem ganzen Gedate erhofft. Jedoch sehnt man sich nach einigen Monaten des Reisens im Alleingang in manchen Momenten nach ein bisschen Liebe. In solchen Fällen ist es gut, wenn man eine temporäre Reisebegleitung hat, an die man sich nachts in der Bambushütte völlig platonisch kuscheln kann. Auch wenn

alleine reisen Erlebnisse zulässt und Dinge lehrt, die in Gesellschaft anderer nicht möglich sind, braucht am Ende jeder etwas körperliche Nähe und Zuneigung.
Kann man allerdings mit abgebrühter Lieblosigkeit haushalten und will sich eine Zeitlang einfach nur auf sexueller Ebene austoben, dann wird Solo-Backpacken zum Fest der Sinnlichkeit. Manchmal verliebt sich einer dabei, in den seltensten Fällen beide. Happy End im niemals enden wollenden Happy Land. In der Folge geht man dann den Singles als scheinbar glücklichstes Paar der Inselhistorie gehörig auf den Sack. Der Kreislauf des Lebens oder der Zirkel der Hölle? Die Einschätzung hängt wesentlich von der aktuellen Gefühlslage ab.

An manchen Backpacker-Orten hast du das Gefühl, sie wurden einzig und allein für eine riesige Orgie zurechtgezimmert. Sei es Vang Vieng in Laos, Koh Phi Phi in Thailand, Balis Ballermannviertel in Kuta, die Pub Street in Siem Reap oder Mumbais Clubszene, um nur einige in Asien zu nennen. Doch unabhängig vom Wo, eins ist sicher: Wer solche Örtlichkeiten nachts alleine verlässt, der hat definitiv ein Attraktivitätsproblem – oder seine Partnerin an der Hand. In Bangkok verkörpert die Khaosan Road eine Arena zum hemmungslosen Austoben. Bangkok ist einer der Knotenpunkte der modernen Backpacking-Maschinerie in Asien, denn in Thailands Hauptstadt gibt es von und nach überall auf der Welt die günstigsten Flüge. Wer die ersten oder letzten Nächte seiner Reise ordentlich befeiern will, der muss sich nur in die Khaosan begeben und findet alles vor, was erwachsene Konsumenten auf vielfältige Weise beglückt. Zur Verfügung steht ein Überangebot spaßversprechender Komponenten. Eine Auswahl diverser Drogen wird auf dem nichtvorhandenen Silbertablett serviert und hochprozentige Mischge-

tränke trinkt man aus Eimern zu schwindelerregend niedrigen Preisen.
Wer's mag, kann in Ping-Pong-Shows dabei zusehen, wie sich thailändische Frauen alles mögliche in ihre Vagina stopfen, um unterbumste Touristen zu entzücken. Das meiste davon schießen sie wieder heraus, weshalb das Ganze mal mit Ping-Pong-Bällen angefangen hat, bevor es zu anderen Abartigkeiten überging. Das „Menü" solch einer Bar listet einen Sündenpfuhl an Perversionen auf. Beispielsweise öffnet dir eine Prostituierte für einen Euro die Bierflasche mit ihrer Muschi. Dem Mitarbeiter, der mich zwecks Kundenwerbung auf der Straße ansprach, wollte ich bewusst machen, wie erniedrigend das Ganze für die Thaifrauen sei. Also fragte ich ihn, ob *er* sich denn gerne vor Publikum eine Zigarette ins Arschloch stecken würde. Mit weit aufgerissenen Augen rief er: „No! But want you?!" Ohne auf sein „Jobangebot" einzugehen, drehte ich mich um und ging.

Die Gestalten, die in der Khaosan Road aufeinandertreffen, könnten unterschiedlicher nicht sein. Backpacker, Honeymooner, Rentner. Hängengebliebene, Männer in der Midlife-Crisis, Druffis. Neureiche Russen, Hippies, Freigeister, Nerds und Yogis. Zutätowierte Rocker, die bereits seit neun Uhr morgens am Glas sind. Graue Mäuschen, die den Wodka-Red-Bull nicht gewöhnt sind und mit denen heute statt roten Bullen die Pferde durchgehen. Knapp bekleidete Girlies aus den Staaten, bei denen jeder Satz mit *awesoooome* garniert und drei Oktaven zu schrill herausgebrüllt wird. Aufgehübschte Mädels, die sich in einem Selfiemarathon verlieren. Aufgepumpte Douches in *No Pain, no gain*-Tanktops und vollbärtige Hippster. Beauty Queens mit falschen Wimpern und bis unters Kinn geschnallten Brüsten. Pub Streets mutieren zu Cat Walks, denn es ist ein riesengroßes Sehen und Gesehen werden, von dem jeder ein Teil sein möchte. So stößt man auf einen zusammengewürfelten Haufen schräger Vögel, die aus diversen Gründen überhaupt nicht zusammenpassen. Blickt man genauer hin, bemerkt man, dass das Gesamtgeschehen an sich ohnehin keinen einheitlichen Konsens aufweist. Wodurch sich die absurdesten Konstellationen einer internationalen Speed-Dating-Version ergeben, wobei dem Überangebot an diversen Genussmitteln ein nicht zu unterschätzender Einfluss zukommt.

Einmal um die halbe Welt gereist, wird man konfrontiert von menschlichen Kalibern, um die man zu Hause gekonnt einen Bogen machen würde. Wenn man beispielsweise in eine Frauengruppe des Volleyballvereins Travemünde reincrasht, die der Vorstadt für drei Wochen entkommen ist, um „mal ordentlich die Sau rauszulassen", wie Sabine verkündet. Kesse Frauen wie Sabine tragen einen flotten Kurzhaarschnitt und bedienen sich Wörtern wie „flippig" oder „einen zwitschern." Anfangs noch eher verhalten, weil bereits viel zu lange raus aus dem Game. Doch nach ein paar Gläsern Sekt auf Bangkoks Partymeile fallen die Hemmungen, nach einigen Schnäpsen dann die Klamotten. Ehemann Heinz-Jörg, der unterdessen ahnungslos bei einem Dosenbier die Sportschau im heimischen Wohnzimmer verfolgt und Sabine ausschließlich an Geburtstagen und am Hochzeitstag maust, verspricht schon lange keine Befriedigung mehr. Abgesehen davon ist frau heutzutage emanzipiert, daher fliegt sie ausschließlich „mit den Mädels" nach Thailand, denn „Görls tschasst wonna häff fann" – was von den Mittfünfzigerinnen selbstredend *gesungen* wird, während sie sich mit Appletinis aus dem Plastik-Sektflöten-Set von *Tchibo* zuprosten, das sich bereits in der Abflughalle in Frankfurt nebst Würstchen im

Schlafrock aus Sabines umfangreichen Tuppersortiment bewährt hat. Gesegnet sind diejenigen, die die Muttersprache der Volleyballhühner nicht verstehen. Noch gesegneter die Sehgeschädigten, wenn Sabine sich zu später Stunde in einem Anflug von Ekstase das Shirt vom Leib reißt.

Es macht den Anschein, als wollte sich jeder in Bangkoks verrückteste Straße stürzen. In das kunterbunte Treiben mischen sich Locals, die von Lachgas über Kokain, Dildos, Skorpionen am Spieß, Laserschwertern bis hin zu gefälschten Ausweisdokumenten (wie einem neuen Reisepass oder die BahnCard 100) so gut wie alles anbieten. Auf der Khaosan gibt es wenig, das man nicht käuflich erwerben kann. Einige Händler der Khaosan Road versuchen das potentielle Kaufverhalten der Touristen anzukurbeln, indem sie sich in ein traditionelles Outfit nordthailändischer Bergvölker schmeißen und mit Stäbchen über den Rücken von Holzfröschen streichen. Dadurch entsteht ein auf Dauer nerviges Geräusch, das wundersamerweise dem lauten Treiben des Partygeschehens trotzt. Zudem setzen sie dir ungefragt Filzhüte auf den Kopf, während sie dich davon überzeugen wollen, dass ein Leben ohne solche Utensilien gänzlich sinnlos wäre. Als wäre man ohnehin nicht schon komplett überreizt, kreischen einen Thailänderinnen an, die vor den zahlreichen Massagesalons stehen. Lautstark wollen sie dich davon überzeugen, dass du *jetzt! sofort!* eine Massage benötigst. Doch die Komponenten Party und Spa-Behandlung stehen sich mehr als konträr gegenüber, denn Entspannung ist das Letzte, was man im Feiermodus sucht. Wohingegen eine Massage am Folgetag ein taugliches Non-Plus-Ultra ist, wenn es um Eindämmung des Katers geht. Es gibt wenig, was einen dermaßen entspannen lässt, wie eine gute Massage. Bei der klassischen Thaimassage

knacken die Knochen und Muskeln werden ziemlich hart durchgenommen. Für diejenigen, die eine Spezialbehandlung wollen, gibt es dann den krönenden Abschluss durch einen Hand- oder Blowjob.
Manch Reisender scheint angesichts der schier unbegrenzten kommerziellen (und sexuellen) Angebote, dem ausladenden Drogensortiment sowie dem in Strömen fließenden Alkohol jeglichen Bezug zur Realität zu verlieren. Da kann es schon mal vorkommen, dass dein Travelbuddy von einem vorbeitanzenden Aufreißer gefragt wird, für wie viel Dollar er dich kaufen kann. Mein Marktwert lag bei umgerechnet 100 Euro, was gemessen am Low-Budget-Maßstab der Backpackerszene ein kleines Vermögen darstellt – sowohl auf Käuferseite als auch für uns. Trotz verlockender Summe haben wir mich nicht verkauft.

Großstädte gleichen einem Puzzle. Sie setzen sich aus unzähligen Straßen und Gebäuden zusammen, aus denen sich Bezirke formen. Die Viertel unterscheiden sich voneinander optisch, nach Flair und durch ihre Bewohner. Die grenzenlose Diversität an Menschen, die aus verschiedenen Beweggründen heraus auf urbanem Boden agieren, verleihen dem Gesamtbild eine gewisse Unsortiertheit. In diesem Chaos verliert man ähnlich schnell den Überblick wie in dem Moment, wenn man den Deckel eines 10.000-Teile-Puzzles öffnet.
Es gibt urbane Abschnitte, die gepflegt erscheinen und die betuchtere Bevölkerung anziehen. Dicke SUVs und sportliche Luxusschlitten vor prunkvollen Villen, futuristischen Apartments und modernen Lofts. Stadtbezirke mit Zonen gemäßigter Geschwindigkeit, Spielplätzen, alternativen Kindertagesstätten und Schulen freien Lernens, die Familienkonstellationen verschiedenster Art einladen, einen Lebensabschnitt (oder darüber

hinaus) zu verweilen. Künstlerische Stadtteile, maritime Hafengegenden, Kult- und Szeneviertel. Bahnhofsquartiere, Gettos und Gegenden, in denen das Nachtleben pulsiert. Industrieviertel, die sich pragmatisch mit dem Stadtrand zufriedengeben, und Vororte, die stets um das Image einer heilen Welt bemüht sind. Wohnblocks, Ökoviertel, Plattenbau, Banken-, Studenten- und grüne Viertel, deren Bewohner sich dank großflächiger Parkanklagen an einer täglichen Dosis Natur erfreuen können.
Die Millionenmetropole Bangkok verfügt über herausgeputzte Vorzeigeviertel, die ihren Bewohnern und Besuchern ein angenehmes Gefühl vermitteln. Beeindruckende Streetart, imposante Gebäude und pompöse Monumente, die Touristen animieren, ihre Kameras zu zücken. Daneben gibt es die verruchten Stadtteile, die garantierten Produktionswerkstätten von Gerüchten. Partymeilen, wo man in Clubs und Bars bis zum Morgengrauen feiern und mit dem passenden Budget Träume verwirklichen kann. Wo nicht immer alles mit rechten Dingen zugeht und die gerade deshalb eine enorme Anziehungskraft besitzen. Denn jeder möchte ab und zu aus seinem Alltag ausbrechen.
Es sind nicht die gesitteten oder kulturellen Viertel, die einen in den späten Abendstunden bei Laune halten und Vergnügen versprechen. Wobei der Spaß lediglich den Konsumenten zuteil wird und selten den Angestellten der verschiedenen Dienstleistungsbranchen gegönnt ist. Schwer vorstellbar, dass eine Bedienstete eines Hurenhauses mit *All you can fuck*-Angebot beim zwanzigsten Kunden dieser Nacht irgendeine Art von Euphorie empfindet. Die große Nachfrage auf Konsumentenseite und die Macht des Geldes über diejenige, die es dringend brauchen, sorgen dafür, dass das Rotlicht niemals ausgeknipst wird. Sei es in Shanghai, Hamburg, New York, Hanoi oder Rio – Konsumverhalten ist unstillbar und käufliche Liebe ein niemals enden wol-

lender Evergreen menschlichen Daseins. Die Nachfrage ist hoch und drückt sich speziell in Bangkoks Rotlichtmeile dadurch aus, dass vor manchen Bordellen dermaßen viele Nutten sitzen, dass du denkst, es handle sich um ein Klassentreffen. Dass die Frauen auf Plastikstühlen sowohl neben- als auch hintereinander hocken und ihre überschminkten Gesichter stets ein perfektes Lächeln ziert, erinnert zusätzlich an Gruppenfotosituationen längst vergangener Schulzeiten.

Ping-Pong-Shows und Freudenhäuser findet man in Thailands Sextourismusgegenden Pattaya und Phuket zuhauf, weshalb man um diese Orte besser einen gepflegten Bogen machen sollte. In anderen Ländern ist es leider dasselbe Bild, denn das Verlangen nach Stunden wie aus dem Pornofilm gepellt oder die Befriedigung spezifischer Fetische besteht weltweit.

Thailand trägt den wohlverdienten Slogan *Land des Lächelns*. Wenn ich ein wahres Klischee dieser Erde benennen müsste, wäre es dieses. Wie es manche Einheimische trotz widriger Lebensumstände schaffen, ihr Lächeln aufrechtzuerhalten, bleibt ein Rätsel. Es scheint als eine Art Geheimwaffe zu fungieren, die Frustration und Missstände ausmerzt, weshalb man gerade daran festhält, wenn die eigene Lebenssituation alles andere als kuschelig ist. Das Lächeln schöpft seine Superkraft daraus, dass die Bewegungen der Gesichtsmuskeln positive Signale an das Gehirn aussenden. Auf diese Weise werden Neurotransmitter wie Dopamin, Serotonin und Endorphine ausgeschüttet, die positive Emotionen verursachen. Vielleicht befähigt das die Thaifrauen dazu, den ekelhaften Begegnungen mit aufgegeilten Touristen standzuhalten und sich im Anschluss nicht vom nächstgelegenen Hochhaus zu stürzen.

Als wäre das Prostitutionsgewerbe nicht schon dunkel genug,

dominieren Menschenhändler vermehrt das dortige Geschehen. Die Superkraft *Lächeln* verliert ihre Wirkung, wenn diese dunklen Typen mitmischen. Zauberkraft wird eingebüßt, wenn der Endgegner zu mächtig ist. Macht durchzieht das Sexgewerbe eindeutig. Und es wird leider immer Schwache geben, die sich ihr aus Mangel an Alternativen unterordnen.
Liebend gerne möchte man seine Augen vor unangenehmen Wahrheiten verschließen und grausame Tatsachen verdrängen. Weil schlichtweg zu viele davon auf der Welt existieren. Ignoranz widriger Sachverhalte funktioniert für uns umso besser, desto verdeckter Verbrechen gehandhabt werden. Das gilt für Operationen der Mafia ebenso wie für Pornografie mit Minderjährigen oder Kinderarbeit in Bangladeschs Textilfabriken. Megakonzerne wie *Nestlé*, die ganze Völker vom Trinkwasser abschneiden. Kindersoldaten im Kongo, Waffenhandel im Libanon oder Arbeitslager in Nordkorea. Die Liste könnte brutal lange fortgeführt werden. Es handelt sich nicht um unbekannte Phänomene, obwohl im Verborgenen agiert wird. Die Köpfe dieser Organisationen sind bemüht, ihre grausamen Taten zu verschleiern. Die Verbrechen sollen im Dunkeln bleiben, die Wahrheit nicht ans Licht treten. Und da sich von uns ohnehin niemand unnötig belasten möchte, gibt es nur wenige, die sich informieren und nachforschen, sich einsetzen und versuchen, gegen die Misere vorzugehen.

Es ist schon lange Zeit bekannt, dass die Sexindustrie des 21. Jahrhunderts üble Komponenten aufweist, die auf Kosten der Menschenrechte gehen – selbst wenn die Mehrheit sich vor dieser Tatsache verschließen möchte. Typische Verdrängungstaktik, um sich nicht den Tag versauen zu lassen. Man will ja auch nicht wissen, welche Qualen das Rind durchlitten hat, bevor es in

Form eines Pattys auf dem Cheeseburger landet. Wissen kann den Konsum versauen. Dieser Grundsatz greift bei Fleischeslust im gastronomischen ebenso wie im sexuellen Dienstleistungssektor. Bilder aus Massentierhaltung und Berichte über Frauen, die *nicht* aus freien Stücken lasziv an der Stange tanzen, gehen auf Kosten des Genusses. Auch wenn es uns nicht schmeckt: Sowohl in der Fleischindustrie als auch im Sexgewerbe geht es dreckig zu. Es ist zugleich deprimierend wie wahr, dass Menschenhändler kleine Mädchen und junge Frauen schlichtweg klauen, um sie als Sexsklaven für ihre Zwecke zu nutzen. Und das passiert häufiger, als man vermutet, denn die traurige Wahrheit lautet: *There are more slaves in the world today than any time in history.*[30]

Ich hatte mal eine Diskussion mit jemandem in einer Bar (nennen wir ihn Andi), die mir das Gefühl gegeben hat, die Menschheit verblöde zunehmend und die Welt sei voller Idioten. Zugegeben, in einer Bar entwickelt sich diese Erkenntnis nicht gerade selten. Aber um die meisten Trottel muss man sich keine Sorgen machen – bei Andis ignoranter Haltung hingegen schon. Ich war gerade dabei, meine Ablehnung gegenüber der asiatischen Sexindustrie kundzutun, die sich (wie in so vielen Teilen der Welt) aus der Armut der Bevölkerung speist. In Südostasien haben die Leute oft sehr wenig Geld (vor allem in den ländlichen Regionen), aber eine große Familie, für deren finanziellen Support vor allem die weiblichen Nachkommen zu sorgen haben. Mädchen sind hier weniger wert als Jungen, weshalb es als ihre Pflicht angesehen wird, das Geld für die Familie aufzutreiben. Ein mangelnder Zugang zu Bildung ist eher die Regel

---

30 E. Benjamin Skinner: *Menschenhandel. Sexsklaverei im 21. Jahrhundert* (Bastei Verlag, 2010)

als die Ausnahme. Da dies gepaart ist mit dem Umstand, dass der Lohn in „normalen“ Jobs ohnehin gering ist, sehen sich manche gezwungen, früher oder später ihren Körper zu verkaufen. Auf diese Weise ist es ihnen möglich, ohne Bildung einigermaßen viel Geld zu verdienen.

Es mag absurd klingen und unserem westlichen Verständnis von Familie widersprechen, aber in Thailand ist es tatsächlich so, dass die Eltern von ihren Töchtern Geld erwarten. Wie es verdient wird, scheint nur bedingt zu interessieren. Aber vielleicht muss man sich als Elternteil auch mittels Verdrängung von Umständen, bei denen der eigene Einfluss begrenzt ist, distanzieren, um an ihnen nicht emotional zu zerbrechen, und schaut deshalb weg. Oder die Kinder lügen ihre Eltern an, weil sie sie schützen wollen vor dem Wissen, wie das Geld eigentlich verdient wird. Geht es um finanzielle Probleme der existenziellen Sorte muss man manchmal zu Mitteln des Geldverdienens greifen, von denen man sonst in einer harmloseren Lage absehen würde. Die Regierung tut nicht wirklich etwas, um den Menschen aus verarmten Lebenssituationen zu helfen, und produziert damit eine niemals versiegende Quelle an prostitutionsbereiten Frauen. Als ob diese Umstände an sich nicht schon traurig genug wären, landet ein Großteil der Mädchen im Sexgewerbe, weil sie von Menschenhändlern dazu genötigt werden. Dies ereignet sich in allen Teilen der Welt – ungeachtet dessen, ob man es wahrhaben will oder nicht. Wenn die jungen Frauen nicht im klassischen Sinne direkt auf der Straße für sexuelle Zwecke gekidnappt worden sind, dann wurde ihnen glauben gemacht, in der Stadt warte eine Arbeitsstelle mit guter Bezahlung auf sie. Die Mädchen gehen naiv und gutgläubig sowie aus der Geldnot heraus auf das Angebot ein und steigen zu den Männern ins Auto. Sie werden (meistens weit entfernt von ihrem Heimatort) in ein Gebäude gebracht, in dem das angebliche Jobangebot auf sie wartet. Doch in dem schummrigen Betonbunker erwartet sie lediglich eine Vergewaltigung. Im Anschluss folgt eine miese Masche, um die Mädchen für die nächsten Jahre an das Prostitutionsgewerbe zu binden. Speziell in Thailand benutzen die Zuhälter eine Strategie, die den Nerv des buddhistischen Glaubens trifft: Sie erzählen den Mädchen, dass diese ihnen für die lange Fahrt nun Geld schulden würden. Woraufhin sie eine horrende Summe nennen, die weder der Realität entspricht noch von den Mädchen bezahlt werden kann. Auch wenn Buddhismus nicht Thailands Staatsreligion ist, glauben die meisten Einwohner an Buddha und richten ihr Leben an seinen Lehren aus. Dem buddhistischen Glauben nach ist es ein totales Unding, anderen Personen etwas schuldig zu sein, also sind die Mädchen höchst motiviert, das Geld zurückzuzahlen. Die moralische Erpressung erreicht ihren Höhepunkt, indem die Zuhälter den Mädchen Angst machen, bei Verweigerung würden sie den Bewohnern ihres Heimatdorfs alles erzählen: dass das Mädchen unehelichen Sex gehabt habe und nun keine Jungfrau mehr sei, was so ziemlich die größte Schande in Südostasien darstellt, und dass sie eine Hure und somit nichts mehr wert sei. Da die jungen Frauen nicht riskieren wollen, die Familienehre zu beschmutzen, werden sie zum folgsamen Rädchen einer dunklen Maschinerie.

In Asien ist es eines der wichtigsten Anliegen, das Gesicht der anderen zu wahren und keine Schande über die Familie zu bringen. Eine Entjungferung außerhalb einer ehelichen Gemeinschaft ist ein gesellschaftliches No-Go, das streng sozial sanktioniert wird.[31] Auf diese Weise sichern sich die Sexsklavenhalter die Dienste der Mädchen für die nächsten Jahre. Das ist ein Fakt. Die thailändische Regierung weiß darum, ein Teil der übrigen Welt ebenfalls, aber es wird damit verfahren, wie mit so vielen bekannten Missständen: Nichts wird dagegen unternommen.

Dass es manche Menschen unglaublicherweise dennoch fertigbringen, eine ignorant beschönigende Meinung aufrechtzuerhalten, bewies mir Andi. Ich kannte ihn von der Plattform *Couchsurfing* und wir trafen uns zum Abendessen in einem Khmer-Restaurant in Siem Reap, danach gingen wir in eine Bar. Bevor Andi nach Kambodscha kam, lebte er sechs Monate in Thailand und hatte irgendwann in dieser Zeit auch mal eine Beziehung mit einer ehemaligen Prostituierten gehabt. Auf Grundlage seiner Erfahrungen wollte er mir ernsthaft weismachen, die Mädchen würden alle *freiwillig* für die Sexindustrie arbeiten.

Als ich mit Andi mein Wissen über buddhistischen Glauben und dem daraus resultierenden Verhalten der Mädchen teilte, und, wie die Menschenhändler dies ausnutzen, lachte er gehässig und zischte: „Bullshit!" Er habe ja schließlich ein halbes Jahr dort gelebt und dadurch die Einheimischen, ihre Lebensbedingungen

---

31 Julia Manzanares und Derek Kent: *Ich war erst 13: Die wahre Geschichte von Lon* (Hrsg. Schwarzkopf & Schwarzkopf, 2007). Eine junge Frau berichtet über ihr Leben in der thailändischen Sexindustrie. Sowie: Lydia Cacho: *Sklaverei. Im Inneren des Milliardengeschäfts Menschenhandel* (erschienen 2012 bei S. Fischer Verlag GmbH). Die Journalistin und Menschenrechtlerin Lydia Cacho deckte einen mächtigen Pädophilenring in Mexiko auf, über den sie in ihrem ersten Buch berichtete. Nach Veröffentlichung im Jahr 2005 wurde sie verhaftet, gefoltert und einem jahrelangen Gerichtsverfahren unterzogen (Anklagepunkt: Üble Nachrede). Zwar wurde sie 2007 freigesprochen, lebt aber heute noch unter ständiger Bedrohung in Mexiko. Cacho wurde für ihre investigativen Arbeiten mehrfach ausgezeichnet, beispielsweise mit dem *PEN Canada One Humanity Award.*

und „das wahre Thailand“ kennengelernt. Niemand würde in dieses Gewerbe hineingeprügelt werden, geschweige denn missbraucht oder ausgenutzt. Das wäre „ein realitätsferner Mythos, erstunken und erlogen.“ Prostitution wäre für thailändische Frauen eine „Eins-a-Gelegenheit, auf einfachem Wege rasch viel Geld zu verdienen.“ Was soll man so jemandem bitte entgegnen? Nach solchen Gesprächen glaubst du echt an gar nichts mehr und willst einfach nur vergessen, was du einige Minuten zuvor gehört hast.

Als ich erwiderte, wie erschreckend es sei, dass in vielen asiatischen Ländern zudem der Glaube verbreitet sei, Mädchen zu entjungfern steigere die Potenz, und sich deshalb so viele alte Säcke diese armen Dinger mieten, war es ganz aus. Andi lachte hysterisch, starrte mir eiskalt in die Augen und sagte: „Das glaubst du doch wohl nicht ernsthaft?! Hast du das etwa auch aus deinen schlauen Büchern?“

Das war der Punkt, an dem ich zehn Dollar auf den Tisch knallte, mein Bier austrank und das Restaurant verließ. Irgendwo hat alles seine Grenzen – aber für menschliche Dummheit scheint das wohl nicht zu gelten.

Ebenfalls von der Gesellschaft unter den Teppich gekehrt wird das Sugar-Daddy-Phänomen: Frauen lassen sich von älteren Männern aushalten, weil sie ihre Familien auf diese Weise finanziell supporten können. Im Gegenzug erhalten die älteren Männer eine folgsame und willige, wesentlich jüngere Partnerin. Dazu müssen sie noch nicht einmal sonderlich viel verdienen. Ein Deutscher aus der Mittelschicht gilt bemessen an den Einkommensverhältnissen in Südostasien als reicher Mann. Man könnte es als vermeintliche Win-Win-Situation für beide Parteien betrachten: Die Frau hat für sich selbst und ihre nähe-

ren Verwandten finanziell ausgesorgt und für den 68-jährigen Hans springt eine attraktive Ehegattin heraus. Letzten Endes handelt es sich um ein bedingt freiwilliges Abhängigkeitsverhältnis. Die vermeintliche „Liebe“ zwischen beiden Parteien gründet auf den Missständen einer Regierung verarmter Länder, die anscheinend wenig Ambitionen dahingehend hegt, ihren Bürgern aus dieser Misere zu helfen. Unterm Strich verhält es sich hier wie mit allen Problemen, von denen man bislang lediglich aus Medien oder von anderen gehört hat: Man zweifelt an ihrem Wahrheitsgehalt, wenn sie unaushaltbar, weil zu grausam sind. Hofft, dass es sich um einen realitätsfernen Fall pessimistischer Darstellung handelt, in der Übertreibungen Sachverhalte schlimmer aussehen lassen, als sie tatsächlich sind. Damit sich der persönliche Mikrokosmos unbeirrt weiterdrehen kann und die heile Welt, die man sich selbst mithilfe von Euphemismus und Scheuklappen konstruiert hat, nicht beschmutzt wird. Wenn selbst Gott keinen Ärger im Paradies wollte, wie soll dann der Mensch damit umgehen können?
Aber spätestens, wenn man vor Ort Zeuge wird, kann man sich vor den Tatsachen nur noch bedingt verschließen. Dass es dennoch Leute gibt, die einfach alles munter weiter ignorieren, beweisen hirnlose Trottel wie Andi.

Beim Trampen in Thailand bin ich einmal zu jemandem ins Auto gestiegen, der sich nach kurzer Zeit als stinkreicher Sugar Daddy entpuppte, der in der Schweiz und in Österreich mehrere Augenarztpraxen sowie Immobilien über die ganze Welt verteilt besaß. Er selbst war Anfang sechzig, seine „Frau“ (wie er ihn permanent betitelte) ein 30-jähriger Thai, der den Wagen steuerte. Die beiden hatten vor zwölf Jahren geheiratet, was bedeutet, dass der junge Thai gerade erst seine Volljährigkeit feierte, als sie

gemeinsam die Hochzeitstorte anschnitten. Ich würde mich zwar als tolerant und offen für diverse Lebenskonzepte und Beziehungsformen bezeichnen, aber in diesem Zusammenhang von tiefergehenden Gefühlen statt von einer Zweckgemeinschaft zu sprechen, fiel selbst mir schwer. Das Pendant zum Sugar Daddy bilden die Sugar Mamas. Hierbei handelt es sich um Frauen jenseits der Vierzig, die mit jungen, oftmals afrikanischen Männern liiert sind. Win-Win aufgrund des Geldflusses, der sexuelles Begehren entlohnt, doch zu Kosten der Selbstverwirklichung der Jungs. Die Toy Boys haben sich ihr Leben ein paar Jahre zuvor sicherlich auch anders vorgestellt, als sie gerade ihren Schulabschluss machten und in den Hofpausen mit ihren Freunden über Zukunftsträume und Chancen persönlicher Lebensgestaltung fantasierten.
Wie blind können Sugar-Parents eigentlich sein? Oder sind sie sich den Vertragsbedingungen vollkommen bewusst und scheißen schamlos auf die unerfüllten Wünsche des anderen, weil sie egoistisch auf die Befriedigung ihrer eigenen Vorstellungen pochen? Es scheint sich um eine ungesunde Mischung aus Ignoranz und Trotz zu handeln. Ein kindliches Gefühl von *Habenwollen*, das dem Egoismus entspringt, Anrecht auf Glück zu haben, ungeachtet der Mittel, die zur Umsetzung der persönlichen Wünsche eingesetzt werden. Dass dem Partner damit die Chance auf ein erfülltes Leben genommen wird, ist nicht von Belang. Stattdessen wird das eigene Wohl über das der anderen gestellt. Überrascht es bei dieser Haltung noch, dass solch eine Person vorher Single war?

In einigen asiatischen Ländern gibt es Ladyboys, wobei die Einheimischen mit dieser Thematik erstaunlich oft unaufgeregt wertneutral umgehen. Ohne Homo- oder Transsexualität an die große Glocke zu hängen, zu diskriminieren oder zu verurteilen. Wohlgemerkt in einer Gesellschaftsform, in der allerlei konservative Vorstellungen hinsichtlich Familie, Sexualität und sozialen Normen vorherrschen. In Thailand kommt es nicht selten vor, dass Männer beim Feiern unwissentlich einen Ladyboy begehren. Meistens sind die Ladyboys so weiblich und grazil, dass man tatsächlich oft meint, sie wären als Frau geboren worden. Achtet man nicht gerade auf die Hände oder die Stelle am Hals, an der eventuell noch das Überbleibsel eines Adamsapfels zu erkennen ist, den die Hormone nicht vollends wegtherapieren konnten, verfällt man leicht der Täuschung – und bemerkt diese erst, wenn es zum leidenschaftlichen Ausziehpart übergeht.

Vielleicht ist die Angst davor, ungewollt einen Ladyboy abzuschleppen, größer als die, beim Onanieren an öffentlichen Orten erwischt zu werden. Manche befriedigen sich scheinbar lieber selbst, anstatt das Risiko einzugehen, beim Griff unter den Rock der vermeintlichen Frau eine unerwartete Entdeckung zu machen. Was auch immer dazu führt: Die Wahrscheinlichkeit, dass du jemanden dabei ertappst, wie er sich einen von der Palme wedelt, während er sich lässig an den Stamm einer dieser Tropengewächse lehnt, ist gar nicht so gering, wie man vielleicht denkt. Wie bereits festgestellt, sind im Schlafsaal schlichtweg zu viele Menschen auf zu wenig Quadratmetern beisammen, womit unbemerkte Masturbation zum Ding der Unmöglichkeit mutiert. Dementsprechend sind Alternativen gefragt.

Als ich einmal von einer Full Moon Party den Strand entlang zu meinem Hostel lief, sah ich im Sand eine Gestalt sitzen. Die Beine im Schneidersitz gekreuzt, Knie gen Himmel gerichtet und Kopf im Nacken, verlor sich sein Blick im hell leuchtenden Mond. Gemäß verschobener Logik bei Trunkenheit ging ich davon aus, er würde einfach nur den Moment genießen. Nachts alleine am Strand vielleicht ebenfalls noch ein Bier zu Ende trinken, bevor er sich zum Schlafen ins Bunkbed legt. Da Drinks in Gesellschaft anderer stets besser schmecken als alleine konsumiert, steuerte ich auf ihn zu. Durch die Dunkelheit bemerkte ich erst als ich vor ihm stand, dass er anstatt Begeisterung am Mond Begeisterung an sich selbst fand. „Wanna join the party?", fragte er mit radikaler Unschuld, als er mich entdeckte. „Damn shit, no!", war meine knappe Antwort und ich entfernte mich zügig. „Please, come back!", schrie er mir verzweifelt hinterher. *In your dreams,* rundeten meine Gedanken den kürzesten Dialog über Sex ab, den ich jemals mit jemandem geführt habe.

Am nächsten Morgen erzählte ich meinem Kumpel Mihailo von der mitternächtlichen Begegnung mit dem Masturbationswerwolf, der sich beim Onanieren im Vollmond verlor. Mihailo schaute mich eindringlich an und fragte fassungslos: „Wow! Er hat dich eingeladen, mitzumachen?" Woraufhin ich nickte und entgegnete: „Schwer gestört, oder?"

Mihailo sagte eine Weile nichts und rührte mit dem Löffel in seinem Kaffee herum. Kurzzeitig verlor ich mich in diesem Geräusch, für das es keine passende Bezeichnung gibt und welches meditativen Zauber besitzt. Stundenlang konnte ich diesem Klang zuhören, der entsteht, wenn ein Teelöffel Kreise in einer Porzellantasse zieht. Allerdings wurde das klimpernde Klingen alsbald von Mihailos entgeisterten Worten überdeckt. „Wieso bist du auf sein Angebot verdammt nochmal nicht eingegangen?!", unterstrich die Fassungslosigkeit der hervorgestoßenen Frage seine tellergroßen Augen. Ich starrte ihn an, als hätte ihm jemand ins Hirn geschissen. Mein Gesichtsausdruck ließ jegliche verbale Ausführungen einer diesbezüglichen Meinung überflüssig werden.

Kopfschüttelnd murmelte Mihailo: „Also ganz ehrlich: Wenn ich auf 'ne Braut treffen würde, die freizügig am Strand masturbiert und mich auffordert, ihr Gesellschaft zu leisten – ich würde mir innerhalb von Sekunden die Klamotten vom Leib reißen. Ich meine, das ist doch der perfekte Porno mitten im Paradies. Aber vermutlich besteht hierin einer der krassesten Unterschiede zwischen Männern und Frauen." Mihailo sollte mit seiner Aussage recht behalten: Egal wem ich diese Geschichte hinterher noch erzählte, die theoretischen Handlungsmuster waren entweder befürwortend (männlich) oder abwehrend (weiblich). Inwieweit dies überrascht, hängt vom jeweiligen Individuum ab. Selbstredend erwartet man Ablehnung gemeinschaftlicher Selbstbefriedigungsevents eher von einer Nonne als einer Kieznutte oder der sechsfachen Mutter im Plattenbau, die im Scheidungsprozess ihrer dritten Ehe steckt. Mag sein, dass die Antworten bei einigen weiblichen Zuhörern nur aus dem Grund negativ ausfielen, weil sie nicht zugeben wollten, welch triebhafte Bedürfnisse in Wahrheit in ihnen schlummern – so wurde man als Mädel schließlich nicht erzogen. Was auch immer dazu führt: In den Meinungen zeichnet sich jedenfalls eine klare Verteilung weiblicher und männlicher Handlungstendenzen ab.

Der Banana-Pancake-Trail ist voll von Menschen, die ihre persönliche Komfortzone verlassen haben und über sich hinauswachsen möchten. Lässt man sich auf das alles ein, macht man mindestens genauso viele spannende wie weirde Erfahrungen. Freiheit und Anonymität treten an die Stelle von Verbindlichkeit und Alltagsleben. Wahrscheinlich fällt es den meisten aus diesem Umstand heraus leichter, Prinzipien für einige Stunden beiseitezuschieben und sich mit anderen zu vergessen. Kriegt zu Hause ja sowieso keiner mit. Und so kommt schnell die ein oder andere sexuelle Entgleisung zustande. Ist das verwerflich – oder menschlich? Das Bedürfnis ist meiner Ansicht nach menschlich, der Betrug bei bestehender Partnerschaft hingegen eher verwerflich. Wie man dieses Thema in seiner Beziehung handhabt, sei jedem selbst überlassen. Es macht allerdings einen großen Unterschied, inwieweit die Fronten daheim geklärt sind, wenn man ohne seinen Partner backpacken geht. Ob man sich spätnachts mit reinem Gewissen auf die Matratze seines Bambusbungalows betten kann, da man durch ein offenes Beziehungskonzept und somit geklärten Verhältnissen keine Reue verspüren muss, wenn man sich noch Minuten zuvor am Strand mit Alejandro aus Guatemala vergnügt oder Julie in einer Cocktailbar geküsst hat.

Sehnsüchte, die nicht befriedigt werden können, sind die schlimmsten von allen, denn sie bohren sich am tiefsten ins Bewusstsein und pochen penetrant auf Erfüllung. Aber dem Verlangen wird oftmals ein Riegel vorgeschoben. Kontrolle soll dafür sorgen, dass keiner aus der Reihe tanzt. Doch am Wochenende tanzt die Mehrheit in Clubs bei dem Versuch, das Alltagsleben hinter sich zu lassen. Oder stürzt sich in einen gepflegten Vollsuff bei Freunden zu Hause, auf einer Grillparty im Garten des Nachbarn oder bei einem Kurztrip nach Amsterdam. Man fühlt sich authentischer, wenn man die Freiheit hat, Bedürfnisse auszuleben. Gerade darin besteht doch der Effekt von Wochenende und Urlaub, die unseren inneren Akku wieder aufladen. Es sind Momente der Freizeit, die dafür sorgen, dass man montags erneut Energie aufbringen kann, sich einer neuen Woche zu stellen. Häufig haben wir das Gefühl, dass ein Großteil der Gesetze und Spielregeln, auf denen unsere Gesellschaft beruht, außerhalb unserer Macht liegen. Und in vielen Fällen mag das auch zutreffend sein.

Doch wir dürfen nicht vergessen, dass wir unser Leben als er-

wachsene Menschen selbst in der Hand haben.
Verbote besitzen die Kraft, Lust und Begierde um einige Level anzuheben. Wer nicht an rosa Elefanten denken darf, weiß ganz genau, was passiert. Obwohl pinkfarbene Dickhäuter den wenigsten Menschen schlaflose Nächte bereiten, ist es das Prinzip, das greift. Süßigkeiten gleichen Diamanten, wenn sie aufgrund einer Diät nicht erlaubt sind. Handyverbot aus *Digital Detox*-Gründen oder wegen strenger Führung in Institutionen stoppt nicht die Gedanken an Social Media und Messenger-Dienste. Zapfenstreich für den pubertierenden Teenager hält diesen nicht davon ab, nachts aus dem Fenster zu klettern, um mit seinen halbstarken Kumpels Billigwodka im Park zu trinken. Das Verbot stoppt Verlangen nicht, sondern katapultiert die Attraktivität des Objekts der Begierde dramatisch in die Höhe. Verbotene Früchte sind spannender als die Birne aus dem eigenen Garten. Darf ich andere Menschen nicht sexy finden, wird selbst eine Fußgängerzone mit unauffälligen *Brigitte*-Leserinnen und Hausmütterchen zur Belastungsprobe des testosterongeladenen, chronisch unterfickten Ehemanns.

Monogamie als Jahrhunderte überdauerndes Phänomen. Doch kann diese Beziehungsform mit unserer heutigen Multioptionsgesellschaft überhaupt noch mithalten? Wo wir es gewohnt sind, im Alltag aus hunderten von Möglichkeiten zu wählen, um nur den Feierabendklassiker „Was auf Netflix schauen und mit welchem Essen von welchem Lieferdienst kombinieren?“ zu nennen. Liegt es an dem in den letzten Jahrzehnten rapide gewachsenen Basar an Möglichkeiten oder weist das Prinzip der Monogamie schon immer Schwachstellen auf? Freudenhäuser gibt es schließlich nicht erst, seitdem Scheidungen keine Ächtung mehr bedeuten und Frauen finanzielle Unabhängigkeit

erlangen können.
Ob unsere Gesellschaft größtenteils darüber hinausgewachsen ist oder nicht: Die meisten Menschen halten in Diskussionen an einer monogamen Lebensweise fest und kritisieren Polygamie. Zeitgleich sind Affären, One-Night-Stands und Seitensprünge keine seltenen Phänomene. Manche Menschen scheinen krampfhaft am Konzept der Monogamie festzuhalten, weil es eine gewisse Art von Sicherheit vermittelt. Das Bedürfnis nach einer festen Bindung und der Wunsch nach einem verlässlichen Partner, der bis ans Lebensende an deiner Seite bleibt, kenne ich nur zu gut. Ebenso das Höchstmaß an imaginärer Dramatik, wenn die Wahrscheinlichkeit droht, dass es niemals so kommen könnte. Es ist mir so sehr bekannt, dass ich einige Zeit unter anderem wegen Verlassenheitsängsten in Therapie gewesen bin.
Aber letzten Endes muss man akzeptieren, dass man menschliche Beziehungen nicht erzwingen kann. Genauso wenig lassen sie sich mit Freiheitsverboten künstlich aufrechterhalten, wenn man nur genügend Mauern um sie errichtet, die vor Angriffen schützen sollen. Ich denke, man sollte nicht auf Verbote beharren, sondern den Fokus auf die Stabilität der Partnerschaft selbst legen. Man kann das Gleichnis einer Burg anwenden: Ist die Festung stabil, reduziert das die Chance von Feinden, das Objekt erfolgreich einzunehmen. Hat das Gebäude an sich jedoch bereits Risse, stürzt es leichter ein. Es ist zermürbend, wenn Konflikte dauerhaft bestehen. Muss man immerzu Energie dafür aufwenden, Anschuldigungen von Seiten des Partners abzuwehren oder mangelndes Vertrauen zu bekämpfen, konzentriert sich die Abwehr nicht mehr aufs Wesentliche, sondern spielt sich innerhalb der eigenen Mauern ab, was Feinden die Bahn freiräumt.
Ich habe mal eine Weile in einer offenen Beziehung gelebt und

diese Zeit hat mich überraschend viel gelehrt. Oft wurde ich im Nachhinein gefragt, ob ich denn keine Angst gehabt hätte, dass mein Partner sich dadurch leichter in jemand anderen hätte verlieben könnte. Das war mit Abstand die häufigste Frage, die mir dazu gestellt wurde. Sicherlich ist die Gefahr höher, wenn Sexualkontakt zu anderen Menschen besteht. Aber ich konnte stets darauf vertrauen, dass unsere Beziehung bombenfest war, sodass Feinde lediglich bis zu den Burgmauern vordringen konnten. Letzten Endes trennten wir uns aus einem anderen Grund und nicht wegen einer dritten Person. Meiner Meinung nach sieht es eher so aus: Verbiete ich meinem Partner nach langjähriger Treue das aufkommende Bedürfnis nach Sex mit anderen, befasse ich mich nicht mit der Wurzel des Problems. Weder frage ich nach der Ursache, noch versuche ich Möglichkeiten zu finden, mit dem Verlangen meines Partners umzugehen. Ich schneide dem anderen lediglich Bedürfnisse ab, indem ich Verbote ausspreche. Aber menschliches Zusammensein sollte nicht auf Verboten basieren. Dies ist kein gesunder Umgang, der der Realität gerecht wird.

Es gibt durchaus Paare, die ihr Leben lang glücklich monogam leben, und ich möchte an dieser Stelle auch gar nicht behaupten, dass lebenslange Liebe utopisch wäre. Aber selbst diese Paare kennen sicherlich sexuelle Flauten und haben die Erfahrung gemacht, dass ein solides Fundament hilft, Krisen und Durststrecken auszuhalten. Sie müssen in Kommunikation stehen, damit der Funke nicht ausgeht. In regelmäßigen Abständen ausloten, wie man den Kurs hält, damit man gemeinsam weitergehen kann und keiner von beiden mit seinen Bedürfnissen untergeht. Neben einer ehrlichen Kommunikation als Basis jeder stabilen Beziehung muss man sich jeden Tag aufs Neue bewusst machen, dass der Partner trotz aller Zweisamkeit eine eigenständige Person ist. Inwieweit beglückt dich ein Hund, der lediglich bei dir bleibt, weil du ihn angeleint hast? Das schönste Gefühl entsteht doch dadurch, indem er aus freiem Willen deine Nähe sucht. Vertrauen bildet eine wichtige Komponente innerhalb einer Partnerschaft. Darauf vertrauen, dass das Band stark genug ist, an den Freiheiten, die man sich gegenseitig einräumt, nicht zu zerbrechen. Und falls doch Risse entstehen, müssen beide Partner dafür Sorge tragen, diese zu kitten. In einer Beziehung reicht es auf Dauer nicht, wenn nur einer Holz in den Ofen schmeißt. Zwei sind dafür verantwortlich, das Feuer nicht ausgehen zu lassen und die Beziehung zu pflegen. Und Zwang hat noch niemals zu persönlicher Erfüllung und Glückseligkeit geführt – weder auf den einzelnen Menschen noch auf eine Partnerschaft bezogen.

Das märchenhafte Konzept von … *und sie lebten glücklich bis an ihr Lebensende* ist selbstredend verlockend und es wird immer einen Teil in uns geben, der sich diese romantische Vorstellung herbeisehnt. Aber Triebe sind trotzdem da, werden immer da sein und nach Befriedigung schreien. Und dann muss man einen Weg finden, mit ihnen umzugehen. Anstatt es aufrichtig und ehrlich aufs Tablett zu bringen, wird das offene Wort oft nicht gesucht und stattdessen landet lediglich das Wurstbrot auf dem ausklappbaren Sofa-Tischchen, während man gemeinsam mit der Liebsten *Tatort* frönt. In diesem Zusammenhang wählen viele den vermeintlich einfacheren Pfad und entscheiden im Alleingang, wie sie mit ihren sexuellen Bedürfnissen umgehen. Sei es daheim in Bamberg oder während des Reisens – unterm Strich stellt sich die Frage, mit welchem Verhalten man am Ende des Tages besser einschlafen kann: Lug und Betrug in vermeintlich monogamen Beziehungen zu verüben oder ehrlich über sexuelle Bedürfnisse zu sprechen und mit Einwilligung des Partners auszuleben? Die Entscheidung obliegt der Verantwortung des Einzelnen.

Die Destinationen des Backpackens gleichen einem Spielplatz für Erwachsene, der allerlei Möglichkeiten offeriert, sich auf verschiedenen Ebenen auszutoben – und das nicht nur sexuell gesehen. Auch wenn diese Komponente einen entscheidenden Faktor einnimmt, wenn man mal grundehrlich ist. Teilnehmen möchte definitiv jeder an dieser interkulturellen Sexparty, ob Single oder in einer wie auch immer gearteten Beziehungsform lebend.
Erfahrungsgemäß kann ich behaupten, dass mir nur selten Männer begegnet sind, die sexuellen Handlungen gegenüber abgeneigt waren – obwohl in einer Partnerschaft lebend, die eigentlich keine anderen sexuellen Kontakte erlaubt. Die Wenigsten von ihnen sitzen am Ende ohne verübten Seitensprung im Flieger nach Hause.
Und so ereignete sich folgendes Szenario, als ich Steve am nächsten Abend in der Bar wieder traf: „Also, ich hab darüber nachgedacht." Steve schaute mit roten Wangen verlegen zu Boden. „Fuck, ich meine, ich hab die letzte Nacht an nichts anderes mehr denken können, außer daran, dass du mit mir schlafen wolltest und ich *verdammtnochmal* ablehnen musste, weil ich eine Freundin zu Hause habe." Den Blick weiterhin nach unten gesenkt, fuhr er nach einer kurzen Pause fort: „Ich bin froh, dass du dich nicht auf Jay eingelassen hast, und es ehrt mich wirklich sehr, dass du stattdessen mir den Vorzug gabst. Aber was ich eigentlich fragen wollte …" Er blickte mich schüchtern an, schluckte und presste dann leise hervor: „Möchtest du mich denn immer noch?"
Wir leerten unsere Gläser und verließen das *Funky Monkey* Hand

in Hand.

„Wo ist eigentlich Jay?“, fragte ich Steve, weil ich ihn den gesamten Abend nicht gesehen hatte.

Steve lächelte mich schulterzuckend an und entgegnete: „Ach, Jay … Der telefoniert gerade mit seiner Verlobten aus Tel Aviv.“

Die Gestrandeten

(Koh Lanta, Thailand)

And me?
I still believe in paradise.
But now at least I know it´s not some place you can look for.
Because it's not where you go.
It's how you feel for a moment in your life when you're a part of something.
And if you find that moment…
it lasts forever.
(Leonardo DiCaprio in The Beach)

„Welcome to your perfect place to get stuck!", schrie mir ein sonnenverbrannter Typ ein wenig zu ambitioniert von der anderen Seite des Strandes aus zu, als ich mich mit meinem Rucksack in der Mittagshitze durch den Sand kämpfte.

Da ich bereits wusste, dass es während des Reisens generell tauglicher ist, keinen festen Plan zu haben, um somit jeglichen eventuell auftretenden Ereignissen in unvergleichbarer Offenheit gegenübertreten zu können, kam ich ohne jegliche Erwartungen auf die Insel Koh Lanta. Folglich hatte ich weder etwas Besseres, noch überhaupt irgendetwas vor, weswegen ich schnurstracks auf den krebsroten schlaksigen Blondschopf zusteuerte. Er lächelte mich mit einer grundgütigen Ehrlichkeit an, nach der sich ein Teil von mir gesehnt hat. Das Sehnsuchtsgefühl schien schon länger unbemerkt in mir zu schlummern, trat jedoch erst an die Oberfläche beziehungsweise machte sich bemerkbar, als es durch einen äußeren Reiz in Form eines grinsenden Fremden entflammt wurde. Dieser kramte sogleich eine Dose Bier aus den Tiefen seiner Hängematte hervor, reichte sie mir mit einem breiten Lächeln und fügte hinzu: „I am Jack. And this“, er macht eine ausschweifende Geste zum Gebäude hinter uns, die ihn fast einen Sturz aus der Hängematte kostete, „is the best hostel on this fucking planet.“ Und damit war wohl alles gesagt.

Ich war mir nicht sicher, was sich schon länger auf dieser Insel befand – das Hostel oder der immer noch ohne Unterlass grinsende Typ im Vordergrund. Vermutlich lag er schon jahrelang dort in dem Stück Stoff zwischen den Palmen und sie hatten die Unterkunft samt Terrasse einfach um ihn herum gebaut. In Ermangelung anderer Optionen der Tagesgestaltung nahm ich das Bier dankend an, ließ meinen Rucksack auf die hölzernen Planken fallen und versank ebenfalls in einer der Hängematten unter den riesigen Kokospalmen. Nach stundenlanger Anreise in einem Minivan mit defekter Klimaanlage sehnte ich mich eigentlich nach einer Dusche, beschloss aber, dieses Bedürfnis könne auch ein Bier lang warten.

Sobald ich die ersten Schlucke aus der Dose nahm, erschien plötzlich ein hünenhafter Typ mit einer Schüssel Popcorn in der Eingangstür des Hostels. In der Tieftonlage eines Berserkers rief er: „Dude, they filled it up! The popcorn machine… So much love for this place!“

Als ich gerade dabei war, mich zu fragen, warum hier jeder sechzig Dezibel lauter zu sein schien, als es der Norm entsprach, und inwieweit dies in Kontrast zu den relaxenden Vibes einer Insel stand, streckte er mir seine riesige Pranke entgegen.

„Hey, I'm Mihailo! Nobody can remember my name in the first seconds, but you can think it like ME – HIGH – LOW“, (was er mit entsprechenden Gesten untermalte) „and then you'll get it. Hopefully Jack didn't scare you, cause sometimes he can be a crazy freak. But he has definitely a lovely soul. We spent great days together. I suppose, guys from UK are always the best company for getting really fast, really drunk – even if it's just midday."

So sehr ich Schubladendenken auch hasse, muss man zugeben, dass Klischees eben nicht von ungefähr kommen – und eine gewisse anfängliche Orientierungsfunktion erfüllen. Verlässt man seine Komfortzone und begibt sich hinaus in die Welt, betritt man eine Arena der Klischees und kann oftmals nur den Kopf darüber schütteln, wie zutreffend diese sein können – oder eben so gar nicht. Gleichzeitig staunt man darüber, wie häufig man selbst Opfer seines eigenen Länderklischees ist.

Nach jahrelangem Reisen durch die Welt kann ich jedenfalls bestätigen, dass wir alle mehr den Stereotyp unserer jeweiligen Nation ausleben, als wir es uns eingestehen möchten. Man kann Erkenntnisse dieser Art als Chance sehen, sich über eigene Verhaltensmuster und Einstellungen bewusst zu werden. Und versuchen, die national anerzogenen Eigenschaften abzulegen, die man am wenigsten an sich mag.

Beim Reisen trifft man auf ein menschliches Potpourri unterschiedlicher Herkunftsländer, kultureller Diversitäten und mannigfacher Gepflogenheiten, Lebensweisen, Normen und Wertvorstellungen. Manche decken sich beinahe eins zu eins, andere ähneln sich, der Großteil unterscheidet sich oder steht in starkem Kontrast zu dem Bekannten der bisherigen Alltagswelt jedes einzelnen. Dir wird mit einer unvergleichlichen Klarheit vor Augen geführt, wer du bist, was dich im Laufe deines Lebens geprägt hat und, durch was dein Denken bestimmt wird. Diese Klarheit ermöglicht es dir, zu reflektieren, damit auseinanderzusetzen und dich weiterzuentwickeln. Reisen offenbart aber nicht nur einen großen Teil über uns selbst, sondern eröffnet eine Menge Wissen über andere Menschen. Dadurch entsteht die Chance, Vorurteile, die einen beherrschen, nach und nach zu beseitigen.

Dieser Entwicklungsprozess kann ebenso spannend wie gewinnbringend, zermürbend und gleichzeitig frustrierend sein. Denn es ist verdammt schwer, die klischeehaften Denkmuster, die sich jahrelang in unseren Köpfen festgesetzt haben, auszuradieren und sich stattdessen auf eine offene Betrachtungsweise einzulassen. Man muss versuchen, neutral zu beobachten und zu erfahren, statt zu verurteilen, zu bewerten und abzustempeln. Vor allem bei Sachverhalten, mit denen man nicht tagtäglich zu tun hat, schaltet sich schnell das Schubladendenken ein, da man das Unbekannte rasch in Kategorien einordnen möchte, die einem die Welt strukturieren. Dies steht allerdings im krassen Gegensatz zum modernen Zeitgeist: *open-minded* sein. Das Ideal ist es, unbefangen und ohne Vorurteile durchs Leben zu gehen und Neuem ohne voreingenommene Bewertung gegenüberzustehen, statt gleich in die Rolle des Richters zu rutschen. Doch das ist verdammt schwer.

Es ist einfacher, den alten Mann, der mit einer viel zu jungen Balinesin in einer Bar sitzt, als Sextouristen abzustempeln. Aber was, wenn man ihm Unrecht tut? Wenn er einer Patchworkfamilie angehört und die junge Indonesierin lediglich seine Enkelin ist, da sein Sohn damals während eines Jobs in Südostasien eine balinesische Frau kennen- und lieben gelernt hat? Durch Globalisierung und alle denkbar möglichen Muster der Familienkonstellationen im 21. Jahrhundert erscheint dies nicht abwegig.

Oder was ist mit der weißhaarigen Frau, die extrem breitbeinig neben dir im Langstreckenbus nach Ho-Chi-Minh sitzt und dadurch so viel Platz einnimmt, dass es dich in den kommenden 21 Stunden in den Wahnsinn treibt? Nicht zu vergessen, dass dieses Maß an Körperkontakt das innere Thermometer in die Höhe treibt, was du aufgrund der defekten Klimaanlage nicht ohne ein gesteigertes Aggressionslevel hinnehmen kannst. Du fragst dich, warum alte Menschen auf den ersten Blick häufig egoistisch und rücksichtslos agieren, denn das hast du bereits viele Male in verschiedenen Situationen erlebt. Erfahrungen aus dem Bekanntenkreis decken sich hierbei mit den eigenen. Deine Freunde verkünden ein Potpourri schlechter Eigenschaften, die sie alle einmal ungefiltert auf ihr soziales Umfeld niederprasseln lassen wollen, sobald sie alterstechnisch dem Kreis der Senioren angehören, denn das sei schließlich das „Privileg alter Menschen. Von denen erwartet keiner mehr, dass sie sich in ihrer verbleibenden und unter Umständen extrem limitierten Lebenszeit noch zusammenreißen“ – so die Quintessenz der vorherrschenden Meinungen. Aber was ist, wenn die Frau, die sich neben mir auf dem Sitz breit macht, nicht rücksichtslos ist, sondern wegen ihrer maroden Hüfte oder sonstigen Alterserscheinungen nur auf diese Art sitzen kann? Vielleicht ist es ihr schlichtweg nicht möglich, sich anders auf dem Sitz zu drapieren, weil sie sonst unter großen Schmerzen leidet.

Man kann nicht verhindern, dass Vorurteile oder negative Gedanken sekundenschnell im Kopf auftauchen – aber man kann versuchen, andere Hypothesen zu bilden, die einem alternative Erklärungsmodelle bieten. Im besten Fall führen diese dann zu einem erhöhten Verständnis- und Toleranzlevel. Und zu einem besseren Gefühl, weil man nicht vorschnell geurteilt hat, sondern den Dingen mit einer größeren Offenheit begegnet.

Leider ist es aber doch häufig der Fall, dass sich die erste Intuition oder der naheliegendste Gedanke am Ende als zutreffend erweisen. Es ist deprimierend, wenn der vermeintliche Opa der viel zu jungen Balinesin kernig an den Arsch grabscht und sich somit ganz öffentlich und schambefreit als ekelhafter Sextourist outet. Oder der Moment, wenn die „hüftkranke" Alte nach der elendig langen Busfahrt wie vom Jungbrunnen geküsst von ihrem Sitz springt und schnellen Schrittes ohne jegliche körperlichen Beschwerden von dannen zieht. Man bleibt zurück und fühlt sich wie ein astreiner Trottel. Aber hey – wenigstens hat man nicht vorschnell geurteilt.

Manchmal passiert es während des Reisens aber auch, dass man einem Menschen begegnet, von dessen Heimatland man nicht nur keine Ahnung hat, sondern einem kein einziges Klischee einfällt, aus dem sich ratzfatz ein vorschnelles Urteil bilden könnte. Quasi Tabula rasa. So erging es mir mit Mihailo, denn Mihailo kommt aus Serbien. *Wird dort nicht viel Fleisch konsumiert?* - das war mein gefährliches Halbwissen über Serbien. Ich machte mir eine imaginäre Notiz im Kopf, Mihailo später ausführlich über sein Land zu befragen, und hoffte, dadurch das idiotische Gefühl, das sich in mir ausbreitete, weil ich bis dato keine Vorstellung von Serbien hatte, beiseite schieben zu können.
Mihailo hatte indessen in der Hängematte neben mir Platz genommen, womit unsere Symbiose zum *Getting-stuck*-Trio auf unbestimmte Zeit komplett war. Wir redeten über die Orte, die jeder von uns besucht hatte, bevor er hier auf die Insel kam. Mir fiel es nicht schwer zu glauben, dass der Brite Jack bereits seit vier Monaten an diesem Strand festhing – lediglich unterbrochen von erforderlichen Visa-Runs, um seinen Aufenthalt in

Thailand Monat für Monat verlängern zu können.[32] Er kam in der Nacht seines 18. Geburtstags in Bangkok an und als ihm jemand auf der Partymeile der Khaosan Road von der Insel vorschwärmte, machte er sich direkt auf den Weg nach Koh Lanta. Jacks Aussehen ähnelte auf gewisse Weise dem eines Hundewelpen im Teenagerstadium: Man konnte bereits erahnen, in welche Richtung sich sein Körper noch entwickeln würde – und gleichzeitig auch wieder nicht, da die Vorstellung zukünftiger Körperlichkeit die Präsenz des Augenblicks überstieg. Er war der absolute Kumpeltyp, hatte für jeden ein offenes Ohr und wusste stets, wie er auf sein Gegenüber einzugehen hatte. Er fand einfach zu jedem einen Draht und war dabei souverän und selbstsicher, ohne arrogant zu wirken. Obwohl er noch so jung war, verspürte er (konträr zu so vielen anderen Reisenden in seinem Alter) überhaupt keinen Drang, in Rekordgeschwindigkeit und einer unbändigen Energie, wie sie nur junge Körper aufbringen können, von Stadt zu Stadt, Insel zu Insel und Land zu Land zu hüpfen. Jack wollte einfach nur einen Ort haben, an dem er dauerhaft verweilen und den Lifestyle des klassischen Hängengebliebenen zelebrieren konnte. Die passende Location dafür hatte er in dieser Hängematte gefunden und sah dabei kontinuierlich zufrieden aus, als wäre er permanent von einer Erleuchtung heimgesucht worden.

Ich gab mir innerlich selbst ein Highfive, da ich den wohl perfektesten Platz für die nächsten Tage gefunden hatte, und

---

32 Der Visa-Run ist in Südostasien ein gängiges Prozedere, um in den meisten Ländern seinen Aufenthalt zu verlängern. Anstatt Einreisebehörden aufzusuchen, überschreitet man die Grenze des Nachbarlandes, um kurz darauf (in manchen Ländern ist dies am gleichen Tag noch möglich) wieder einzureisen. Dies ist oftmals kosten- und zeitsparender, als eine Visumsverlängerung im Land selbst zu beantragen. In Thailand beträgt das Visum eine Dauer von 30 Tagen.

ging kurz rein, um mir ein Bett im Schlafsaal zu sichern. Als alles geregelt war, überkam mich eine unbändige Zufriedenheit, denn ich wollte einfach nur drei Ewigkeiten auf dieser Terrasse verweilen, um mit den anderen biertrinkend den Tag ausklingen zu lassen – und daran sollte sich auch bitte die darauffolgenden Tage nichts ändern! So erlebnisreich und schön die letzten Monate auch gewesen waren – irgendwie beschlich mich nach und nach das Gefühl, dass ich mich für eine gewisse Zeit konstanter an einem Ort aufhalten sollte. In den vergangenen Wochen sprangen meine Gedanken von einer Destination zur nächsten und mein Körper jagte hinterher. In einer kontinuierlichen Rastlosigkeit bewegte ich mich durch Vietnam, Kambodscha und den Norden Thailands und nichts machte mehr Sinn als eben genau das. Bis sich in mir auf einmal nur noch das Vergangene breitmachte und ich einen inneren Widerstand verspürte, Pläne für die nachfolgenden Tage machen zu wollen. Weil ich schlichtweg ausgelaugt war vom Erlebnissenhinterherjagen. Das ist der Zeitpunkt, wo man damit aufhören sollte, im Affentempo um den Planeten zu sausen. Befindet man sich in diesem Stadium, ist man so übervoll mit Eindrücken, dass diese einen von selbst einholen, indem sie sich stetig einen Weg an die Oberfläche des Bewusstseins bahnen. So wird es unmöglich, im aktuellen Moment zu verweilen geschweige denn offen für Neues zu sein, weil man gar nichts mehr aufnehmen kann, wenn das Fass voll ist. Um nicht verrückt zu werden angesichts solch einer Flut an unverarbeiteten Eindrücken, ist es dann an der Zeit, innezuhalten und sich selbst eine Chance zu geben, alles sacken zu lassen. Und an diesem Punkt befand ich mich aktuell, weshalb ich mindestens eine Woche auf Koh Lanta bleiben wollte, um mich neu zu sortieren und die Lust nach dem nächsten Abenteuer wieder in mir wachzurütteln. Und glücklicherweise schienen sich Jack

und Mihailo in einem ähnlichen Modus zu befinden.
Den Rest des Tages lagen wir Drei nebeneinander in den Hängematten vor dem wohl chilligsten Hostel der Welt, ein Bier nach dem anderen vernichtend und Unmengen des kostenlosen Popcorns in uns reinstopfend. Es ist faszinierend: Man kann während längeren Reisens tagelang das Gefühl haben, keinen blassen Schimmer zu besitzen, wo man eigentlich als Nächstes ankommen möchte. Entweder verweilt man dabei gerade an einem Ort, wenn dieses Gefühl aufkommt, und sitzt es dann so lange aus, bis es sich verflüchtigt. Oder man zieht weiter, wobei man das Gefühl der Rastlosigkeit stets in sich trägt. Bevor ich auf Koh Lanta ankam, hatte ich absolut keine Ahnung, was weiterhin passieren sollte, und war in einer Umtriebigkeit gefangen, die es verhindert, den Moment zu genießen. Aber seit ich auf der Terrasse des Hostels saß, wich dieses Gefühl endlich von mir und eine wohlige Zufriedenheit breitete sich in meinem Innern aus.
„Really glad to have you guys“ prostete ich Jack und Mihailo zu, mit der wo auch immer herkommenden Ahnung, dass mir ihre Gesellschaft die nächste Zeit verdammt gut tun würde, wenn weiterhin nichts anderes passierte als genau das hier. Und keiner von uns brauchte mehr als genau das: von morgens bis abends in Hängematten baumeln, kombiniert mit dem Konsum einer Menge Bier, Popcorn und Marihuana. Ein Quell strukturierten Nichtstuns, gepaart mit dem unbedarften Ausleben diverser Laster, wurde zum Grundtenor unserer Inseltage.
Währenddessen ereignete sich vor uns die übrige Welt. Ohne unser Zutun zog sie an unserem kleinen Mikrokosmos der Glückseligkeit vorbei und wir taten nichts anderes, als zu beobachten, was dort vor sich ging. Hin und wieder kam es vor, dass andere Leute unser Miniuniversum streiften. Das war bei-

spielsweise der Fall, wenn neue Gäste ankamen, jemand uns für einige Zeit in Gespräche verwickelte oder fragte, ob wir Lust hätten, mit in eine der zahlreichen Strandbars oder Restaurants zu gehen. Es ist nicht so, dass wir der Gesellschaft anderer generell abgeneigt gewesen wären, geschweige denn dem Typ Mensch angehörten, der nicht gerne in Bars abhängt. Doch die Insel erstickte jegliche Energie im Keim und machte uns süchtig nach ungehobelter Aktionslosigkeit. Keiner von uns wollte diese sorgenfreie rosafarbene Welt, die wir uns da geschaffen hatten, verlassen. Denn wenn man so etwas Perfektes unterwegs gefunden hat und man sich einfach nur wohl fühlt, dann muss man es so lange auskosten, wie es besteht – denn bekanntlich ist alles zeitlich begrenzt.
Manchmal musste einer von uns für Nachschub an Snacks, Getränken und Gras sorgen, wofür wir ein ausgeklügeltes System erfanden, das seltsamerweise fast immer Jack traf. Aber da er von uns allen der Jüngste war und somit zumindest theoretisch den größten Elan besaß, kam er der Aufgabe zwar mit anfänglichem Missmut, aber stets zuverlässig nach.
Ein weiterer Grund, die Hängematte zu verlassen, bestand in der gnadenlosen Hitze, die uns in regelmäßigen Abständen dazu veranlasste, unsere Körper ins Meer zu dippen. Nicht ohne vorher mindestens eine Viertelstunde äußerst leidenschaftslos darüber diskutiert zu haben, ob es jetzt schon so weit wäre oder wir noch ein bisschen warten sollten, denn es war ja gerade so gemütlich. Es ist unglaublich, welchen Grad an Faulheit man entwickeln kann, wenn sich die äußeren Umstände dafür als passend erweisen. Ich kam zwar mit dem Plan nach Koh Lanta, alles ruhiger anzugehen – aber welches Level an Nichtsnutzigkeit mein Gehirn anzunehmen in der Lage war, erfuhr ich erst auf dieser Insel. Eine neue Dimension der Zeitlosigkeit machte

sich breit, die für diesen Zustand gravierend verantwortlich zu sein schien. Wir fragten uns am Ende des Tages nicht mehr, welcher Wochentag heute mit der untergehenden Sonne verstrich – denn was würde das auch bringen an einem Ort, an dem dies ohnehin belanglos war? Unser Unverständnis von Zeit erreichte andere Sphären: Wir hatten einmal tatsächlich einen kurzen Moment keine Antwort auf die Frage, welcher Monat gerade war. *Wenn wir da jetzt nicht unter zehn Sekunden draufkommen, sollten wir wirklich überlegen, etwas an unserer Gesamtsituation zu ändern* dachte ich, als auf einmal ein Typ mit hochrotem Gesicht joggend Kurs auf unseren Hotspot vor dem Hostel nahm. Vollkommen außer Atem kam er mehrere Meter vor der Terrasse zum Stehen, tippte etwas auf seiner Apple Watch ein und verkündete mit dem letzten bisschen Restenergie: „Zwölf Kilometer unter 60 Minuten, das ist mein neuer Rekord!"

Nach Luft japsend ließ er sich in seiner enganliegenden Sportmontur auf den Holzplanken der Terrasse nieder. Er löste in mir die Sorte von schlechtem Gefühl aus, die Leute in einem hervorrufen, wenn sie aktive Leistungen wie Sport erbringen, während du absolut sinnbefreit deine Zeit verbaselst, ohne dich in den letzten Tagen großartig bewegt zu haben. Keuchend zählte er auf, was er heute noch alles vorhatte (Mountain-Hiking, Kayaking und Schwimmen), was mein persönliches Loser-Feeling nur noch mehr triggerte. Höchst erfreut in Anbetracht seiner Pläne sah er allerdings nicht aus; *überanstrengt* und *gestresst* waren wesentlich passendere Adjektive. Er ging ins Hostel hinein, um seine Schuhe zu wechseln – natürlich nicht, ohne uns vorher einen Monolog darüber gehalten zu haben, warum ein stabiles Schuhwerk beim Wandern so enorm wichtig wäre und in welchen Aspekten Jogging- und Trekkingschuhe sich gravierend voneinander unterschieden.

Nachdem wir uns gegenseitig versichert hatten, dass ihm keiner von uns über die ersten drei Sätze hinaus zugehört hatte, fischte Jack ein schwarzes Buch aus seiner Hängematte. „Five days! Cause he's kind of overambitious", verkündete er. Woraufhin Mihailo entgegnete: „Really?? I guess it'll take only three... Trust in Koh Lanta's vibes!"
Da ich es mittlerweile gewohnt war, von den beiden in regelmäßigen Abständen Dummfug zu hören, den ich nicht verstand (denn dafür waren sie schon zu lange vor mir zusammen hier abgehangen, was die Entwicklung von Insidern bekanntlich enorm fördert), kümmerte ich mich nicht weiter um das schwarze Buch. Meine Gedanken drifteten in sinnlose Schleifen ab, in denen ich mich eine Weile verlor. Jack und Mihailo taten es mir wohl gleich, denn die gesamte nächste Stunde sprach keiner von uns auch nur ein Wort. Ich dachte darüber nach, warum es in unserem Mikrokosmos, der sich hauptsächlich auf den Hängemattenbereich der Hostelterrasse beschränkte, keine großartigen Probleme zu geben schien. Die einzigen „Probleme" des Tages bestanden in Fragen wie:

- Esse ich später Pad Thai oder zur Abwechslung mal ein Curry?
- Ist es eine Verdammnis, lediglich 300 Meter vom Meer entfernt und trotzdem zu faul zu sein, sich öfter als dreimal pro Tag ins Wasser zu bequemen?
- Muss ich heute wirklich meine Wäsche in die Laundry bringen oder kann ich die Unterhose auch noch einen weiteren Tag anbehalten, ohne dass es eklig wäre?
- Wen wird es später treffen, in den *7Eleven* zu gehen und neues Bier zu holen?

- Sollte ich vielleicht etwas geistig Anregendes tun (wie z. B. ein Buch lesen), um einer Komplettverdummung entgegenzuwirken?
- Fördert Wassermelone den Harndrang in der gleichen Intensität, wie Bier es tut? Und sollte man dann beides lieber getrennt voneinander konsumieren? Was unvermeidlich zu der Frage führte:
- Wie lange kann ich den Drang, zu pinkeln, unterdrücken, damit ich hier noch länger rumliegen kann, und ab wann wirkt sich massives Nichtstun gravierend auf die Gesundheit aus?
- Wie groß ist die Wahrscheinlichkeit, den Tod durch eine herabfallende Kokosnuss zu erleiden?
- Ist das Erfinden verschiedenster Trinkspiele ein unendlicher Fundus und könnte man eine App dazu entwickeln, die einen reich macht?
- Wie viel Untätigkeit kann ein Mensch ertragen? Und was kapituliert zuerst angesichts dermaßen viel Sinnlosigkeit: der Verstand oder körperliche Funktionen?
- Kommt es zu einem unterschiedlichen Katerzustand am nächsten Morgen, wenn ich das Bier langsam oder schnell trinke, aber am Ende des Tages die exakt gleiche Menge konsumiert habe?
- Werde ich jemals wieder in der Lage sein, ein normales Aktivitätslevel zu erreichen, oder bin ich für ein gesellschaftliches Leben nun auf alle Zeiten unfähig?
- Warum hat man nach dem Beobachten des Sonnenuntergangs jedes Mal aufs Neue das Gefühl, etwas Sinnvolles an dem Tag gemacht zu haben, selbst wenn man ihn nur in der Hängematte verbrachte?
- Wie sieht die Menge eines Kilos Popcorn aus, könnte ich sie aufessen und wer holt jetzt eigentlich die nächste Runde?

Das waren im Wesentlichen die Gedanken, mit denen der Geist Tango tanzte, wenn er nicht gerade im Stand-by-Modus versumpfte und jegliche Aktivität auf ein Minimum reduzierte. Neben diesem sinnentleerten Fragenkatalog führt dauerhafte Leere im Kopf dazu, dass man leicht zum Opfer wird für alles Mögliche, was sich an Gesprächen jedweder Art gerade so anbietet. Beispielsweise lauscht man bereitwillig den Monologen von Esoterik-Uschi, die jeden Morgen nach ihrer Strand-Meditation auf die Terrasse kommt, um eine Tasse grünen Tee zu trinken.[33] Oder man fängt an, sich ebenso für die Lehren des Taoismus zu interessieren wie für die großen philosophischen Fragen des Lebens. Letzteres wurde durch Philipp bedient, der acht Monate zuvor seinen Job als Bankkaufmann gekündigt hatte, um sich nun einzig und allein auf sich selbst zu konzentrieren. Daneben las er querbeet die Werke von allen möglichen Philosophen und möchte irgendwann sein abgebrochenes Philosophiestudium fortführen. „Ich hätte mich damals einfach beharrlicher den Ratschlägen meiner Eltern widersetzen müssen und nicht auf deren Drängen hin *etwas Vernünftiges* lernen sollen. Ich meine, wo haben mich diese gutgemeinten Lebensentwürfe hingebracht? In die dröge Tristesse des deutschen Bankwesens. Da kann die Seele ja nur verrotten!" Philipp verdient eigentlich eine eigene Fernsehsendung mit dem Titel *Ich weiß alles über Immanuel Kant* oder wäre der perfekte Telefonjoker bei Quizsendungen, sobald etwas über Platon, Sartre oder Francis Bacon gewusst werden will.

Leute wie Philosophen-Philipp und Esoterik-Uschi fanden in uns ein mehr als dankbares Publikum, denn wenn man mit

---

[33] Den sie natürlich auf irgendwelchen Teeplantagen während eines Yoga-Retreats in Indien im Rahmen von freiwilliger Arbeit eigenhändig gepflückt hat, während ihr Chakra vollkommen im Gleichgewicht war.

seinen kognitiven Funktionen in einer Intensität *absolut nichts* anstellt, wie wir es Tag für Tag taten, sucht der Verstand sich irgendwann eine Aufgabe … oder kreist in Endlosschleifen über die oben angeführten Nonsensfragen.

Ich war gedanklich gerade wieder mal bei dem rätselhaften Sachverhalt bezüglich des Popcorns angekommen, als Preecha mit einer vollkommen überladenen Schale geschnittener Mango die Terrasse betrat.

Preecha ist eigentlich immer nur am Lächeln und bedient daher *das* Thailand-Klischee in Reinform. Sein Aussehen erinnert an eine asiatische Mischung aus Teddybär und Kapuzineräffchen und es ist unvorstellbar, dass es Leute auf diesen Planeten gibt, die ihn nicht mögen könnten. Er betreibt das Hostel seit zwei Jahren, zusammen mit Großmutter, Frau und Tochter, die natürlich ebenfalls alle für westliche Verhältnisse oft am Grinsen sind. Dabei verfolgt jede von ihnen einen unterschiedlichen Stil: Die Großmutter lächelt eher verhalten und schüchtern – so wie jemand, der über einen Witz lacht, sich aber nicht ganz sicher ist, ihn richtig verstanden zu haben. Seine Tochter verdeckt ihr sagenhaftes Lächeln permanent mit der rechten Hand – was ihrer Schönheit allerdings keinen Abbruch tut, sondern ihr etwas Geheimnisvolles verleiht. Und Preechas Frau lächelt vorsichtig und wohldosiert, als wäre sie stets darauf bedacht, den richtigen Moment dafür abzupassen.

Preecha hielt uns die frische Mango direkt unter die Nase – wenn es ihn nicht gäbe, hätten wir wohl alle mit ziemlicher Sicherheit aufgrund einseitiger Ernährung bald den Tod durch Skorbut gefunden. Er und seine Familie haben es sich anscheinend zum Auftrag gemacht, alle bei ihnen gestrandeten Backpacker in großem Stil mit Früchten zu versorgen. Die gibt es neben dem Popcorn und Filterkaffee den ganzen Tag gratis.

Das Vitamininvestment in unsere geschundenen Körper verursacht in einem das grundlegende Gefühl, mit ziemlicher Sicherheit behaupten zu können, sich für Preecha, ohne groß darüber nachzudenken, ins Feuer zu stürzen, wenn es die Situation erfordern würde.

„You right", sagte Preecha und grinste Mihailo an. „You not", wobei er mit dem Finger auf Jack zeigte. Mihailo schrie in seiner bebenden Berserker-Tieftonlage: „Wohoo, like I told you, dude; the girls from Sweden extended for two nights! HA!", woraufhin Jack missmutig ein schwarzes Buch zückte und etwas darin notierte. Preecha schüttelte lachend den Kopf, stellte den Teller Mango zwischen uns auf den Tisch und verließ die Terrasse.
Während des anschließenden Mangomassakers erklärte mir Mihailo, was es mit dem *BlackBook* auf sich hatte. Jack und er schlossen bei jedem Neuankömmling des Hostels Wetten ab, ob die Person ihren Aufenthalt letzten Endes verlängern würde. Statistisch gesehen passiert das in diesem Hostel signifikant oft, daher geht es im Kern darum, die Anzahl an zusätzlichen Tagen korrekt zu ermitteln. Liegt man exakt richtig, verdreifachen sich die Gewinnpunkte. Minuspunkte gibt es, wenn die Schätzung mehr als 48 Stunden von der tatsächlichen Verlängerung abweicht. Hört sich ein bisschen an wie die Logik eines Maya-Kalenders und läuft mindestens nach einem halb so genialen System ab. Wer in der Summe die wenigsten Punkte hat, muss am Ende der Visumsfrist die Kosten des Visa-Runs für den jeweils anderen übernehmen.
Eine weitere Kategorie von Jack und Mihailo persönlichem *Gambling Heaven* ist die des *Reduce Speed After Stranding*. Hierbei geht es darum, vorauszusagen, nach wie vielen Tagen die Person ihr Aktivitätslevel ab dem Zeitpunkt, an dem sie auf Koh Lanta

angekommen ist, herunterschrauben wird.

Die meisten Menschen landen in Koh Lanta und sind übervoll mit Ideen und zahlreichen Plänen, die sie uns als den in den Hängematten verlotternden Nichtsnutzen voller Eifer erzählen möchten. Sie kommen ausgemergelt und verkatert von der Party-Insel Koh Phi Phi hierher, wollen das Saufgelage aber nicht unterbrechen und ihr Level halten, weswegen sie einen Strandbarmarathon zelebrieren. Oder sie kommen vom Festland (meistens von den Backpacker-Knotenpunkten Bangkok und Krabi) und sind dementsprechend heiß darauf, die Insel zu erkunden. Andere sind gerade Phukets Sexhölle[34] entflohen und scheinen in Naturaktivitäten die Reinigung ihres Gewissens oder Verarbeitung des Gesehenen zu suchen. Sie wollen den Nationalpark der Insel durchwandern, die Anhöhen besteigen, den Wasserfall sehen und durch die verschiedenen Höhlen robben. Oder sie haben sich nach der letzten Full Moon Party hierher katapultiert, die sie auf den hierfür klassischen Destinationen Koh Tao oder Koh Phangan zelebriert haben und die bei ihnen ein Gefühl von innerer Leere und Sinnlosigkeit hinterließ. Einem ausgelaugten Emotionshaushalt begegnet man am besten mit blindem Aktionismus, denn der lenkt einen von eventuell einsetzender postaler Suffdepression ab. Neben den bereits angeführten Aktivitäten ist auf Koh Lanta noch allerlei anderes möglich: Jeden Tag findet irgendwo ein Nachtmarkt statt, es gibt Schnorcheltouren zu den umliegenden Inseln, Tauchkurse und die Sache mit der Freiwiligenarbeit. „Kennt ihr schon die Tieraufzuchtstation? Die benötigen immer Hilfe, jemand muss sich ja um die armen Dinger kümmern!“ Ebenso wie das Mitwirken an zahlreichen *Beach Cleanings*, bei denen man als Dankeschön

---

[34] Zählt neben Bangkok, Pattaya und Koh Samui zu den bekanntesten Orten für Sextourismus.

am Ende einen Cocktail zum guten Gewissen gereicht bekommt.
Doch Koh Lantas chillige Vibes arbeiten für sich und nagen stetig an ihren Besuchern, bis auch die Zähesten unter ihnen kapitulierend das Handtuch werfen und sich einem unverschämten Ausmaß an Relaxen hingeben. *Koh Lanta is entspanta* könnte hier der Verkaufsschlager für Promo-Artikel jeglicher Art werden. Und Entspannung ist doch etwas Wunderschönes – etwas, wonach sich jeder sehnt. Dabei denken alle immer, dass man sich Erholung mit vorangegangener Tätigkeit verdienen muss, sonst gesteht man sich nicht zu, sie ausleben zu dürfen. Man muss erst kurz vorm Burnout stehen, bevor man sich dem Nichtstun hingeben darf, andernfalls ist so viel Glückseligkeit nicht zu rechtfertigen – sowohl vor sich selbst als auch vor anderen. Kann man auf solch eine Haltung stolz sein oder sollte man sie lieber als krankhaftes Übel einer maximal gestressten westlichen Welt ansehen?
Bei besonders widerstandswillig wirkenden Charakteren verdoppelt sich die Punktzahl, wenn man den *Reduce Speed After Stranding*-Zeitpunkt korrekt vorhersagt.[35] Einige Anhaltspunkte, nach denen man seinen diesbezüglichen Tipp ausrichten sollte, scheinen einleuchtend. Zum Beispiel ist es ein entscheidender Faktor, welche Art des Reisens die Person, die es aktuell einzuschätzen gilt, verfolgt. Jemand, der für seinen Thailand-Aufenthalt lediglich drei Wochen zur Verfügung hat, scheint eher weniger für Verlängerungen ausschweifender Art in Frage zu kommen. Die Erfahrung zeigt allerdings, dass selbst diese Traveler oftmals eine Nacht länger als ursprünglich geplant bleiben, weil

---

35 Ich habe nicht herausgefunden, nach welchen Kriterien Mihailo und Jack dies ermitteln, aber es scheint sehr viel mit subjektiver Einschätzung zu tun zu haben, da so etwas gar nicht objektiv messbar sein kann.

Koh Lanta ist, was Koh Lanta eben ist. Größer ist der Nervenkitzel bezüglich des Aufenthalts der Langzeitreisenden. Bei Menschen dieses Traveler-Typs geht es vielmehr darum, abzuschätzen, ob sie ein Versacken in vollkommener Nichtsnutzigkeit akzeptieren und genießen können oder ob sie noch auf der Suche nach irgendetwas sind, von dem sie sich erhoffen, es woanders eventuell zu finden, und von diesem Wunsch getrieben stetig weiterziehen. Erfahrungsgemäß jagen sie monatelang um die Welt und finden alles andere, nur eben das nicht. Allem voran deshalb, weil man, um etwas zu finden, eine Vorstellung braucht, was es sein könnte. Doch dies ist ein anderes Thema.

Es gibt also zahlreiche Faktoren beim Zustandekommen der Zahlen im *BlackBook* zu bedenken. Aber bei einer Sache kann man sich absolut sicher sein: Früher oder später knicken die meisten ein und verfallen dem süßen Nichtstun. Auch bei dem aktiven Sport-Dude, der zum Zeitpunkt unseres vierten Joints vermutlich gerade versuchte, mit dem Kayak die Insel zu umpaddeln, schien es nur eine Frage der Zeit zu sein. Wir alle waren uns sicher: Auch er würde kapitulieren.

Oftmals möchte man den hart Aktiven einfach nur eins überziehen, wenn sie wie gedopet in unserem Sichtfeld erscheinen und erzählen, was sie denn heute Aufregendes getan haben und wie *fancy* der Tag noch enden wird. Zudem stören sie unseren Flow des Nichtstuns, indem sie eine Unterhaltung mit uns beginnen. Das wäre ja noch in gewissem Maße in Ordnung, wenn die Konversation nicht (wie in eigentlich allen Fällen) einer verbalen Missionierung dienen würde, mit dem Zweck, unsere Aktionslosigkeit durchbrechen zu wollen. Weiterhin wirft diese Sorte Mensch bei uns die ungewollte Fragestellung auf, wann wir eigentlich das letzte Mal etwas getan haben, was sich *nicht* im näheren Umkreis der Terrasse abspielte. Im Regelfall führt dies

aufgrund schlechten Gewissens dann dazu, dass wir kurz ins Meer gehen oder dem kleinen Restaurant von Lee einen Besuch abstatten, wofür wir 500 Meter den Strand hinuntergehen müssen. Beide Taktiken bringen den großen Vorteil mit sich, die ins Unangenehme abdriftende Konversation mit den Übermotivierten unter den Hostelgästen beenden zu können.
Das Essen bei Lee ist so verdammt lecker wie billig, dass man darüber hinwegsehen kann, von morgens bis abends *Friends*-Folgen in Endlosschleife auf dem Flatscreen vorgestreamt zu be-kommen. Kehren wir mit vollen Bäuchen wieder auf unsere angestammten Plätze zurück, ist das Aktivitätsgleichgewicht unseres kleinen Universums wieder hergestellt und wir können getrost mit dem Programmpunkt *nichtsnutziges Chillen* fortfahren.
Manchmal starteten wir aber auch selbst etwas, was man im Entferntesten als Aktivität bezeichnen konnte. Beispielsweise eröffneten wir eines Nachmittags eine Brettspiele-Challenge, die sich bis tief in die Nacht hineinzog. Wenn du am Ende des Tages behaupten kannst, das einzig Sinnvolle in den letzten zwölf Stunden sei gewesen, einen fünften Mann erfolgreich ins *Mensch ärgere Dich nicht* zu integrieren, erntest du definitiv Hassgefühle bei deinen Freunden, die zu Hause im Büro sitzen und dein Leben auf *Instagram* verfolgen, das du fleißig mit *#MyLifeIsBetterThanYourVacation*, Strandfotos und Videos beim Surfen, Regenwaldhiking oder Vulkantrekking füllst.[36]

Plötzlich kam der Tag, als Jack einen Inselkoller bekam – was man ihm nach viereinhalb Monaten, in denen sich sein Leben einzig und allein auf einen ziemlich limitierten Radius um das Hostel herum beschränkte, nicht verdenken konnte. Und wie

---

[36] Die drei Letzteren selbstverständlich zu einer Zeit, *bevor* du auf Koh Lanta gestrandet bist.

lösten wir das Problem? Mit der Wunderwaffe Alkohol und einem Szenewechsel.
Da Vollmond war und dementsprechend viele Strandbars Partys zelebrierten, nahmen wir schnell eine Dusche und verlagerten unseren Wirkungskreis vor den *7Eleven* auf der Hauptstraße. Da wir schnell betrunken werden wollten, weil es bereits 22 Uhr war und Partys in Asien früher enden, als man es bei uns zu Hause gewohnt ist, entwickelten wir ein effektives Trinkspiel: Bei jedem vorbeifahrenden Motorrad nahm man einen Schluck Bier. Jeder, der bereits in Asien gewesen ist, weiß um die Effektivität dieser Methode, die es einem ermöglicht, sich in kürzester Zeit die Lichter auszuknipsen. Nach einer glorreichen Stunde war es schließlich mehr als nötig, dieses Szenario zu unterbinden. Da bald keiner mehr alle Latten im Zaun hatte, nahmen wir das nächste TukTuk und feierten uns auf der Full Moon Party in der *Mushroom Bar*[37] die Seele aus dem Leib. Am Ende machten wir Jack noch ein Mädchen klar, mit dem er dann den Strand hinunterging – und bis zum Sonnenaufgang verschollen blieb. Mihailo und ich pinselten uns währenddessen verschiedene Körperteile mit Neonfarben voll und tanzten bis zum Exodus.
Am nächsten Tag war ich gerade dabei, Pläne zu entwickeln, die wir Jacks Inselkoller weiterhin entgegensetzen konnten, als er sich in die Hängematte fallen ließ und glücklich wie eh und je verkündete: „Thanks for yesterday night! That was exactly what I needed.“ Anscheinend waren eine Vollmondparty mit anschließendem Ego-Boost durch einen One-Night-Stand vollkommen ausreichend gewesen, um den Hängemattensegen unseres Miniuniversums wiederherzustellen. Und so plätscherten die Tage auf Koh Lanta weiterhin im gewohnten Flow vor sich hin, ohne dass sich etwas Nennenswertes ereignete.

---

[37] Es ist kein Geheimnis, welche dort die Droge des Vertrauens ist.

Ab und zu nahmen wir temporär neue Leute in unser Rudel auf, die dann ihre ganz eigene Dynamik in unseren faulen Lifestyle mischten. Da gab es zum Beispiel den Polen, dessen Namen niemand auszusprechen in der Lage war, weshalb er der Einfachheit halber Christoph genannt werden wollte. Christoph sieht aus wie der klassische Surferboy und zieht seit Jahren als digitaler Nomade um die Welt, weil er nach eigenen Aussagen direkt Suizid verüben würde, müsste er wieder dauerhaft in ein Büro gehen. Er blieb insgesamt vier Tage, danach hielt er die Nichtsnutzigkeit nicht mehr aus, packte seine Sachen und verkündete: „If I would stay one night longer, I would never be able to leave this island." Auch eine Entwicklung in diese Richtung ist auf Koh Lanta möglich. Als sich Christoph, der eigentlich gar nicht Christoph heißt, von uns verabschiedete, kam der aktive Sport-Dude gerade vom morgendlichen Beach-Jogging zurück. Da waren es bereits acht Tage, in denen Koh Lanta seinen Aktionismus nicht brechen konnte. Wobei man an dieser Stelle anmerken muss, dass er zusehends unzufriedener und ausgebrannter wirkte als noch zu Anfang. Auch seine Yoga-Einheit pünktlich zum Sonnenuntergang kürzte er mittlerweile von 60 Minuten auf die Hälfte.

Eines Tages tauchte Anna wie aus dem Nichts auf. Anna ist eine 53-jährige Sizilianerin, die vor 27 Jahren das erste Mal auf die Insel kam und deren Geschichten offene Münder und das Einfordern weiterer Erzählungen verursachten. Berichte aus einer Zeit, „als hier noch alles viel freier zuging". Damit meinte sie sowohl den Lifestyle, der in manchen Dörfern Hippiekommunencharakter annahm, als auch die Natur, denn damals konnte man die Unterkünfte für Touristen an einer Hand abzählen. „Es war die beste Zeit meines Lebens! Manchmal habe ich einfach nur stundenlang in einem Topf mit Sojabohnen gerührt, um als

Endprodukt Sojamilch zu erhalten. Ihr könnt euch nicht vorstellen, wie viel Spaß mir das bereitet hat!" Konnten wir tatsächlich nicht. Als sie von dem freizügigen Angebot an sowie dem Umgang mit Drogen zur damaligen Zeit erzählte, konnten wir es allerdings durchaus. Anna lebt derzeit in Florenz und arbeitet als Psychotherapeutin, wofür sie erst selbst in Therapie ging, um ihre eigenen seelischen Baustellen zu bearbeiten, um daraufhin die Ausbildung absolvieren zu können. Heute, elf Jahre später, sei sie nun endlich so weit, sich selbst annehmen zu können, und daher bereit, das erste Mal in ihrem Leben eine richtige Beziehung mit einem Mann einzugehen. Anna bleibt als Paradebeispiel für zwei Kategorien in unseren vom Gras verklebten Hirnen hängen: Sie entfachte in uns den festen Glauben daran, dass es niemals für irgendetwas zu spät ist. Daneben ist sie der lebende Beweis dafür, dass biologisches Alter nicht zwangsläufig konträr zu einem jugendlichen Auftreten stehen muss. Zu der Zeit, als Anna Koh Lanta verließ, waren es zehn Tage, an denen der Sportheini wie versessen sein Programm durchzog, das er allerdings an der ein oder anderen Stelle bereits merklich reduzierte.

Als Anna ging, kam der Portugiese Anibal. Anibal war 61 Jahre alt und lebte seit etwa zwanzig Jahren[38] in einer Bambushütte, die sich nicht weit vom Hostel entfernt befand. Er hatte damals die Schnauze voll von Portugal gehabt – da seien die Frauen viel zu kompliziert – was er nach drei verkackten Ehen meinte, erkannt zu haben. Darum fuhr er eines Tages einfach mit seinem Segelboot los, hinaus aufs Meer und dem unbekannten Nichts entgegen. „Niemals habe ich mich in meinem Leben wohler gefühlt als in dieser Zeit in den unendlich blauen Weiten des Ozeans. Ihr habt keine Vorstellung, welche Palette an verschiedenen Blautönen das Wasser dort draußen anzunehmen in der Lage ist.

[38] So genau wusste er es selbst nicht.

Wie viele Wörter haben die verfickten Eskimos für unterschiedliche Schneezustände? Die können sich alle mal gegenseitig in ihre zugefrorenen Ärsche ficken, denn ich habe damals auf dem Ozean mehr als 120 Begriffe für die unterschiedlichen Blaunuancen erfunden. Das könnt ihr mir ruhig glauben."

Da in Anibals Augen ein gewisses Übermaß an Wahnsinn funkelte, hegte keiner von uns dahingehende Zweifel. Höchstwahrscheinlich muss man auch komplett verrückt sein, um sich alleine mit einer Segeljolle ohne Plan ins Nirgendwo aufzumachen.

„Alleine? Ha! Dass ich nicht lache! Ich hatte die beste Gesellschaft, die ein Mann nur haben kann. Scheiß auf die Frauen! Ich hatte mehrere Kisten Grappa mit an Bord. Wer braucht da schon Fotzen?" Es war Anibals raue Fäkalsprache und seine hochgradige Gestörtheit, weswegen er uns sympathisch war. Eine verlorene Seele, die besser auf ein Piratenschiff gepasst hätte als hier auf diese wunderschöne Insel. An irgendeinem Punkt seiner Reise merkte Anibal dann doch, dass er die Gegenwart der wie auch immer von ihm betitelten Frauen mehr brauchte, als er sich am Anfang seines Segeltörns eingestehen wollte. Vermutlich ereignete sich diese Erkenntnis parallel zum Ausgehen des Grappas, weshalb er Kurs auf die nächstbeste Insel nahm. Da er sich mittlerweile in der Andamanensee befand, wurde Grappa durch Thaiwhiskey ersetzt und die „arroganten portugiesischen Chicas" durch thailändische Frauen. Und weil es ihm gefiel, blieb er. Bis heute. Das war Anibals Geschichte im Wesentlichen zusammengefasst. Eine Antwort auf die Frage, ob es mit asiatischen Chicks besser läuft als mit europäischen, ist er uns bis heute schuldig.

Anibal erinnerte stark an *Lieutenant Dan* aus dem Film *Forrest Gump* – in der Zeit *nach* dem Vietnamkrieg wohlgemerkt. Täglich torkelte er von seiner Hütte zum *Funky Monkey*, um dort seine

Dosis Hochprozentiges nebst Glücksspiel in einer nicht enden wollenden Leidenschaftlichkeit auszukosten. Wenn er von dort zurückkehrte, konnte man sicher sein, dass es keine Zelle seines Körpers gab, die auch nur ansatzweise nüchtern gewesen wäre. In diesem Zustand setzte er sich dann zu uns. Hin und wieder kam es auch vor, dass er einfach an uns vorbeitorkelte. Wir waren uns alle nicht wirklich sicher, welches Ereignis ein größerer Segen war. Ab und zu hassten wir ihn für seine alkoholgeschwängerten Anekdoten, die sich wohl jeglicher Wahrheit entbehrten, und fühlten uns von den Lügensalven, die er auf uns niederprasseln ließ, unserer Zeit beraubt. Und das, obwohl wir unendlich viel davon hatten, was nicht gerade *für* Anibals Gesellschaft sprach. Aber manchmal waren wir auch ein bisschen traurig, wenn er uns links liegen ließ, denn egal wie wenig Wahrheitsgehalt seine Geschichten aufwiesen – unterhaltsam waren sie allemal. Mit Anibal war es ein bisschen wie mit dem Dorftrottel zu Hause, der dir eigentlich durchweg auf die Nerven geht, dessen Vorbeischleichen auf dem Bürgersteig, ohne dir Beachtung zu schenken, dir gleichzeitig Erleichterung und ein gewisses Unbehagen bereitet, da du sein Desinteresse nicht gewohnt bist.

Wenn es promilletechnisch ganz übel um Anibal stand, versuchte er, uns alle davon zu überzeugen, dass er damals in Portugal als Wissenschaftler tätig war. Bis die Regierung dahinterkam, dass er nah dran war, eine Formel zu entwickeln, die das Wasser aller Weltmeere zu einem einzigen Tropfen komprimieren konnte. An dieser Stelle der Geschichte streute Anibal dann verschiedene Verschwörungstheorien ein (es ist unglaublich, wie viele ein einzelner Mensch sich auszudenken in der Lage ist). Warum man solch ein Unterfangen (ob möglich oder nicht) bezwecken wollte, konnte er uns nicht beantworten. Und wir ließen ihn stets verschont mit der Frage, wie er dann hätte hierher segeln können, wenn aufgrund seines Verschuldens alles Wasser aus den Weltmeeren gewichen wäre.

Wir sind alle so sehr die Summe aus dem, was wir erlebt haben. Die Kumulation an Erfahrungen formt uns wesentlich zu dem, was wir letzten Endes als unser *Selbst* bezeichnen. Sie macht einen großen Teil dessen aus, wie andere Menschen uns wahrnehmen.

Mit allem, was uns an Erlebnissen innewohnt, gehen wir in die Welt hinaus, erzählen unsere Geschichten und schaffen den Zuhörern auf diese Weise ein Bild von uns selbst. Diese Geschichten können eine Erklärung dafür sein, wie wir zu dem geworden sind, was wir heute sind. Dabei stellt sich die Frage, wie wichtig es ist, ob sich alle Details darin *exakt* so ereignet haben, wie der Erzähler einen glauben lassen möchte. Welche Teile sind von der eigenen Erinnerung verklärt und welche unbewusst hinzugedichtet? Welche Elemente kamen dazu, um lediglich das Grundgefühl, das der Geschichte innewohnt, zu unterstreichen? Um die emotionale Wahrheit über das damals Erlebte zu festigen?

Anibal für seinen Teil hält unerschütterlich am Wahrheitsgehalt seiner Anekdoten fest. Seine Erzählungen sind für ihn irgendwann wahr und somit Teil seiner Lebensgeschichte geworden. Weil er sie sich vermutlich so lange vorgesagt hat, bis er sie letzten Endes selbst geglaubt hat, als er alleine auf dem Ozean gewesen ist. Denn wenn man etwas oft genug erzählt oder hört, neigt man dazu, es ab einem gewissen Zeitpunkt schließlich zu glauben.

Wir alle haben eine unterschiedliche Geschichte, die unser Leben ist. Bestehend aus vielen kleinen Abschnitten setzt sie sich kontinuierlich fort. Einen gewissen Teil unserer Biografie können wir beeinflussen, den weit größeren allerdings nicht. Letzterer ist oftmals der interessantere. Die zufälligen Ereignisse, Begegnungen und Erlebnisse, deren Zustandekommen von den meisten Menschen unter dem Begriff „Schicksal" zusammengefasst wird. Wenn wir sterben, leben die Geschichten in den Menschen weiter, die sie mit uns erlebt haben und sich daran erinnern. Oder durch Menschen, die uns einst zugehört haben und diesen Teil unseres Selbst weitererzählen werden. Bis sich irgendwann keiner mehr erinnert oder alle, die einst zu Erzählern wurden, ebenfalls tot sind. Das ist der Lauf der Dinge, dessen Akzeptanz eine wichtige Aufgabe im Leben jedes einzelnen darstellt.

Unterwegs habe ich so viele verschiedene Menschen mit ihren unterschiedlichen Geschichten kennengelernt und lediglich ein Bruchteil davon hat es in diesen Band geschafft. Ausgedacht wurde dabei nichts – zumindest nicht von meiner Seite aus. Ich habe meine Erlebnisse stets unmittelbar danach aufgeschrieben, um dem eigenen Vergessen entgegenzuwirken und zu verhindern, aus getrübter Erinnerung heraus etwas hinzuzufügen, was nicht der Wahrheit entspricht.

Koh Lanta war sicherlich ein Teil meiner Lebensgeschichte von der eher unaufgeregten Sorte. Und doch werde ich mich immer gerne an diese Zeit zurückerinnern, als ich nichts weiter brauchte, als eine Hängematte, Jack und Mihailo in einem Mikrokosmos, in dem das temporäre Verlassen all dieser drei Komponenten das größte Problem darstellte.

Nachtrag:

Nach elf Tagen des blinden Aktionismus kam es bei dem Sport-Dude zum totalen Meltdown. Ansonsten plätscherte die Zeit genauso unaufgeregt wie ereignislos vor sich hin, während wir in unseren Hängematten schaukelten und das süße Nichtstun in vollen Zügen genossen. Wir hatten niemals nach mehr gefragt, weil wir nichts anderes gesucht hatten als eine Pause von der übrigen Welt. Wir verlangten nichts anderes vom Leben als genau das, was sich in unserem kleinen Mikrokosmos ereignete – wohlwissend, dass diese Welle irgendwann vorbei sein und jeder wieder seinen eigenen Weg gehen würde.
Es gibt für alles im Leben eine Phase, ein zufälliges Aufeinandertreffen verschiedener Menschen zu einer Zeit x, in der auf einmal alles stimmt. Das Bewusstsein über diese Vergänglichkeit omnipräsent im Nacken, ließen Jack, Mihailo und ich uns von dem Gefühl purer Zufriedenheit umschmeicheln und kosteten sie in vollen Zügen aus. Zaghaft und leise beglückwünschten wir uns, den perfekten Gefühlszustand gefunden zu haben, dem jeder Reisende hinterherjagte. Die Wenigsten lernen diesen Zustand absoluter Zufriedenheit kennen, denn aus der Angst heraus, etwas verpassen zu können, werden sie kontinuierlich zum Weiterziehen angetrieben, anstatt im Hier und Jetzt zu verweilen und darin ihr Glück zu finden. Die Angst macht sie blind für alles, was der aktuelle Moment für sie bereithält. So entpuppt sie sich zum größten Gegner eines ganzheitlichen Glücksgefühls, das alle, die sich auf eine Reise begeben, zu finden hoffen.
Ich blieb mit Jack und Mihailo so lange auf Koh Lanta, bis sie sich zur Verlängerung ihres Visums nach Malaysia aufmachten. Insgesamt waren es 21 Nächte. Als wir uns schließlich voneinan-

der verabschiedeten, flüsterte mir Mihailo ins Ohr: „Ich habe von Anfang an darauf gesetzt, dass du die Insel erst mit uns verlassen wirst – und dadurch knapp die Finanzierung des Visa-Runs gewonnen.“

Outro

„Milch ist alle." Mit diesen Worten stellt Rosa die Tasse vor mir auf den Tisch, der übervoll ist mit bunten Papierbögen, Fotos und Stickern. Der Kaffee dampft einladend aus der pastellfarbe nen Tontasse, auf der in goldenen Lettern *Drink more of what makes you happy* prangt. „Aber ist ja eh besser fürs Klima", schickt sie hinterher, als sie sich neben mir auf den Bürostuhl plumpsen lässt. „Rettung des Planeten durch den Konsum endorphinauslösender Getränke? Das klingt stark nach Krombacher-Werbung. Saufen für den Regenwald, und so", murmle ich, bevor ich den ersten Schluck nehme. „Nein, Einschränkung des Milchkonsums. Wer Kaffee schwarz trinkt, rettet jeden Tag die Welt, zumindest ein bisschen", sagt sie und lächelt mich an. Überwiegend liebe ich sie für ihre positive Art, aber gerade nervt mich ihr Hartoptimismus etwas. Ich blicke auf die Bastelhölle, die sich vor meinen Augen ausbreitet, und verkneife mir den Kommentar, dass Kreativarbeit mit Kindern und Umweltschutz zwei sich gegenseitig ausschließende Komponenten sind, weshalb auch fehlende Milch im Kaffee keine großartigen Punkte auf der Karmaskala rausreißt, und versuche mich verzweifelt zu motivieren, Begeisterung am Medaillenbasteln zu entdecken. Energisch schwingt die Tür zum Mitarbeiterzimmer auf und gibt einen Blick auf unsere Chefin frei, die mit hartgestresstem Gesichtsausdruck hervorpresst: „Könnt ihr beide bitte kommen? Wir brauchen dringend Unterstützung bei der Kuchenausgabe." Sommerfest. Neben Basteln ein weiteres Portal zu Luzifers Pforten, wenn das Kinderhaus selbige für diverse Verwandten der betreuten Kinder öffnet. Moment: *Kinderhaus? Sommerfest? Basteln? Hatte ich nicht all das bereits hinter mir gelassen?*, ploppt ein Gedanke in mir auf. Doch schon packt mich die immer noch lächelnde Rosa an der Hand und führt mich hinaus in den Garten, wo 105 Kinder aufgrund von erhöhtem Zuckerkonsum unkontrolliert wie hyperaktiv umherrennen, springen, fallen, stolpern, kreischen und sich sonst wie verhalten, damit es die Nerven strapaziert und man sich wünscht, in der Tasse statt Kaffee Wodka vorzufinden. *Was mache ich hier, verdammt nochmal?*, schießt es mir durch den Kopf, als Fynn-Lukas seine Rotznase an meinem Bein abwischt, während Sophie mich anquäkt, sie wolle mit mir rutschen gehen. Gedankenverloren schlurfe ich hinter der Vierjährigen her, stolpere über ein Bobbycar und sehe meinen Sturz in Zeitlupe, als ich das Bettlaken von mir kicke.

Es dauert einen Moment, bis ich aus dem verwirrenden Dämmerzustand zwischen Schlaf- und Wachphase finde und realisiere, wo ich eigentlich bin: in einem kleinen Zimmer im Norden Sulawesis. Um mich befinden sich weder eine frühpädagogische Betreuungsinstitution, gestresste Kollegen oder aufgekratzte Halbwüchsige noch zurechtgestutzte Hecken einer deutschen Vorstadtsiedlung, was mich hörbar ausatmen lässt. Stattdessen bin ich auf einer kleinen Insel in Indonesien, umgeben von Bananenpalmen, exotischen Düften, den Rufen von Geckos, Sonnenstrahlen und Sandstrand. Frei von jeglicher Arbeit und sonstigen lästigen Verpflichtungen, die ein Dasein „im System" mit sich bringen und die man abstreift, indem man den Schritt ins Aussteigerleben macht. „Fuck yeah!", rufe ich und bin hellwach vor Erleichterung, dass Deutschland nur ein böser Traum war, anstatt meine Realität zu sein.

Glücklicherweise war meine momentane Realität eine ganz andere. Eine Realität, von der ich lange geträumt habe, bis ich sie schließlich in die Tat umgesetzt habe, als ich in den Flieger nach Nordthailand gestiegen bin, um auf unbestimmte Zeit unterwegs zu sein.

Nicht nur nachts habe ich manchmal solche Träume von meinem alten Leben in Deutschland, sondern auch tagsüber ertappe ich mich hin und wieder dabei, dass das hier doch gar nicht wahr sein kann. Dass ich denke, alles, was auf meinem Backpackingtrip bisher passiert ist, hätte ich mir nur zusammenfantasiert. Vielleicht leide ich unter Wahnvorstellungen und mein Geist flüchtet sich in Form schizoider Abspaltung von der Wirklichkeit in diese süße Parallelwelt des Backpackens, während ich in Wahrheit in Deutschland bin. Mein Gehirn spielt mir einen Streich und lässt mich in dem Glauben, dass mir das alles wirklich passiert ist, dass ich das tatsächlich erlebt habe, während ich eigentlich in einer Klinik sitze, von morgens bis abends mit irgendwelchen Pillen zugedröhnt, die mir vormachen, am anderen Ende der Welt und nicht in der geschlossenen Anstalt zu sein. Doch dann finde ich immer mal wieder diese „Beweise", die in regelmäßigen Abständen auftauchen: Die Muschel aus Bali, die an einer Kette um meinen Hals baumelt. Die Narben an den Fingerkuppen, die ich mir beim Zurechtschneiden von Weed-Blüten zufügte, als ich auf Kaliforniens illegalen Marihuanaplantagen arbeitete. Den Fetzen Stoff an meinem Rucksack, den mir Davey gab. Die zarte Narbe auf meinem Oberschenkel, die ich mir durch den Rollerunfall mit Jonas zuzog. Der Zettel mit der Aufschrift *Pisang-zapra* von Jeremy, der zwischen den Seiten meines Reisepasses steckt. Die Nachricht auf WhatsApp von Liz, die mich wissen lässt, dass sie unsere Zeit im ManggaWangga vermisst, oder das Foto von einer kleinen Höhle im Felsen, das mir Levi mit der Frage sendet: „Weißt du noch, wie wir dort gekifft haben, als wir im buddhistischen Waldkloster waren?" Das

Stoffbändchen an meinem linken Arm, das mir ein Mahout während des Volunteering auf einer Elefantenfarm in Thailand geschenkt hat. Das Medaillon von Maryam, mit der ich mir in einem Hostel in Kuala Lumpur ein Mitarbeiterzimmer geteilt habe, wo wir uns nach Feierabend um den Seelenfrieden persönlichkeitsgestörter Backpacker gekümmert haben. All das und viel mehr vermittelt mir die Sicherheit, nicht verrückt zu sein. Das wirklich alles erlebt zu haben, anstatt es mir einzubilden – ungeachtet dessen, wie unwirklich sich das auch manchmal anfühlt, weil es der Kategorie *Zu schön, um wahr zu sein* angehört. Glücklich lasse ich meine Gedanken schweifen, die pfeilschnell in die Vergangenheit abtauchen, wie Eisvögel ins Gewässer beim Fischen.

Wie wir damals beinahe einen Job auf einer Farm in Oregon angenommen hätten, bei einem Farmer, der Backpacker im Keller eingesperrt hat … Nicht zu fassen, dass wir lediglich durch einen Anruf von dem einen Typen – wie hieß der noch gleich? – davon abgekommen sind, sonst hätte uns das gleiche Schicksal ereilt, denke ich bei mir, als ich mich im Bett aufsetze. Plötzlich höre ich ein schallendes Lachen, das mich zusammenzucken lässt, von einem Typen mit wilden Locken und dunkelbraunen Augen, der lässig an der Wand lehnt. Er schaut mich eindringlich, aber zutiefst liebenswert an und sagt mit starkem südamerikanischen Akzent: „Aber das kannst du doch alles noch gar nicht wissen! Das wird doch alles erst noch passieren." Bevor ich etwas entgegnen kann, befinde ich mich wieder allein im Zimmer, von dem Südamerikaner keine Spur mehr. Wäre das hier ein Cartoon, würde nun – um das Verschwinden zu verdeutlichen – eine Staubwolke mit dem Schriftzug *Poof* oder *Swoosh* dort auftauchen, wo er eine Sekunde zuvor noch gestanden hat. *Habe ich nun doch den Verstand verloren?*, frage ich mich und mache mich auf den Weg zum Gemeinschaftsbadezimmer.

Vor dem Waschbecken steht Charlie, der jeden Morgen um 4:30 Uhr aufsteht, da sein Leben nach eigener Aussage nichts taugt, wenn er den Sonnengruß auch nur einen Tag auslässt. Jolene, die kleine Venezuelerin mit den schwarzen Dreadlocks, ist auch schon wach und bietet mir an, Tarotkarten zu legen. Sie spüre da so eine spezielle Verbindung zu mir, ob ich nicht doch nochmal über ihren gestrigen Vorschlag eines Partnertattoos nachdenken möchte? Sie blinzelt mich beinahe schon verliebt an. „Nee, lass mal, Fruchtbarkeitsgottheiten sind nicht so ganz mein Ding", entgegne ich, stecke mir die Zahnbürste in den Mund und denke: *Falls ich doch verrückt bin, bin ich hier wenigstens in guter Gesellschaft.* Dabei bekomme ich vor lauter Vorfreude auf den Tag das Grinsen nicht aus dem Gesicht, weil ich dort angekommen bin, wo ich immer sein wollte: unterwegs.

Dir gefällt, was Du gelesen hast? Das freut mich sehr!
Writers want nothing so much as readers (Tony O'Neill).
...und Autoren *brauchen* nichts anderes so sehr wie Leser, denn Leser lassen sie überhaupt erst zu Autoren werden.
Es geht ausnahmslos auf das Konto von Menschen, die meine Texte lesen, dass Schreiben meine hauptsächliche Tätigkeit sein kann. Also ein fettes Dankeschön an dich!

Du würdest mich immens unterstützen, indem Du mir hilfst, bekannter zu werden!

Folge mir auf Instagram: leaflove.earth
Besuche meine Website www.Leaflove.earth und
Teile den Link, wenn dir die Seite gefällt
Empfehle geliebten Menschen mein Buch weiter, wenn es dir gefallen hat - oder verschenke es

Erzähle anderen von meinem Buch

Schreibe mich gerne auf Instagram an, wenn du etwas loswerden oder in Kontakt kommen möchtest. Ich freue mich immer über Rückmeldungen und bereichernden Austausch!

Dein Support ermöglicht es mir, mich auf *Leaflove* zu konzentrieren, neue Kurzgeschichten & Bücher zu schreiben.

Die Veröffentlichung von Saya Mau Lagi Vol. 2 ist Ende 2023 geplant. Es geht um all das, was der südamerikanische Lockenkopf bereits prophezeit hat - und mehr.
Stay excited!

Stefanie Scheuring, Jahrgang 1984, trat 2016 ihren ersten Solo-Backpacking-Trip an. Aufgrund nicht endenwollender Fernsucht kündigte sie kurz darauf ihre damaligen Jobs als Diplom-Pädagogin, flog per Oneway-Ticket nach Chiang Mai und gründete eine Eco-Library in Indonesien. Seitdem trampte sie durch Asien, couchsurfte in Europa und Kanada, bereiste Zentral- und Südamerika und setzt sich für Nachhaltige Projekte ein. Ihre Erfahrungen verarbeitet sie in dem Buch *Saya Mau Lagi – Vom Lebenskonzept Fernsucht.* 2020 wurde ihre Kurzgeschichte *Hitchhikers Heaven* in der Reihe Backpackstories publiziert. Zudem verfasst sie unter dem Pseudonym Steffi Vanderfu Kurzgeschichten übers Rucksackreisen, die sie auf ihrer Website www.leaflove.earth veröffentlicht.

Literaturempfehlungen und -quellen

- Brendt, Andreas (2023): *Boarderlines.* Erschienen im Conbook Verlag.
- Brook, Jesper (2016): *Augen auf und durch.* Herausgegeben von neobooks.de
- Ginsberg, Yossi (2017): *Dem Dschungel entkommen. Überlebenskampf im Urwald Boliviens.* Verlag Malik National Geographic
- Karig, Fridemann (2019): *Dschungel.* Verlag Ullstein
- Martin, Nick (2021): *Die geilste Lücke im Lebenslauf. 6 Jahre Weltreisen.* Verlag Malik National Geographic
- Maslin, Jamie (2015): *The Long Hitch Home.* Skyhorse Publishing
- Maslin, Jamie (2011): *Socialist Dreams and Beautyqueens. A Couchsurfer´s Memoir of Venezuela.* Skyhorse Publishing
- Mattheis, Philipp (2012): *Banana-Pancake-Trail: Unterwegs auf dem vollsten Trampelpfad der Welt.* Verlag Rowohlt
- Perko, Tomislav (2016): *1000 Tage Frühling. Wie ich fast ohne Geld um die halbe Welt gereist bin.* Verlag Riva
- Perko, Tomislav (2017): *1000 Tage Sommer. Von Kuala Lumpur bis Malawi – mit weniger als 10 Euro am Tag.* Verlag Riva
- Prüfer, Benjamin (2007): *Wohin du auch gehst. Die Geschichte einer fast unmöglichen Liebe.* Scherz Verlag
- Timmerberg, Helge (2011): *Der Jesus vom Sexshop: Stories von Unterwegs.* Verlag Rohwolt

- Wheeler, Toni (2010): *Bad Lands. A Tourist on the Axis of Evil.* Lonely Planet Travel Literature

IMPRESSUM

Instagram: @konfettifu / @leaflove.earth
Website: www.leaflove.earth/

Autorin: Steffi Vanderfu
Covergestaltung: Angélique Pochiero

Druck/Verlag/Herausgeber:
Renidere Verlag.Am Felsenkeller 26.63477 Maintal.Deutschland
Telefon: +49.172.7820440
E-Mail: meinWunsch@renidere-verlag.de
Website: www.renidere-verlag.de

ISBN 978-3-9824437-1-3